旨在提升居民幸福感的财政支出优化研究

Research on the Fiscal Expenditure Optimization Based on Residents' Happiness

殷金朋◎著

中国经济出版社
CHINA ECONOMIC PUBLISHING HOUSE
·北京·

图书在版编目（CIP）数据

旨在提升居民幸福感的财政支出优化研究／殷金朋著．—北京：中国经济出版社，2019.10

ISBN 978-7-5136-5951-2

Ⅰ．①旨…　Ⅱ．①殷…　Ⅲ．①居民-幸福-影响-财政支出-研究-中国　Ⅳ．①F812.45

中国版本图书馆 CIP 数据核字（2019）第 218529 号

责任编辑　崔姜薇
责任编辑　张　博
责任印制　马小宾
封面设计　任燕飞装帧设计工作室

出版发行　中国经济出版社
印 刷 者　北京九州迅驰传媒文化有限公司
经 销 者　各地新华书店
开　　本　710mm×1000mm　1/16
印　　张　17
字　　数　225 千字
版　　次　2019 年 10 月第 1 版
印　　次　2019 年 10 月第 1 次
定　　价　68.00 元
广告经营许可证　京西工商广字第 8179 号

中国经济出版社　**网址** www.economyph.com　**社址** 北京市东城区安定门外大街 58 号　**邮编** 100011

本版图书如存在印装质量问题，请与本社销售中心联系调换（联系电话：010-57512564）

前言

改革开放以来，中国经济快速发展，居民人均可支配收入规模和财政支出规模快速提高。然而，居民的幸福感并没有随着居民收入水平和财政支出规模的快速提高而同步提升，相反，很多人有着很强的相对“被剥夺感”，民众的“忙”“累”感普遍。世界价值观调查和盖洛普世界民意调查均显示，中国出现了“伊斯特林悖论”。党的十八届三中全会通过的《中共中央关于全面深化改革若干重大问题的决定》明确提出，财政是国家治理的基础和重要支柱。其中，公共财政支出作为财政目标重要的实现方式，在提升国民福祉方面所承担的责任越发重大。财政教育支出、医疗卫生支出、社会保障支出及环境保护支出等财政性因素日益成为影响居民幸福感的重要方面。

基于以上考虑，本书在对民生财政与古今中外幸福观溯源的基础上，利用统计方法分析了中国财政支出（1950—2013年）、财政民生支出（2002—2013年）和居民幸福感（2003—2013年）的变化趋势；其次，分别从财政教育支出、社会保障支出（包含财政医疗卫生支出）和环境保护支出三方面实证研究了它们对居民幸福感的影响；最后，针对当前存在的问题，结合研究结论，提出了优化相关财政支出的政策建议。此外，与以往研究不同的是，本书综合利用了不同的权威微观数据和多种计量方法，并引入社会学领域的社会阶层概念，以检验相关财政支出对居民幸福感的间接作用路径及结论的稳健性。具体而言，本书在内容安排上共分为七章，主要研究工作如下：

第一章为导论，简要介绍本书的研究背景、研究内容与方法，以及创新点。

第二章为相关理论基础与文献综述。该章首先在廓清民生财政概念的基础上，界定本书所涉及的财政民生支出的层级范围，并以德性与幸福观的关系演变来梳理幸福的哲学发展脉络，界定居民幸福感的概念；其次，对相关文献进行回顾和述评。

第三章是对历年中国财政支出的规模与结构和居民幸福感的现实考察。该章首先分析了1950年以来中国财政支出规模与结构的变迁，其次，着重研究了2002年以来财政民生支出总体规模及其各分项支出的变化趋势和存在的问题，最后主要基于中国综合社会调查数据（CGSS2003—2013），分析了十年间中国居民幸福感的演变轨迹及群体异质性特征。

第四章为财政教育支出对社会阶层和居民幸福感影响的实证分析。该章在引入社会学中社会阶层的概念的基础上，首先构建教育场域理论，尝试从财政教育支出的非物质性角度出发，揭示“财政教育支出—社会阶层—居民幸福感”的运行机制。其次，基于中国综合社会调查数据（CGSS2010—2015）和中国劳动力动态调查数据（CLDS2014），运用双变量有序Probit模型，将财政教育支出、社会阶层与居民幸福感置于同一分析框架下，研究财政教育支出分别对社会阶层和居民幸福感的影响机理；并运用三步测试程序法，考察社会阶层在财政教育支出影响居民幸福感链条中的中介作用机制。

第五章为社会保障支出及其地区差异对居民幸福感影响的实证分析。该章首先在界定包含社会保障与就业、医疗卫生支出和社会保险基金等项目的宽口径社会保障支出的基础上，基于1990—2013年中国31个省、自治区和直辖市的面板数据，分别从人均社会保障支出和社会保障水平测算了社会保障支出的泰尔指数。其次，结合中国综合社会调查的微观数据（CGSS2013），运用有序Probit等模型考察了社会保障支出及其地区差异对居民幸福感的影响机制。

第六章为地方政府的环境行为对居民幸福感影响的实证分析。该章首先在中国式财政分权的现实框架下，基于文献梳理和评述，提出中国地方政府在环境污染和环境保护支出方面对居民幸福感影响的机制假设。其次，基于中国综合社会调查数据（CGSS2003—2013）构造了包含138个地级市的面板数据，运用混合Logit及有序Logit等方法，实证分析了环境污染和环境保护支出对居民幸福感的影响机制。

第七章对本书主要的结论进行总结，并针对财政民生支出当前存在的主要问题，提出政策建议和进一步的研究方向。

目　录

第一章
导　论

第一节　问题提出与研究意义 / 001

1.1.1　问题提出 / 001

1.1.2　研究意义 / 003

第二节　研究思路与研究方法 / 004

1.2.1　研究思路与内容安排 / 004

1.2.2　研究方法 / 006

第三节　研究的创新点 / 007

第二章
相关理论基础与文献综述

第一节　相关理论基础与概念界定 / 008

2.1.1　民生财政与财政民生支出 / 008

2.1.2　幸福的哲学溯源与主观幸福感 / 011

第二节　相关文献综述 / 018

2.2.1　财政民生支出的相关研究 / 018

2.2.2　财政支出与居民幸福感关系的相关研究 / 021

第三章
中国财政支出与居民幸福感的现实考察

第一节　财政支出的现状分析 / 025

3.1.1　财政支出规模 / 026

3.1.2　财政支出结构 / 029

第二节 财政民生支出的现状分析 / 034
第三节 居民幸福感的统计分析 / 042
3.3.1 居民幸福感的总体情况与演变轨迹 / 042
3.3.2 居民幸福感的异质性分析 / 049
第四节 本章小结 / 051

第四章 财政教育支出、社会阶层与居民幸福感

第一节 问题提出 / 053
第二节 文献综述 / 055
4.2.1 教育及教育支出与社会阶层 / 055
4.2.2 社会阶层及其流动与居民幸福感 / 058
4.2.3 教育及教育支出与居民幸福感 / 060
第三节 理论模型构建 / 063
第四节 模型设定与变量选择 / 066
4.4.1 模型选择与构建 / 066
4.4.2 工具变量的选择 / 069
4.4.3 数据来源与变量设定 / 075
第五节 实证结果与分析 / 087
4.5.1 描述性统计 / 088
4.5.2 基准回归结果 / 094
4.5.3 进一步讨论 / 101
4.5.4 稳健性分析 / 112
第六节 本章小结 / 114

第五章 社会保障支出、地区差异与居民幸福感

第一节 问题提出 / 115
第二节 文献综述、分析框架及经验假说 / 116
5.2.1 社会保障支出的地区差异特征研究 / 116
5.2.2 社会保障支出与居民幸福感的关系研究 / 118
第三节 测算方法、数据说明与模型设定 / 119
5.3.1 社会保障支出统计口径的界定 / 120
5.3.2 社会保障支出地区差异的测算方法 / 123
5.3.3 区域划分 / 124
5.3.4 模型设定及描述性统计 / 125
第四节 中国社会保障支出的地区差异测度 / 129
5.4.1 社会保障支出地区差异的可视化描述及演变轨迹 / 129
5.4.2 按照三区域划分的社会保障支出泰尔指数及分解 / 134
5.4.3 按照七区域划分的社会保障支出泰尔指数及分解 / 139
第五节 实证结果与分析 / 142
5.5.1 社会保障支出对居民幸福感的影响 / 142
5.5.2 社会保障支出地区差异对居民幸福感的影响 / 152
5.5.3 内生性问题 / 157
5.5.4 稳健性检验 / 163
第六节 本章小结 / 166

第六章 环境保护支出、地方政府与居民幸福感

第一节 问题提出 / 168
第二节 相关文献回顾及研究假设 / 169
6.2.1 环境分权与环境污染 / 169
6.2.2 环境保护支出、环境规制及转移支付与环境绩效 / 171
6.2.3 环境污染和治理与居民幸福感 / 174
第三节 模型设定、变量选择与数据 / 177
6.3.1 计量方法及模型设定 / 177
6.3.2 变量选取 / 177
6.3.3 样本选择及数据说明 / 182
第四节 实证结果分析与讨论 / 184
6.4.1 描述性统计及相关性分析 / 184
6.4.2 基本回归结果 / 190
6.4.3 进一步分析 / 197
第五节 本章小结 / 200

第七章 研究结论与展望

第一节 研究结论 / 202
7.1.1 主要研究结论 / 202
7.1.2 政策启示 / 204
第二节 研究不足与展望 / 206

附录 A 中国财政支出规模与结构的变化情况 / 207
附录 B 中国社会保障支出及其泰尔指数的变化情况 / 211
附录 C 地方政府环境行为的描述性统计特征 / 230
参考文献 / 233
后 记 / 257

图目录

图1.1　本书的研究思路与分析框架 / 004
图2.1　世界各国人均 GDP 与居民幸福感的分布情况 / 017
图3.1　中国财政支出的增长速度（1950—2013 年）/ 029
图3.2　按政府职能分类的各项支出占财政支出总规模的比重（1950—2013 年）/ 031
图3.3　按政府职能分类的中央和地方财政支出构成（2002—2013 年）/ 034
图3.4　中国财政民生支出的变化趋势（2002—2013 年）/ 036
图3.5　中国居民幸福感分布的柱形图（2003—2013 年）/ 044
图3.6　中国居民幸福感分布的饼状图（2003—2013 年）/ 045
图3.7　基于不同数据来源的居民幸福感的统计特征 / 046
图3.8　中国居民幸福感的演变轨迹（2003—2013 年）/ 049
图3.9　中国不同群体幸福感的演变轨迹（2003—2013 年）/ 051
图4.1　教育场域运行机制 / 066
图4.2　中国公共财政预算教育经费支出占公共财政支出的比重（1991—2013 年）/ 083
图4.3　2013 年中国各层次教育生均经费支出与自评幸福人数比重情况 / 083
图4.4　有效样本中居民幸福感的六图描述性统计 / 093
图5.1　2013 年中国各省社会保障支出的地区差异 / 131
图5.2　中国社会保障支出总体地区差异的演变轨迹（1990—2013 年）/ 133
图5.3　按照三区域划分的人均社会保障支出地区差异的变化趋势（1990—2013 年）/ 137

图5.4 按照三区域划分的社会保障水平地区差异的变化趋势（1990—2013年）/ 138
图5.5 按照七区域划分的人均社会保障支出泰尔指数及其分解（1990—2013年）/ 140
图5.6 按照七区域划分的社会保障水平泰尔指数及其分解（1990—2013）/ 141
图6.1 环境污染和环保支出与居民幸福感的拟合曲线 / 188
图6.2 模型随机误差的核密度函数（CGSS2003—2013及CGSS2010—2013）/ 195

表目录

表2.1　主观幸福感的基本结构与研究内容 / 017
表3.1　中国财政支出规模的变化情况 / 027
表3.2　世界各国财政支出占 GDP 的比重 / 028
表3.3　中国财政支出职能分类说明 / 030
表3.4　按照政府职能分类的财政支出情况 / 030
表3.5　按照政府职能分类的财政支出纵向结构 / 033
表3.6　中国财政民生支出项目（2002—2013 年）/ 035
表3.7　中国财政民生支出的变化情况（2002—2013 年）/ 037
表3.8　世界各国教育公共开支总额占 GDP 的比重 / 039
表3.9　世界各国财政医疗卫生支出占 GDP 的比重 / 039
表3.10　中国财政民生支出纵向结构的变化情况 / 040
表3.11　中央和地方政府各项财政民生支出的构成情况 / 041
表3.12　中国居民幸福感的分布情况（2002—2013 年）/ 045
表3.13　各群体幸福感的分布结构（2003—2013 年）/ 049
表4.1　工具变量的第一阶段回归结果 / 072
表4.2　工具变量与被解释变量的回归结果 / 074
表4.3　CGSS2010—2015 及 CLDS2014 样本中居民幸福感的分布情况 / 077
表4.4　社会阶层的静态分布与动态流动情况 / 085
表4.5　各样本中变量的描述性统计 / 088
表4.6　基准回归：财政教育总体支出对社会阶层与居民幸福感影响的估计结果 / 096

表4.7 进一步分析（1）：基于 Bioprobit 的各层次财政教育支出的影响效应估计结果 / 106
表4.8 进一步分析（2）：基于 Ordered Probit 的社会阶层的中介效应检验结果 / 110
表4.9 稳健性分析结果 / 113
表5.1 社会保障支出的统计口径 / 120
表5.2 主要变量的含义及描述性统计 / 127
表5.3 中国社会保障支出及各项支出规模 （1990—2013 年） / 129
表5.4 2013 年中国各省社会保障支出情况 / 131
表5.5 按照三区域划分的社会保障支出地区差异的泰尔指数 （1990—2013 年） / 134
表5.6 按照三区域划分的社会保障支出地区内与地区间泰尔指数分解 / 135
表5.7 七区域人均社会保障支出的泰尔指数及其分解 （1990—2013 年） / 139
表5.8 七区域社会保障水平的泰尔指数及其分解 （1990—2013 年） / 141
表5.9 社会保障总支出及各分项支出对居民幸福感影响的回归结果 / 144
表5.10 社会保障支出地区差异对居民幸福感影响的回归结果 / 154
表5.11 人均社会保障支出及地区差异的 Bioprobit 回归结果 / 159
表5.12 社会保障水平及地区差异的 Bioprobit 回归结果 / 161
表5.13 稳健性检验的估计结果 / 164
表6.1 相关变量定义 / 180
表6.2 自陈主观幸福感的分布情况 / 183
表6.3 变量的描述性统计 / 185
表6.4 主要变量的相关系数矩阵 / 189
表6.5 模型的基本回归结果 / 191
表6.6 交叉路径的 MMNL 回归结果 / 197
表6.7 环境库兹涅茨曲线的检验结果 / 200

第一章　导论

本章简要说明了本书的总体研究概况。第一节介绍了本书的研究背景与研究意义，第二节阐明了本书的研究思路、内容安排与研究方法，第三节具体说明了本书的创新点。

第一节　问题提出与研究意义

1.1.1　问题提出

改革开放以来，中国经济保持了近 40 年的中高速增长，创造了大量的社会物质财富。2017 年，中国国民总收入的体量达 824828.4 亿元，居民人均可支配收入达到了 25973.8 元。而社会生产或者国民财富积累的根本目的在于增进国民幸福。那么，中国居民在物质财富增加的同时，是否变得更加幸福了呢？世界价值观调查（World Values Survey，WVS）的结果显示，中国居民幸福感的平均得分从 1990 年的 7.29 下降至 2012 年的 6.72。联合国《世界幸福报告》（2019 年）显示，中国内地居民的主观幸福感在纳入考察的 156 个国家和地区中，排名从 2016 年的 79 位跌至 2018 年的 93 位（Helliwell et al.，2019）。尽管不同的研究对于幸福感的衡量千差万别，但当下中国居民普遍感到忙、感到累、感到失落，也是不争的事实。中国的现实似乎再次印证了“伊斯特林悖论”[①]的存在。

个体收入增加能够带来更多的消费选择，进而有利于经济行为主体的福利水平的提升。但短视、盲从等非理性行为，情感、健康、名望等非商品性的存在意味着个体对于幸福的追求受到很大的限制（倪志良，2017）。传统经济学对于市场失灵的关注也充分证实了，纵然是绝对理性的行为选择也不必然带来个体效用的最大化，更不必然带来社会福利的最大化。因此，个体幸福既来源于自身的行为选择，也离不开公共政策的“助幸”。公共政策影响着个体选择的可行域，而且改善民生、提升居民幸福水平也是财政职能的要义。财政民生支出体现公共政策的导向，通过公共产品和服务的提供直接影响着居民幸福感，而且财政支出的规模与结构、问责制的改进等对居民幸福感的影响往往大于生产率的提高和经济增长（Helliwell，2003；Layard，2006；Ng，2008；Duncan，2010）。然而反观实践，我们也不难发现，尽管政府民生支出不断增加，但提升幸福感的实际效果却不尽如人意。重规模轻结构、重支出轻效率使民生支出并未充分转化为幸福支出。财政民生支出的优化问题已经无法回避。

事实上，中国的“伊斯特林悖论”已经引起了党和政府的高度关注，各级政府部门也在不断优化财政支出，以期更好地增进辖区内的居民幸福。党的十八届三中全会通过的《中共中央关于全面深化改革若干重大问题的决定》中也明确提出，全面深化改革应更好地保障和改善民生，推进基本公共服务均等化，以促进社会公平正义、增进人民福祉为出发点和落脚点。“十三五规划”也提出，保持国民经济中高速增长，加强义务教育、就业服务、社会保障、基本医疗和公共卫生、公共文化、

① “伊斯特林悖论”（Easterlin Paradox）是指一个国家或地区的长期经济增长或收入水平的提高，并不必然带来居民幸福感同步和持续的提升（Easterlin，1974，1995；Easterlin et al.，2010），这一现象也被称为“幸福—收入之谜”（Happiness-income Paradox）。

环境保护等基本公共服务，着力增进人民福祉，实现人民生活水平和质量的普遍提高。此外，各级地方政府也将增进居民幸福感视为施政宣言，在兼顾辖区经济增长的同时，财政支出有意识地倾向民生领域，并且更加注重支出的效率。本书的选题正是基于以上背景提出，为破解中国的“伊斯特林悖论”提供一个可能的视角，以期提供可行的参考建议，进而有效促进居民幸福水平的提升。

1.1.2 研究意义

本书的理论意义与实践意义体现在如下方面：

第一，理论意义。对于幸福感的研究一直是社会科学乃至自然科学的重要内容，更是经济学研究的核心问题。主观幸福感出现在经济学研究中并不太久，但却是对传统福利经济学的有效补充。“伊斯特林悖论”提出以后，该领域的研究逐渐增多。现有的主观幸福感研究主要集中于年龄、性别、婚姻状况、健康、受教育程度、收入水平、就业状态、失业率、通货膨胀率、收入不平等（Frey and Stutzer，2008；鲁元平和杨灿明，2013）。财政支出与居民幸福感关系的研究相对较少，而本书内容则是对主观幸福感理论研究和经验研究的进一步丰富。

中国的财政实践催生了财政理论的创新。国家分配论、公共财政论、民生财政理论等一系列理论先后被提出或引入。党的十八届三中全会提出“财政是国家治理的基础和重要支柱”这一重要论断。这给财政理论研究带来了更宽广的视角。本书通过财政民生支出建立起财政学与幸福研究的连接点，也是对财政支出管理理论创新的一次尝试。

第二，实践意义。居民幸福感下降是当下中国社会的突出问题。“上学难”“二代现象”“看病难”“养老难”和环境污染等现实问题成为制约居民幸福感有效提升的重要因素。本书深入研究了教育、社会保障、环境保护等财政支出对居民幸福感的影响。通过研究得出契合居民幸福感核心要素的财政支出的优化方案。这将为破解中国的“伊斯特林悖论”提供一个可能的解决路径。

第二节 研究思路与研究方法

1.2.1 研究思路与内容安排

本书的研究围绕“居民幸福感”和“财政民生支出”两个核心变量逐步展开，按照“问题提出—文献回顾—经验假说—实证研究—政策建议”的思路撰写，这一研究范式贯穿于各章。本书具体的研究思路与分析框架如图 1.1 所示。

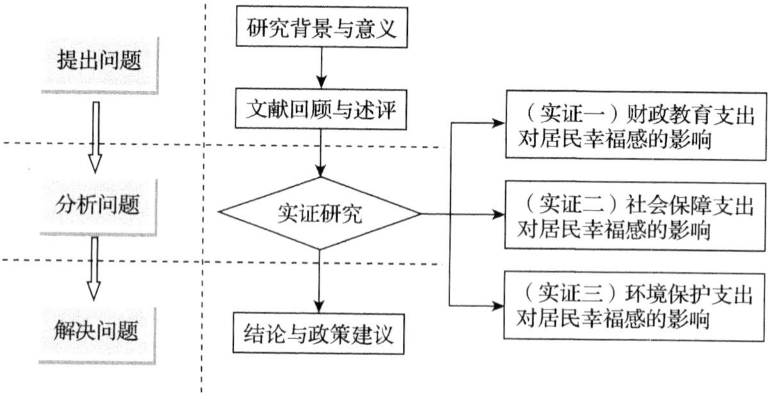

图 1.1 本书的研究思路与分析框架

本书主要包含七章内容，具体结构安排如下：

第一章是导论。简要介绍了本书的研究背景、研究内容与研究方法，以及主要的创新点。

第二章是相关理论基础与文献综述。首先在廓清民生财政概念的基础上，界定本书所涉及的财政民生支出的层级范围，并从德性和幸福观的关系出发，梳理了幸福的哲学演变脉络，界定居民幸福感的概念；其次，对财政民生支出优化及财政支出对居民幸福感影响的国内外研究进行了较为全面的文献综述。

第三章是对中国财政支出与居民幸福感的现实考察。本章首先分析了1950 年以来中国财政支出规模与结构的演变情况，以及 2002—2013 年财政民生支出的变化情况；其次，利用中国综合社会调查（CGSS2003—2013）数据，分析了中国 10 年间居民幸福感的变化趋势及群体异质性特征。

第四章实证检验了财政教育支出对社会阶层与居民幸福感的影响。本章在构建教育场域理论的基础上，基于中国综合社会调查（CGSS2010—2015）和中国劳动力动态调查数据（CLDS2014），利用双变量 Probit 模型将财政教育支出、社会阶层与居民幸福感放在统一的分析框架下，考察了财政教育支出分别对社会阶层和幸福感的作用机制，以及社会阶层在财政教育支出影响居民幸福感的链条中的中介机制。

第五章在准确界定宽口径社会保障支出（包含社会保障与就业支出、财政医疗卫生支出和社会保险基金支出等）的基础上，基于 1990—2013 年中国 31 个省、自治区和直辖市的面板数据，从人均社会保障支出和社会保障水平两方面测算了社会保障支出的地区差异；并结合中国综合社会调查数据（CGSS2013），利用有序 Probit 等模型考察了社会保障支出及其地区差异对居民幸福感的影响机制。

第六章通过构建地方政府在环境治理和提升居民幸福感层面的行为分析框架，利用混合 Logit 面板模型及有序 Logit 等方法，借助中国综合社会调查（CGSS2003—2013）提供的微观数据匹配地方政府的宏观数据，实证分析了中国 138 个地级市政府的环境行为对居民幸福感的影响机理。

第七章是研究结论与展望。本章对本书的理论和实证研究的主要结论进行总结，在此基础上提出政策启示与建议；最后指出本书的研究不足以及未来进一步研究的方向。

1.2.2 研究方法

为保证研究结论的稳健性和可靠性，本书综合运用多种计量方法、多个数据来源及多学科的视角，检验财政民生支出对居民幸福感的影响。具体而言，本书采用的研究方法主要有：

第一，规范分析与实证分析相结合，并以实证分析为主。本书在全面梳理国内外财政支出与居民幸福感关系的相关文献的基础上，适当地进行理论分析并提出研究假设；在此基础上构建合适的微观数据库进行实证检验，力图使规范分析与实证分析相辅相成。

第二，多个数据库和多种微观经济计量方法的综合运用。现代研究更多是从迅速增长的数据中挖掘现象与事实，主流研究也因此转向实证微观经济学。近年来对幸福感的研究更是如此。基于居民幸福感的量化要求，本书也通过挖掘中国综合社会调查（CGSS）、世界价值观调查组织（WVS）、中国动态劳动力调查（CLDS）及盖洛普世界民意调查（Gallup）等涉及中国的微观数据库，构建本书研究所使用的有效样本。针对数据的离散有序特征，运用 Stata、R 和 Arcgis 等计量统计软件，采用最小二乘法、有序 Probit、有序 Logit、双变量有序 Probit 模型以及混合 Logit 模型等多种计量方法，检验财政民生支出对居民幸福感的影响机制。

第三，跨学科交叉研究法。财政民生支出的概念在财政学的发展中已逐渐明晰且层级范围易于界定，而居民幸福感难以使用某单一学科的研究方法和术语界定。幸福取决于生物机能、个人心理和社会经济制度等，需要跨学科的交叉研究方法。本书在梳理哲学、生物学、心理学和社会学等学科关于幸福感研究的基础上，界定了本书所涉及的居民幸福感的内涵和外延。其次，在财政教育支出方面引入了社会学领域中的社会阶层认同及其流动的概念，以识别它对居民幸福感的间接作用机制。

第三节　研究的创新点

本书的创新点主要体现在以下三个方面：

首先，研究视角上的创新。关于财政支出的研究大多以帕累托最优为评判准则，视野局限在财政支出的经济增长效应上，而较少考虑财政支出的民生福祉效应，忽略了居民的真实偏好与需求。而本书选择民生性财政支出作为分析“伊斯特林悖论”的切入点，以居民主观幸福感代理主流经济学分析中的效用，并将其作为公共财政支出绩效的评价标准，选题超越了传统福利经济学的研究视野。

其次，研究方法上的创新。本书在财政教育支出的实证分析中，采用双变量有序 Probit 方法，一方面实现了在一个统一的理论与实证的逻辑框架下，分析财政教育支出、社会阶层与居民幸福感的关系；另一方面也可以避免内生性问题带来的有偏估计；在构造环保支出的地级市面板数据的基础上，本书选用了混合 Logit 模型，有效地规避了个体同质性偏好和无关方案独立性须同时满足的假设。此外，多数据源的应用也进一步提升了实证结果的稳健性。

最后，跨学科的概念借鉴。本书借助哲学、心理学、社会学和认知科学等多学科关于幸福的研究成果，清晰地界定了本书所使用的居民幸福感的概念框架；并将社会学领域的社会阶层引入幸福议题的研究中，在此基础上引入皮埃尔·布尔迪厄的场域理论，构建了“财政教育支出－社会阶层－居民幸福感”的新教育场域理论，进一步运用经济学的方法和工具分析财政支出对社会学变量的影响，为解决社会现实问题提供新的分析角度和方法。

第二章　相关理论基础与文献综述

本章在理顺民生和民生财政发展的基础上，界定了本书所要考察的财政民生支出的层级项目；并从德性与幸福观的关系出发，梳理了幸福的哲学演变脉络并界定了本书所使用的居民幸福感的概念。其次，本章对财政民生支出优化及财政支出对居民幸福感影响的国内外研究进行了较为全面的文献综述。

第一节　相关理论基础与概念界定

本书的研究围绕着“居民幸福感”和“财政民生支出”两个核心变量展开，因此首先需要清晰界定两个变量的内涵与外延。民生财政及其支出经过多年的发展，已基本形成共识；但幸福感依然是一个不确定的概念，需要哲学、心理学、经济学、社会学、政治学等诸多学科的支撑，本书通过梳理相关研究成果，来界定本书中具体使用的居民幸福感的概念。

2.1.1　民生财政与财政民生支出

“为政之道，以顺民心为本，以厚民生为本”“国以民为上，民以生为先”。作为国家治理基础和支柱的财政是影响居民幸福感的重要因素。民生财政是幸福财政的主要意涵和实现形式。自 2002 年起，中国政府真正开始转向“民生财政”（洪源等，2014）。[①]2006年，温家宝在第十届全国人民代表大会第四次会议上所做的《政府工作报告》中，第一次正式提出了要将“统筹兼顾，关注民生”作为政府工作的原则之一。2007年党的第十七次全国代表大会更加明确了民生建设的重要性和发展方向，报告提出“社会建设与人民幸福安康息息相关。必须在经济发展的基础上，更加注重社会建设，着力保障和改善民生，推进社会体制改革，扩大公共服务，完善社会管理，促进社会公平正义，努力使全体人民学有所教、劳有所得、病有所医、老有所养、住有所居，推动建设和谐社会”。2008—2015年，“民生”在历年的《政府工作报告》中出现的频次均超过11次。2015年第十二届全国人民代表大会第三次会议指出，持续推进民生改善和社会建设，加强民生保障，并且报告中提及“民生”高达15次之多，由此可见，政府对民生领域的重视程度。

然而，具体何为民生？民生财政及财政民生支出的含义又是什么呢？学界普遍认为，民生（福祉）主要是指民众的基本生存和生活状态，以及民众的基本发展机会、基本发展能力和基本权益保护的状况（吴忠民，2008；范如国和张宏娟，2012），这是政府一切工作的出发点和落脚点。因此，民生财政“既与基本层面的民生（生存权和物质需要）结合，也与高层面的民生（政治权和精神需要）贯通”（贾康等，2011）。其实质是在公共财政框架下，以保民生为根本目标的财政制度改革（闫婷，2013）。具体而言，民生财政是通过制度性的合理安排，将公共资源向教育、医疗卫生、社会保障和就业、住房保障等民生领域的明显倾斜，以实现社会的公平正义、促进人的全面发展、切实保障和提高人民生活质量和幸福水平（安体富，2008；高培勇，2008；邓子基和韩瑜，2008；马海涛和和立道，2010；杨志安等，2013）。此外，当前不可忽

① 中央政府对民生关注的发展历程参见高培勇（2008）：第4页。

视的一个问题是环境污染，环境质量直接影响居民健康和幸福感知（Mead and Brajer，2005；Welsch and Kühling，2009；杨继生等，2013）。习近平总书记明确提出："良好的生态环境是最公平的公共产品，是最普惠的民生福祉，也是国家发展与民生诉求最大的公约数之一。"[①]推进生态文明建设是破解日趋强化的资源环境约束的有效途径，是加快转变经济发展方式的客观需要，是保障和改善民生的内在要求。因此，环境质量的诉求理应进入民生财政的视野[②]。

基于以上分析，笔者认为，民生实质上并不是一个严格意义上的学术概念，而是秉承了中国历史文化中的传统信仰和人文关怀的一个延展性较强的概念。民生财政因现阶段人们的偏好与需求，以及政府的施政理念而受到重视，从而演变成为当下具有权威性质的概念和公众意识。具体来说，民生财政是针对"GDP 为纲"的施政理念提出的，是一个带有中国特色的财政概念（张馨，2009；陈治，2011；姜永华和鲍曙光，2014），它的关键内涵是，公共资源向民生领域的配置比例的倾斜。这应该视为财政理论发展的一个阶段，而不能与公共财政简单地直接画上等价号。在此基础上，本书将所考察的财政民生支出界定为财政教育支出、医疗卫生支出、社会保障和就业支出及环境保护支出等，并以各项财政民生支出的内部规模与结构为优化的研究对象，而不是整体意义上财政支出的优化求解。

---

① http://www.hntqb.com/hntqb/html/2013-04/11/content_54245.htm?div=-1.

② 公共财政对环境问题的重视还体现在 IMF 对《政府财政统计手册（GFSM）》的调整中，GFSM（2001）中单独将"环境保护"列为子项目，而 GFSM（1986）将环境保护支出列在了"住房和社区设施的事务和服务"项目中。此外，人们比较认同的中国民生指数及中国民生发展指数，都将环境和环境保护作为民生的主要构成部分（北京师范大学"中国民生发展报告"课题组，2011；国务院发展研究中心"中国民生指数研究"课题组，2015）。

2.1.2　幸福的哲学溯源与主观幸福感

2.1.2.1　幸福的哲学溯源与演变

古今中外，幸福的哲学基础与德性[①]的认识和解构紧密相连（Rosen，2002；吴灿新，2012；周玮，2013；孙伟，2015）。本节以德性为支撑点，具体讨论幸福哲学的演变与发展。

自苏格拉底将幸福作为人类理想纳入哲学思考以来，经由柏拉图、亚里士多德、伊壁鸠鲁和芝诺等人的发展，已经明确了德性（包含理性）与幸福的关联，以上众多的先哲和贤者均认为德性与幸福（Eudaimonia）的获取是不可分离的。亚里士多德在《尼各马可伦理学》中指出，“幸福是灵魂的一种合乎完满德性的实现活动”。[②]德性构筑了幸福的基石。德性的核心内容——“中道”“适度”——人类获取幸福的必经之途，面向一个高远的目的，坚持不偏不倚的态度去接近它，恰如其分地取得它。其强调在了解客观事物发展的基础上，积极地实践，以达到人的目的，进而达到一种平衡状态，而非消极无为。勇敢、自制、诚实、友爱、公正、荣誉等只是“中道”在实践中的有效载体和具体路径。当然，亚里士多德在这一框架下也区分了幸福的三种形式：仅追求肉体快乐的动物式的享乐生活，追求荣誉和德性的政治享乐生活，合乎自身灵魂德性的实现，尤其是灵魂欲望部分，即沉思或智慧的生活。此外，他反对来世幸福，认为幸福取决于我们自身而非命运，并将神性视为推动力量，而不是创生力量。智慧的

① 德性“揭示了一种以涉及生命的宇宙及宗教意义上的伦理和宗教思维为基础的道德取向”（科尔伯格，2004），是个体自洽的一套哲学心理学、哲学政治学和社会学（Maclntyre，1998；景怀斌，2015）。当然，德性也有其客观的心理学作用机制，具体参见景怀斌（2015）。

② ［古希腊］亚里士多德．尼各马可伦理学［M］．廖申白，译注．北京：商务印书馆，2003：32．

人会以“恰当的方式”面对生命历程中的变故。尔后的斯多葛派认为德性即幸福，遵照理性生活就是有德性的生活，就是好的生活；伊壁鸠鲁派则认为幸福即德性，能够带来幸福（或功利）的就是有德性的（杨宗元，2015）。及至边沁和穆勒的功利主义理论，也认为德性是幸福的重要组成部分。边沁开创性地将利己快乐主义扩展为利他主义或社会功利。穆勒更进一步发展了边沁的功利主义，其在《功利主义》中提道：“美德（德性），按照功利主义理论，不是自然而然原有的一部分目的，但是可能成为如此，而且，其所以被欲求、被珍惜，不是由于幸福的手段，而是它们是幸福的一部分。”[①]至此，功利主义基本完成了哲学领域的幸福思想的古典研究（陈惠雄，2008）。

当然，德性是使一个人实现无限接近其自身“特有目的的品质”（幸福），其在神学上并无偏倚。奥古斯丁认为幸福既不在于物质也不在于精神，世俗的幸福是不可得的，因为人本身不具备灵魂的德性，它来自上帝的恩赐，而“找到上帝就是得到幸福本身”（张荣，2003；McMahon，2006）。阿奎那整合了亚里士多德和奥古斯丁的幸福观，将幸福一分为二：由合乎德性而获得的尘世幸福，以及在天国对上帝本质洞见而获得的来世幸福（张清，2005）。在近代，康德试图采用“配享幸福”的概念来弥合幸福和德性间的二律背反（幸福是一种欲望和感情，而道德是一种绝对命令），其认为幸福“乃是尘世上一个有理性的存在者一生所遇事情都称心合意的那种状况”[②]，动机上别无其他的，才可称为配享幸福，幸福只是作为有德的人配享的结果而出现的（Rosen，2002；王葎，2012）。费尔巴哈则认为康德的道德不过是上帝的同义词，并未真正调和二者的关系，他从纯生物学的角度认为“道德的原则是幸福，但不是集中在同一个人身上的

① ［英］约翰·穆勒．功用主义［M］．唐钺，译．北京：商务印书馆，1957：18.
② ［德］康德．实践理性批判［M］．韩水法，译．商务印书馆，1999：116.

那种幸福，而是分布在各个人身上的幸福”。①

中国传统文化所蕴含的幸福哲学，以儒家、道家和佛家的影响较为深远。其中“乐道”直接体现了中国人的传统的幸福观。儒家在《礼记·中庸》中较早提及德性：“故君子尊德性而道问学，致广大而尽精微，极高明而道中庸。”“德性，谓性至诚者”，即对事物本源的探知和认识，这与古希腊至今的西方认知是相近的。“一箪食，一瓢饮，在陋巷，人不堪其忧，回也不改其乐。贤哉回也！”（《论语·雍也》）；“饭疏食，饮水，曲肱而枕之，乐亦在其中矣。不义而富且贵，于我如浮云”（《论语·述而》），此为摒弃功名利禄而追求性情合一、顺心率性的纯粹德性幸福。“志于道，据于德，依于仁，游于艺”“君子学以致其道”，儒家一直实践着“贫而乐道，富而好礼”的终极幸福之乐道。当然还有更具体的“知者乐水，仁者乐山；知者动，仁者静；知者乐，仁者寿”的抽象德性幸福，以及“多闻阙疑，慎言其余，则寡尤；多见阙殆，慎行其余，则寡悔。言寡尤，行寡悔，禄在其中矣”“君子谋道不谋食。耕也。馁在其中矣；学也，禄在其中矣。君子忧道不忧贫”（《论语·卫灵公》）的立足现实之德性幸福（张方玉，2007；曾红和郭斯萍，2012）。与亚里士多德差不多的时代，孟子提出了君子三乐：“父母俱存，兄弟无故，一乐也；仰不愧于天，俯不怍于人，二乐也；得天下英才而教育之，三乐也”（《孟子·尽心上》）。

道家以见素抱朴、少私寡欲为德性要点，“罪莫大于可欲，祸莫大于不知足，咎莫大于欲得。故知足之足，常足矣”。知足常乐、安时处顺、自然无为才是真正的幸福。“天下有至乐无有哉？……？夫天下所尊者，富贵寿善也；所乐者，身安厚味美服好色音声也……？吾观夫俗之所乐，举群趣者，誙誙然如将不得已，而皆曰乐者，吾未之乐也，亦未之不乐

① 冯俊科. 西方幸福论——从梭伦到费尔巴哈［M］. 北京：中华书局，2011：406－414.

也。果有乐无有哉？吾以无为诚乐矣，又俗之所大苦也。故曰：'至乐无乐，至誉无誉'"（《庄子·至乐》）。每个个体的幸福都是不一样的，心之乐才是真行的快乐（陈少明，2008；杨玉辉，2011）。值得一提的是，道家提倡的无为不争并非消极等待，而是"祸福无门，唯人所召"（《道德经》），顺应自然的发展规律，积极主动地应对。对于佛教而言，学者大多认为其主要奉行诸行无常、诸法无我、涅槃寂静的幸福观（李宇环，2014）。但佛教的传入并未使中国人脱离既定的幸福道路，而是将其杂糅在这种已有的框架中，包容性地继续行走（鲍吾刚，1971）。

由于德性是不可公度的，因此西方和东方哲学各自形成的与其德性相匹配的幸福观，也是难以比较的（麦金泰尔，1988）。但在技术层面可以发现，东西方文化情境下的幸福观存在明显的差异，东方是社会和集体导向的，西方更偏重个人意愿之上的幸福实践（晏辉，2012）。但以上两者基本都承认，在满足基本生存需求的基础上，顺道而行，积极发挥主观能动性，追求幸福。

幸福的研究源于哲学的讨论，而近年来这一话题的热议也与心理学、生物科学等研究密不可分。Kahneman 等（1997）、Kahneman 等（2004）通过心理学实验证实了边沁的幸福观，指出利用日重构法（Day Reconstruction Method，DRM）可以测度快乐和痛苦体验效用。此后，随着研究的不断深入，在心理学和社会学领域逐渐形成了适应理论（Adaptation Theory）、锚定点理论（Set-point）、人格理论、目标理论（Goal Theories）、攀比理论和认知理论等成熟的解释理论（Diener，2009；李齐光，2011；倪志良，2017）。新近的脑成像研究也表明，乐观与杏仁核和前喙古带皮质等脑区相关（Sharot et al.，2007）[①]。人类的

① ［爱尔兰］科尔．积极心理学：有关幸福和人类优势的科学（第2版）［M］．丁丹，等，译．北京：中国轻工业出版社，2013：112－113．

大脑中存在专门管理乐观幸福的神经回路，其位于大脑的边缘地带。当我们得到相类似的奖励的时候便会活跃，催生荷尔蒙多巴胺的分泌，带动更多的神经元活动（肖仲华和杨怀中，2013）。此外，遗传学家发现基因决定了个体33%～60%的幸福状态（Røysamb et al.，2003；Jan-Emmanuel et al.，2012）。显然，心理学、社会学、认知神经学与生物科学等关于幸福机理的研究也为幸福哲学的思辨提供了一定的科学基础和支撑。

2.1.2.2　居民幸福感的概念界定

随着哲学在现代数学及经验科学图景下的转型，德性与幸福逐渐分离，幸福逐渐为效用所替代，成为现代经济学的核心概念之一。至马歇尔开始，“效用”成了“福利”（Welfare）、“满足”（Satisfaction）的同义词，偶尔也代指“幸福”，德性被排挤出经济学的研究范畴，幸福也逐渐淡出了主流经济学家的视野（Rosen，2002；周振华，2005）。物质性需求成了人类福祉的较为重要的，甚至是唯一的函数变量。但事实真的如此吗？随着统计资料的丰富和研究方法的提升，很多学者发现了与之相悖的现象和结论。在经济学领域中备受关注的应当是“收入—幸福悖论”（Happiness-income Paradox）。Easterlin（1974、2010、2013）通过跨国数据发现，短期内，收入将带来居民幸福感的提升，但长期的经济增长或收入水平的提高并不必然带来个体幸福感的持续提升（见图2.1）。随后，以黄有光（Ng，2003，2008）为代表的福利经济学家逐渐摒弃了主流经济学中偏好满足的效用主义，将幸福与理性相联系，提出幸福才是人类唯一的理性追求；萨缪尔森提出了幸福方程式：幸福＝效用/欲望；Veenhoven（2004）提出了以幸福替代GDP的新功利主义（New Utilitarianism）；Layard（2005）在 *Happiness: Lessons from a New Science* 一书中扬弃了新剑桥学派对于效率的过度强调，吸取了补偿原则概念及旧福利经济学关于收入分配的论述，继续拯救“残缺”的边沁的最大多数人幸福的哲学信仰。总而言之，经济学研究以 Easterlin（1974）的幸福悖论为契机，使其重归经济学的研究视野。

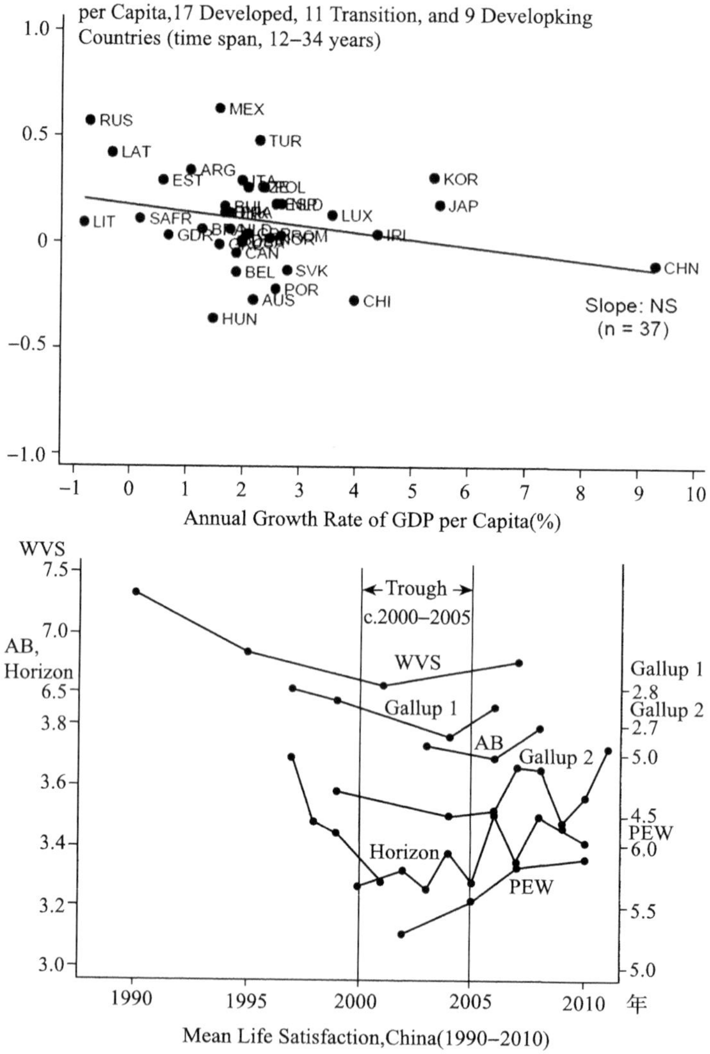

图 2.1 世界各国人均 GDP 与居民幸福感的分布情况

资料来源：Easterlin R. A. Happiness, Growth, and Public Policy [J]. Economic Inquiry, 2013, 51 (1): 1 - 15.

关于主观幸福感的相关术语，现有文献一般划分为生活满意度（Life Satisfaction，反映了人们对生活状态的认知）、体验情绪幸福（Experience Momentary Mood /Positive Affect and Negative Affect，高兴、焦虑、紧张、兴奋等特定时间点的情绪状态）、德性幸福（Eudemonia，精神追求、有意义的生活、个人成长、自主权等亚里士多德式的幸福）（Andrews and Withey，1976；Diener and Emmons，1984；Kahneman et al.，1997；Myers，2004；Ryff and Keyes，1995；Veenhoven，2004；Dolan et al.，2012；Boarini et al.，2012）。表2.1报告了主观幸福感的基本结构和研究内容。综合来看，主观幸福感囊括了情绪、认知和行为三个层次，其并不是一种孤立状态下的感知和评价（倪志良，2017；殷金朋等，2019）。

表 2.1　主观幸福感的基本结构与研究内容

情感		认知	行为领域
积极情感	消极情感	生活满意度	
喜悦	内疚、羞愧	渴望改变生活	工作
兴奋	悲伤	对目前生活满意	家庭
满足	焦虑	对过去生活满意	休闲
自豪/骄傲	气愤	憧憬未来生活	健康
喜爱	紧张	受他人影响严重	财务状况
幸福	抑郁		自我
入迷/投入	嫉妒		群体

资料来源：Diener E.，Suh E. M. and Lucas R. E.，et al. Subjective Well-being: Three Decades of Progress [J]. Psychological Bulletin，1999，25（2）：277.

目前，对于主观幸福感的测量，较为成熟的方法[①]是自陈（自评）主

① Diener et al.（1999）、Frey and Stutzer（2006）及奚恺元等（2008）详细介绍了幸福感的测量方法。一般而言，有生理学方法（如脑电波、心律、血压等）、经验取样法（每日多次、多日对同一个体的随机抽样）和自我报告法（即自陈主观幸福感）。

观幸福感。通过调查问卷来询问居民的主观感受："总的来说，您认为您的生活是否幸福?" 答案选项设置为：1 = 非常不幸福，2 = 比较不幸福，3 = 说不上幸福不幸福，4 = 比较幸福，5 = 非常幸福。虽然主观幸福感只是效用函数的一部分，并不完全等同于效用，但幸福感的上升的确为个人带来了很高的边际效用（Glaeser et al.，2014）。此外，相关研究还发现，自陈的主观偏好是一种更为严格的偏好显示机制（Frey，2013）。因此，主观幸福感本质上反映着居民实际生活中身心一致的幸福评价，（自陈）主观幸福感可以视为客观测量方法的代理变量（Schimmack et al.，2002；Kahneman and Krueger，2006；Boarini et al.，2012；Deaton，2012；Case and Deaton，2015）。鉴于此，本书采用自陈主观幸福感来衡量居民幸福[①]。

第二节　相关文献综述

本节综述了国内财政民生支出的相关研究、国内外财政支出与居民幸福感关系的研究。

2.2.1　财政民生支出的相关研究

由前文理论分析可知，民生财政与财政民生支出是一个带有中国特色的财政概念。因此，这部分主要回顾了国内关于财政民生支出研究的相关文献。

2.2.1.1　财政民生支出的定性研究

马海涛和和立道（2010）认为民生财政是包含在公共财政体系标准下

---

① 在本书的各章节中，居民幸福、民生幸福、居民幸福感、幸福感和（自陈）主观幸福感等均为同样的含义，在具体使用中不再区分。

的窄口径支出概念，应根据民生项目的“层级化”分布来安排支出。具体而言，财政民生性支出包括5个层级：①基本的生计条件和基本技能培养，关乎生存和维持——基础教育、社会保障与就业、医疗卫生、收入分配；②人们正常生活条件——高等教育、计划生育；③具有一定程度享受性质的条件改善——文化、体育和传媒；④摆脱贫困情况下可持续发展因素考虑——环境保护和生态建设；⑤维持正常活动的必须支出——社会管理。闫宇光和寇明风（2011）详细讨论了财政民生支出的层次和范围，认为财政民生支出应该致力于居民的基本生存问题、生活状态的改善和发展机会3个层次，在此基础上将财政民生支出范围限定在了教育、社会保障和就业、医疗卫生、住房保障、“三农”与扶贫、文化体育、环境保护和公共交通8类项目上。宫晓霞（2011）指出中国当前财政民生投入不足，各项支出内部结构不合理，尤其是城乡之间。并认为在继续加强各项财政民生支出的同时，中央政府可采用有条件非配套拨款的转移支付方式扶持欠发达地区教育事业，有意识地偏向农村义务教育，调整新增财政医疗卫生投入的流向，重点支持县乡两级医疗机构，以促进城乡医疗卫生服务均等化。张社年（2014）以2011年实施的陕南移民搬迁为例，讨论了财政民生支出的优化路径，认为政府应该坚持问题导向，推动顶层设计，解决好财力与民生支出刚性增长的矛盾；兼顾不同群体和地域的均衡发展，将民生支出绩效纳入官员考核机制，以保证财政民生支出的质量；以财政投入为主，引入各类市场主体广泛参与，建立起多元化民生投入分担机制。

2.2.1.2 财政民生支出的定量研究

相关文献集中在财政民生支出的规模与结构优化、与消费（经济增长）、收入分配等关系的检验等方面。

（1）财政民生支出规模与结构的优化及绩效分析。张淑翠（2012）基于DEA和Tobit回归修正法，利用1978—2008年中国的经验数据发现，相较而言，民生视角的财政支出比经济增长目标下的财政预算内支出平均最优规模和预算内外支出平均最优规模，分别高出2.40个百分点和1.72个百分点，这与中国的经济社会发展阶段相适应。杨志安等（2013）以巴罗法则为依据，构建了财政支出最优规模模型，并估算得出中国目前的财政民生支出最优规模约占GDP的11%。李广泳和潘寄青（2015）基于2003—2013年中国31个省份的面板数据发现，中国公共财政支出综合效率的年均下降比例已接近10%；其中，相较于教育支出而言，医疗卫生支出和社会保障支出存在投入上的资源浪费，尤其是社会保障支出损失较高。刘美花和黄小平（2015）基于DEA方法测算了2009—2013年中国31个省份的财政民生支出资金配置的效率值，研究发现大部分省份的财政民生支出资金配置效率均在0.9以上，虽然效率较高但并未达到最优化水平，而且东部地区的综合效率要高于中西部效率。

（2）财政民生支出与消费及经济增长的关系研究。李建强（2010）基于状态空间模型，利用1978—2008年的经验数据发现，财政民生支出与居民消费呈倒“V”形关系，对城镇居民的消费影响要大于农村居民消费的影响。储德银和闫伟（2010）利用1995—2007年中国29个省份的面板数据发现，人均财政民生支出每提高1个百分点就会带来城镇居民和农村居民人均消费分别增加0.057%和0.074%，具有显著的挤入效应。汤跃跃和张毓雄（2012）利用1978—2010年的经验数据发现，1单位财政民生支出的增加将分别带动1.93%~5.30%的城镇居民消费支出和1.22%~2.35%的农村居民消费支出的增加，进而拉动3.58%~22.42%的经济增长。张荣霞等（2013）以2003—2011年的26个省份为样本发现，社会保障支出显著提升了居民消费水平，此时的最优规模为占GDP比重的6.1%；而教育支出和医疗卫生支出促进消费水平提升的作用并不显著。滕发才（2014）基于1952—2006年的中国时间序列发现，经济增长对财政民生支出具有显著的周期性拉动作用，对科教文卫支出、教育支出、科研支出和抚恤福利支出的影响作用分别为 42%、33%、28% 和 15%，而且上述变量之间在不同时期具有不同程度的替代关系。李普亮（2015）基于 2007—2012 年中国 31 个省份的面板数据发现，财政民生支出对当期的经济增长和产业结构调整并未表现出显著的正向影响，而且社保支出水平过低造成了居民消费预期及其消费能力的下降，进而影响了经济增长和产业结构升级。

（3）财政民生支出与收入分配、房价及城市化等关系的研究。董万好等（2011）利用一般均衡模型（CGE）模型模拟得出，财政民生支出的增加有利于劳动报酬的提高。赵海利（2012）分析了浙江省 1997—2008 年教育支出和医疗卫生支出的收益归宿，研究发现以上两项财政民生性支出具有累进性，人均收入最高的地区的居民为最大受益者，人均收入次低地区为最大受损者。洪源等（2014）基于 2002—2012 年的中国 31 省份的经验数据，综合利用多种计量方法发现，财政民生支出的增长以及向农村的倾斜，将有效缩小城乡收入差距；但民生财政引致的税收增长将扩大城乡收入差距。毛颖（2011）基于中国 1998—2005 年的省级面板数据发现，财政民生支出显著降低了刑事犯罪率，但随着分权水平的提高，这种抑制作用逐渐减弱。赵安平和罗植（2012）通过构建离散动态优化模型，并运用 2004—2009 年的省级面板数据发现，财政民生支出对房价具有熨平作用：当房地产市场过热时，财政民生支出的扩张将遏制房价的过度上涨；当房地产市场不景气时，财政民生支出的扩张将刺激房价的上涨。李斌（2015）通过 2002—2012 年的中国 286 个地级市数据发现，财政民生支出通过公共服务的均等化而间接促进了城市化水平的提高。

2.2.2 财政支出与居民幸福感关系的相关研究

自 Easterlin（1974）开创性地在经济学领域提出“幸福—收入悖论”以来，关于幸福的理论研究和实证分析得到了迅猛的发展，积累了丰富的文献。但这些研究更多地侧重于检验幸福的影响因素，如收入、就业、通货膨胀、政府行为、社会资本、环境污染及诸如性别、年龄、民族、宗教信仰、户籍、婚姻状况、健康状况、受教育程度等表征个体的人类学和社会学特征变量等（Clark and Oswald，1996；Frey and Stutzer，2002；Helliwell，2003；Di Tella et al.，2003；Diener and Seligman，2004；Levinson，2012；Deaton，2012；Cheng and Smyth，2015；Kimball et al.，2015）[①]。就政府行为而言，国外研究主要因循政府治理水平和财政支出的规模与结构两条逻辑主线探讨其与幸福的关联。大多数学者认为良好的政府治理水平（Good Governance）及制度安排能够显著提升居民幸福感（Frey and Stutzer，2000；Dolan et al.，2008；Flavin and Radcliff，2009；Duncan，2010；Ott，2011；陈刚和李树，2012；Helliwell et al.，2014；赵新宇和范欣，2016）。本节主要综述国内外关于财政支出对居民幸福感影响的研究。[②]

国外学者 Ng（2003）认为追加有利于社会进步的财政支出（如教育、健康、安全、职业发展、民意表达与善治等）是改善与提升居民幸福感的重要途径。Helliwell（2006）同样指出，除极度贫穷的国家外，幸福的差别主要在于人类生活的质量而不是收入，财政教育支出的增加有利于改善全球大部分人的生活质量。国外的文献更多地集中于经验研究层面，如 Veenhoven（2000）通过跨国数据发现，社会保障支出与居民幸福感并无显著关系。Ouweneel（2002）运用 1990 年 42 个国家的数据发现，社会保障支出水平对失业津贴受益者的主观幸福感的提升作用

① 更为详尽的综述请参见如下文献：娄伶俐（2009）从主观幸福感的概念起源、测量方法、影响因素及心理学机制等方面进行了详尽的综述；鲁元平和王韬（2010）则从收入、失业、通货膨胀、环境污染及城市化等宏观层面进行了综述；丘海雄和李敢（2012）综述了经济学、心理学、政治学、社会学和环境经济学等学科关于幸福的研究；Dolan et al.（2012）从个体特征、人际交往、社会态度和经济宏观环境等方面对国外的研究进行了全面的综述。

② 需要说明的是，这里仅仅综述了总体财政支出与居民幸福感的关系研究，各专项支出的相关研究在后续的每章节中均将展开详细的回顾和述评。

微乎其微，失业者和就业者之间的主观幸福感差距并未因失业保障支出的增加而缩小。Ram（2009）在Bjørnskov等（2007）的基础上增加样本容量得到了与其相反的结论，即财政支出规模的增加并不一定降低居民幸福感。Lana等（2009）通过WVS提供的13个转型国家的数据发现，财政支出总规模与居民幸福感之间存在显著的正向关系。Malesevic Perovic和Golem（2010）在转型国家发现了财政支出规模与主观幸福感存在“U”形关系。Kotakorpiw和Laamanenz（2010）研究发现相对较高的财政医疗卫生支出将有助于提升居民的主观幸福感，而且中等收入群体较之于低收入和高收入群体偏好更高的财政医疗支出。Babulal和Mrzygłód（2013）则发现2001—2010年欧盟国家的财政支出规模的增加降低了居民幸福感，不过其并未考虑个体社会特征。

国内学者在这方面的研究虽然起步较晚，但研究成果较为丰富。胡洪曙和鲁元平（2012）通过CGSS2005、CGSS2006的经验研究指出，财政支出的增加将显著提升农村居民的主观幸福感，但主要影响路径是消费，在控制了消费之后，这种提升作用显著下降；进一步的研究发现，医疗卫生支出和社会保障补助支出等亲贫式支出（Pro-poor Spending）显著提高了农村居民幸福感。就亲贫式支出而言，鲁元平和张克中（2010）利用WVS2001、WVS2007数据，在全国层面得出了同样的结论。而赵新宇和毕一博（2015）通过2013年吉林大学公众主观幸福感调研数据得到了不同的结论，其发现社会保障和就业支出的增加提升了居民幸福感，但教育支出和财政医疗卫生支出却产生了消极影响。罗能生和钟发宝（2015）利用2001—2012年的中国省级面板数据则发现，亲贫式支出与国民幸福之间存在显著的倒“U”形关系。[①] 谢舜等

① 这种明显的差异可能由于幸福的不同测算方法引起。多数研究采用自陈主观幸福感来表征居民幸福，而罗能生和钟发宝（2015）则通过对物质生活水平、个人活动及社会关系、环境质量、社会生活状况和经济、人身安全5个方面进行主成分分析而得到国民幸福的综合水平值。

（2012）利用 CGSS2006 中的城市样本发现，财政支出总体上促进了城镇居民幸福感的提升，地方政府基建投资削弱了城镇居民幸福感，社会保障支出和科教文卫支出均显著提高居民幸福感，而且对本地居民的影响程度要明显高于外来人口。赵新宇和高庆昆（2013）利用 2011 年吉林大学公众主观幸福感调研提供的 4981 份有效问卷发现，人均财政支出及教育、科学技术、医疗卫生、环境保护、农林水事务等分项支出均有利于吉林省居民幸福感的提升。汤凤林和雷鹏飞（2014）通过 CGSS2008 所提供的县市级的微观数据发现，财政支出不但对居民幸福感具有直接的提升作用，还通过缩小收入差距间接地提升了居民幸福感。他们还发现，财政教育支出显著提升了幸福感，而医疗卫生支出和社会保障支出微弱降低了居民幸福感。杨志安等（2015）利用 WVS 的 1990 年和 2007 年的中国数据发现，财政民生支出的增加将显著提升居民主观幸福感。

综上所述，现有文献对于幸福感的微观影响因素的研究较为丰富，宏观层面的考察局限在收入水平、失业、通货膨胀等方面，政府层面则多从腐败、政府质量和总体支出规模为切入点，聚焦于各项支出规模及内部结构的研究则较少。另外，国内研究与国外研究相比，文献数量、数据挖掘和方法的应用上均存在较大的差距。具体来说，国内的相关文献多集中于定性讨论，实证研究于近几年才逐渐展开，并且研究视角较为单一；国外的研究多采用跟踪面板数据，国内的数据源则较为单一且多为横截面数据；方法上，国外综合运用了心理学、社会学和生物学的方法，国内则主要使用有序 Probit 或有序 Logit 等计量经济学工具。显然，前人的研究成果为本书的进一步研究提供了必要的铺垫和支撑，也为本书提供了更多的拓展方向和可能的研究空间。

第三章　中国财政支出与居民幸福感的现实考察

财政支出规模与结构无疑会对居民幸福感产生重要影响，因此有必要讨论财政支出和居民幸福感的演变趋势与规律。本章首先考察了1950年以来中国财政支出规模与结构的演变情况，以及2002—2013年财政民生支出的情况。其次，利用中国综合社会调查提供的2003—2013年入户调查的微观数据，分析了中国10年间居民幸福感的变化趋势。

第一节　财政支出的现状分析

本节从规模和结构两方面来具体分析新中国成立以来中国财政支出的历史演变。其中，财政支出结构是指在一定的经济社会体制下，政府各类支出在公共资源中的组合和所占比重，其反映了各类支出的相对重要性，体现着政府职能。就实践而言，财政支出结构可划分为横向支出和纵向支出。横向支出是指按照政府职能分类的各项支出，具体有经济建设性支出、社会服务性支出和维持性服务[①]。它更多地反映了公共资源在政府、市场和社会之间的流动情况，即政府参与市场和社会的深度

① 与讨论财政支出的民生福利效应不同的是，在讨论财政支出的经济增长效应中，此类研究通常将财政支出划分为生产性支出与非生产性支出（或消费性支出），以便纳入生产函数进行数理推导及分析（Barro，1990；严成樑和龚六堂，2009；金戈，2014）。

及广度，通过解决如收入分配差距、社会保障、教育、环境污染等市场失灵问题来提高社会福利水平。纵向支出则指不同层级政府之间的资源分配，它反映的是上下级政府间事权的分配，影响着财政支出的整体倾向。

3.1.1 财政支出规模

本节以财政支出总量占 GDP 的比重来表示财政支出的相对规模，以期考察中国财政支出规模的变迁。从表 3.1 可以看出，中国财政支出规模的发展大致经历了四个阶段：第一阶段是持续快速上升期（1950—1960 年），在 1960 年达到 44.16%，是 1952 年的 1.74 倍。此阶段中国属于典型的“计划型财政”（杨志安和杨之刚，2008），实行高度集中的统收统支的管理体制，具有“统、包、大”的特点。中央财政支出占比要远高于地方财政支出占比也体现出了这种特点。第二阶段是继快速上升期后的温和下降期（1961—1977 年），相对规模的均值为 27.30%，下降或是上升速度幅度不超过 6%。第三阶段是持续下降期（1978—1996 年），从 1978 年的 30.78% 降至 1996 年 11.15%，降幅近 20 个百分点，降至历史最低点。该时期财政支出的快速下降，主要由于中国经济体制由计划经济向市场经济转变及不规范的财政收支管理体制引起，这也意味着政府干预市场力量的弱化（付文林和沈坤荣，2006）。第四阶段为小幅稳定上升期（1997—2013 年），以 18.46% 的平均速度上升，要显著高于 GDP 的平均增长速度 13.10%。而且地方财政占比自 1985 年起一直未低于 60%，支出责任高度地方化，这主要由 1994 年的分税制改革引起（孙群力，2009；范子英和张军，2010）。总体来看，伴随近年来经济的快速增长，中国的财政支出规模也迅速膨胀。

表 3.1　中国财政支出规模的变化情况

年份	绝对规模			相对规模		
	总量	中央	地方	比重 1	比重 2	比重 3
1950	68.05	-5.88	—	—	—	—
1955	262.73	201.05	61.68	28.85	76.52	23.48
1960	643.68	278.63	365.05	44.16	43.29	56.71
1965	459.97	284.17	175.80	26.79	61.78	38.22
1970	649.41	382.37	267.04	28.72	58.88	41.12
1975	820.88	409.4	411.48	27.24	49.87	50.13
1980	1228.83	666.81	562.02	27.03	54.26	45.74
1985	2004.25	795.25	1209.00	22.23	39.68	60.32
1990	3083.59	1004.47	2079.12	16.52	32.57	67.43
1995	6823.72	1995.39	4828.33	11.22	29.24	70.76
2000	15886.5	5519.85	10366.65	16.01	34.75	65.25
2005	33930.28	8775.97	25154.31	18.52	25.86	74.14
2010	89874.16	15989.73	73884.43	22.38	17.79	82.21
2011	109247.79	16514.11	92733.68	23.09	15.12	84.88
2012	125952.97	18764.63	107188.34	24.25	14.9	85.10
2013	140212.1	20471.76	119740.34	24.65	14.6	85.40

注：比重 1 为财政支出总量占 GDP 的比重，比重 2 和比重 3 分别为中央和地方财政支出占财政支出总量的比重；绝对规模与相对规模指标的单位分别为亿元和%。

数据来源：《中国统计年鉴》（1997—2014）。

表 3.1 显示，改革开放以来，财政支出总量占 GDP 比重的均值为 19.21%，较之于 1950—1978 年，下降了 9.35 个百分点（28.56%），2013 年所占比重也不及改革开放前的均值（24.65%）。对比世界各国财政支出占 GDP 的比重可以发现，中国近年来财政支出的规模要低于世界平均水平和英国、德国等经济体，但高于日本和韩国，接近于美国（如表 3.2 所示）。

表 3.2 世界各国财政支出占 GDP 的比重

年份	世界均值	美国	英国	德国	日本	韩国
2000	—	—	34.54	30.77	—	15.79
2001	26.64	19.39	35.26	30.32	—	16.78
2002	26.52	19.95	36.23	30.76	—	15.90
2003	26.89	20.51	37.15	31.30	—	17.87
2004	26.49	20.30	37.49	30.23	—	17.80
2005	25.48	20.61	38.92	30.25	16.01	18.55
2006	25.18	20.49	38.03	29.05	15.72	19.31
2007	24.97	20.82	37.85	27.76	14.80	18.82
2008	26.22	22.39	40.79	27.92	16.16	19.14
2009	29.14	25.63	43.68	30.80	19.13	20.20
2010	29.14	25.89	43.18	31.10	18.07	18.43
2011	28.35	25.16	41.66	28.64	19.62	18.90
2012	28.56	24.01	42.09	28.26	19.33	—
2013	—	23.14	—	—	—	—

注：指标值的单位为%。
数据来源：World Bank。

从增长速度来看，1978 年以来，财政支出的平均增长速度（15.54%）要略慢于 GDP 的速度（15.66%）。但从 1950 年以来的较长时间段内观察，前者的平均增长速度（14.16%）要高于 GDP 增长速度（11.46%）（如图 3.1 及附录 A1 所示）。显然，这主要由 1950—1978 年和 1997—2013 年两个时间段内财政支出的快速增长引起。在这两个时间区间内，财政支出的平均增长速度达到了 GDP 增长速度的 1.58 倍。

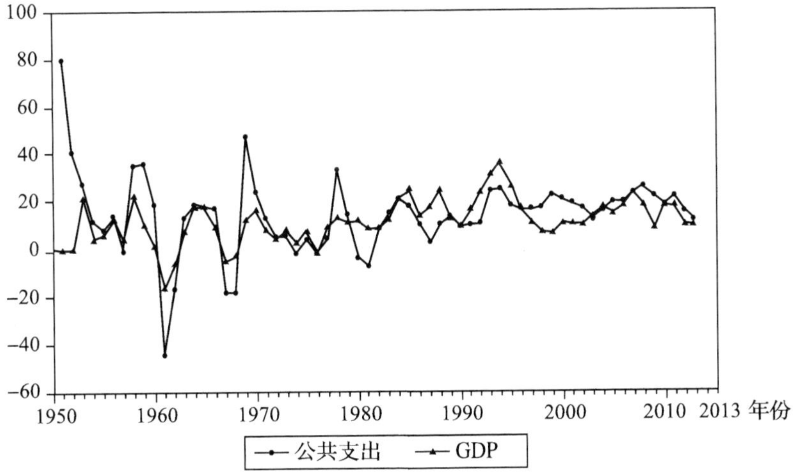

图 3.1 中国财政支出的增长速度（1950—2013 年）

3.1.2 财政支出结构

狭义的财政支出结构是指，政府各类开支项目占公共资源的比例，其分配过程体现了政府职能的实现。因此，按照政府职能对财政支出分类来研究支出演变是较为直接明了的方式。政府职能分类方法得到各国的普遍关注，适用于一系列广泛的分析应用（IMF，2001）。本书参考《政府财政统计手册（GFSM20001）》《中国统计年鉴》《2013 年政府收支分类科目》及相关文献（王雍君，2000；付文林和沈坤荣，2006；涂斌，2007），按照财政职能对政府开支进行分类，具体划分为经济建设性支出、社会服务性支出和维持性支出。其中，经济建设性支出直接作用于经济与社会，作为生产性支出对资源的配置能力较强；社会服务性支出主要体现了公共产品与服务的提供；维持性支出保证了国家机器的存在和政府的正常运转。由于 2007 年中国政府收支分类科目发生变化，本章节在具体的统计中，以 2007 年为分界点，分阶段统计财政支出结构，如表 3.3 所示。

表 3.3　中国财政支出职能分类说明

分类项目	年份	子项目
经济建设性支出	1950—2006	基本建设支出，挖潜改造和科技三项费用，增拨企业流动资金，地质勘探费，工业、交通、流通部门事业费，支农支出，城市维护建设支出，政策性补贴支出等
	2007—2013	交通运输、资源勘探电力信息等事务、商务服务业等事务、金融监管等事务支出、城乡社区事务、农林水事务、地震灾后恢复重建支出、国土资源气象等事务、粮油物质储备事务及其他支出等
社会服务性支出	1950—2006	文教、科学、卫生事业费、抚恤和社会福利救济费、社会保障补助支出、行政事业单位离退休经费、环境保护和城市水资源等
	2007—2013	教育、科学技术、文化教育与传媒、社会保障和就业、社会保险基金支出、医疗卫生、节能环保、住房保障支出等
维持性支出	1950—2006	行政管理费、国防支出、公检法司支出、武装警察部队支出、外交外事支出、对外援助支出、援助其他地区支出等
	2007—2013	一般公共服务、外交、国防、公共安全、援助其他地区支出等

资料来源：作者整理编制。

1950—2013 年，中国按照政府职能分类的财政支出情况如表 3.4（及附录 A2）所示，各项支出占财政支出总量的比重如图 3.2 所示。

表 3.4　按照政府职能分类的财政支出情况

年份	经济建设性支出	社会服务性支持	维持性支出
1950	17.36	7.55	43.14
1960	460.71	86.95	96.02
1970	392.61	52.22	204.58

续表

年份	经济建设性支出	社会服务性支持	维持性支出
1975	481.66	103.55	235.67
1980	715.46	199.01	314.36
1985	1127.55	408.43	468.27
1990	1397.88	672.33	977.97
1995	2282.66	1582.52	2211.22
2000	5078.55	4254.45	5753.63
2005	8921.82	9803.04	7310.39
2010	30619.77	97336.1	23157.83
2011	36487.73	119194.8	26540.78
2012	41269.43	137775.7	29446.75
2013	47156.89	154630.4	32738.62

注：指标值的数据单位为亿元。

数据来源：1950—1989 年数据源自《中国统计年鉴》（2001），1990—2013 年数据源自《中国统计年鉴》（2000—2013）。

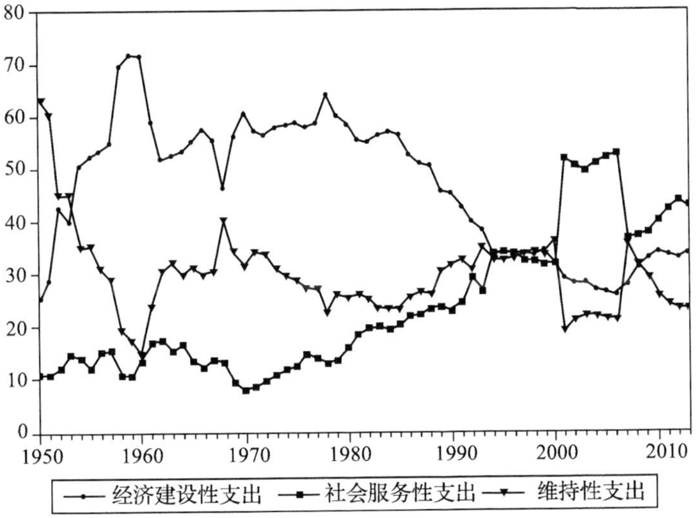

图 3.2　按政府职能分类的各项支出占财政支出总规模的比重（1950—2013 年）

财政支出结构不仅是政府职能的实现形式，而且要受约束于一国或地区的经济发展水平，不同的经济社会发展阶段对应着不同的财政支出结构（钞小静和任保平，2007）。从表 3.4 和图 3.2 可以发现：①新中国成立以来，为适应计划经济体制，中国财政实际上一直属于“生产建设性财政”，其支出规模在 1992 年之前均在 40% 以上，比较高的水平能够达到 71.57% （1960 年）。1995 年中共十四届五中全会提出“九五”期间要“初步建立社会主义市场经济体制”，标志着中国真正有意识地向市场经济转变（刘烈龙，2002）。此后经济建设性支出一直呈下降趋势，2000 年以来，其相对规模稳定在 30.15% 的水平上，2006 年降至谷底点 25.79%。即使为应对 2008 年的全球金融危机，政府向市场投入 4 万亿元中央直接投资，该年度的经济建设性支出也仅占到总支出的 31.05%。②总体来看，中国的社会服务性支出总体呈现上升趋势。特别是改革开放以来，其持续稳定增长，增速稳定在 4.23% 左右。2000 年人民生活总体上达到小康水平，财政支出目标开始转向教育、社会保障和就业、医疗卫生等公共产品和服务的提供。显然，这与人们的实际需求及政府执政理念相吻合。2001 以来社会服务性支出的相对规模稳定在 45.31% 左右，在 2006 年达到近年来的峰值 52.89%。③维持性支出由于前两项支出的变化，一直处于下降趋势，但由于需求刚性，近 10 年来稳定在 25.14% 左右。这样的财政支出的横向结构有利于经济的长期稳定增长和民生福祉的提高①。总体来说，中国的财政支出结构大致经历了维持性服务—经济建设性支出—社会服务性支出逐步上升的演变轨迹。

表 3.5 和图 3.3 描述了按照政府职能分类的中国财政支出的纵向结

① 近年来的理论研究和实证分析均指出，社会服务性支出对经济增长和居民幸福起到了显著的促进作用，经济建设性支出和维护性支出反而起到了抑制作用（Caminada and Goudswaard，2009；王麒麟，2011；朱军和王国华，2012；贺俊和吴照䶮，2013）。

构。三项支出的纵向结构安排均显示，地方政府的支出责任要显著高于中央政府的支出责任。其中，中央政府的经济建设性支出是地方政府相应支出的 2 倍左右，这主要由分权体制和绩效考核机制引起，地方政府过于重视基本建设、轻视人力资本投资和公共服务。而以社会服务性支出尤为突出，2002 年以来地方政府以约 47.97% 的财权承担了 90% 以上的责任，从而产生了地方政府财权与事权的不均衡。虽然地方政府具有提供当地居民公共产品和服务的显著信息优势及较低的交易成本，但如此大的权力差异也将无助于公共产品提供数量和质量的有效提高。财政支出结构的优化不仅需要调整横向配置，还应注意其纵向结构的协调。而其根本在于政府职能的准确定位和激励机制的适当设计。

表 3.5　按照政府职能分类的财政支出纵向结构

年份	经济建设性支出		社会服务性支出		维持性支出	
	中央	地方	中央	地方	中央	地方
2002	1997.03	4948.77	589.4	5741.73	3678.06	4640.98
2003	2151.275	10566.78	704.575	8001.46	4223.435	617.28
2004	2305.52	6423.53	819.75	7698.88	4768.81	6470.4
2005	2590.85	7724.58	928.57	9189.62	5256.55	8240.11
2006	2849.05	9273.1	1075.28	11101.12	6067.07	10057.11
2007	6048.12	11621.13	1858.5	16378.44	4110.3	12716.42
2008	6495.84	13415.02	2166.86	21080.99	5095.22	17279.52
2009	7606.55	14707.04	2738.4	26097.61	5512.67	22840.91
2010	7255.34	15902.49	3512.21	32584.35	5320.5	27999.65
2011	8151.46	18389.32	4106.72	42112.57	4330.92	35068.04
2012	9033.87	20412.88	4639.97	50596.82	5129.1	38622.71
2013	10168.93	22569.69	4902.6	55413.99	5738.93	44689.75

注：由于统计局仅公布了 2002—2013 年中国的“中央和地方公共财政主要支出项目”，因此本书仅统计了 2002—2013 年的相关数据；指标值的数据单位为亿元。

数据来源：《中国统计年鉴》(2002—2013)。

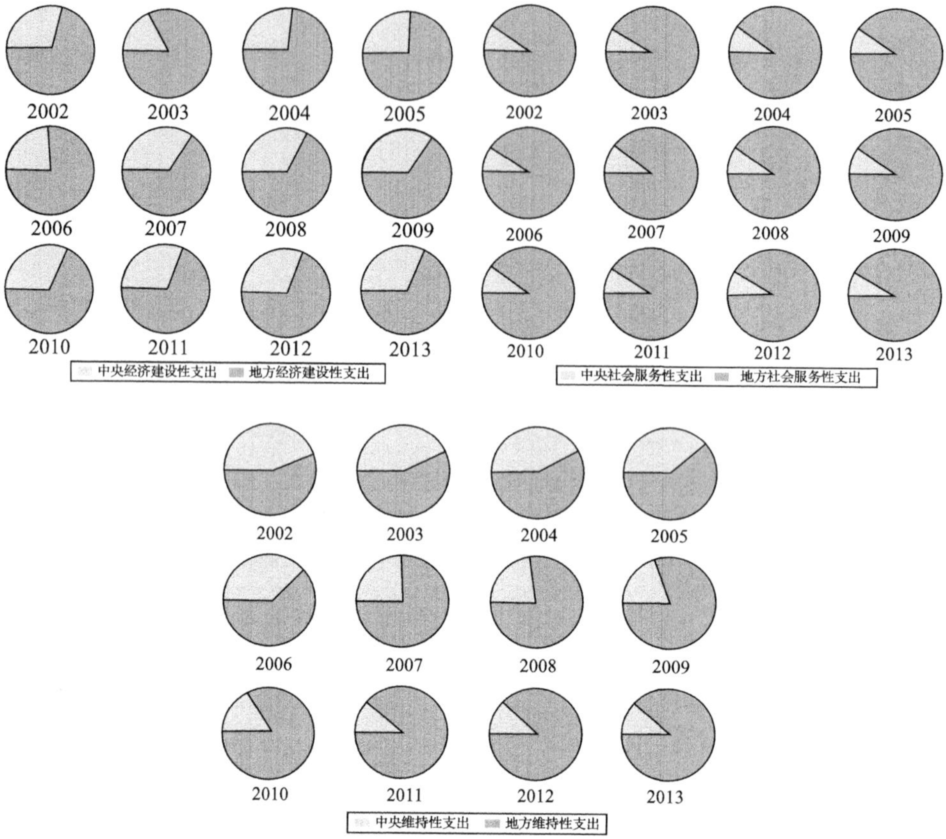

图 3.3　按政府职能分类的中央和地方财政支出构成（2002—2013 年）

第二节　财政民生支出的现状分析

本书所考察的财政民生支出具体包含教育、医疗卫生、社会保障和就业和环境保护等内容。本节以 2002 年为研究起点，其中 2002—2006 年财政民生支出主要包括文教、科学、卫生支出（教育事业费、科学事业费、卫生事业费和文体广播事业费）、抚恤和社会福利救济费、社会保障补助支出、行政事业单位离退休经费以及统计在城市维护建设支出中的环境保护和城市水资源支出等项目；2007—2013 年财政民生支出则主要有教育、科学技术、文化体育与传媒、社会保障和就业、医疗卫生与计划生育、节能环保（环境保护）和住房保障支出等。中国的财政民生支出项目及其主要组成部分的变化如表 3.6 和图 3.4 所示。从统计数据可以发现，无论是绝对规模还是相对规模，中国的财政民生支出发展迅猛，绝对规模在 2013 年达到了 60316.59 亿元，是 2002 年的 9.67 倍，占财政支出总量的 43.02%、GDP 的 10.60%；而且自 2002 年以来，财政民生支出的平均增速要显著高于财政支出总量和 GDP 的平均增速（23.34%、18.39%、15.25%）。显然，充足的财政民生支出资源为织牢民生保障网、增进人民福祉奠定了坚实的物质基础。

表 3.6　中国财政民生支出项目（2002—2013 年）

项目	2002 年	2003 年	2004 年	2005 年	2006 年	2007 年
文教、科学、卫生支出	3979.08	4561.365	5143.65	6104.18	7425.98	11793.96
教育	2644.98	3005.46	3365.94	3974.83	4780.41	7122.32
科学技术	269.85	302.89	335.93	389.14	483.36	1783.04
医疗卫生	635.04	744.84	854.64	1036.81	1320.23	1989.96
文化体育与传媒	429.21	508.175	587.14	703.4	841.98	898.64
社会保障和就业	2179.04	2647.56	3116.08	3698.86	4361.78	5447.16
抚恤和社会福利救济费	372.97	468.215	563.46	716.39	907.68	—
社会保障补助支出	1017.23	1270.865	1524.5	1817.64	2123.9	—
行政事业单位离退休经费	788.84	908.48	1028.12	1164.83	1330.2	—
节能环保	78.44	86.065	93.69	132.97	161.24	995.82
项目	2008 年	2009 年	2010 年	2011 年	2012 年	2013 年
文教、科学、卫生支出	14992.2	18569.32	22147.08	28648.22	35208.19	37910.35
教育	9010.21	10437.54	12550.02	16497.33	21242.1	22001.76

（续）

项目	2002 年	2003 年	2004 年	2005 年	2006 年	2007 年
科学技术	2129.21	2744.52	3250.18	3828.02	4452.63	5084.3
医疗卫生	2757.04	3994.19	4804.18	6429.51	7245.11	8279.9
文化体育与传媒	1095.74	1393.07	1542.7	1893.36	2268.35	2544.39
社会保障和就业	6804.29	7606.68	9130.62	11109.4	12585.52	14490.54
节能环保	1451.36	1934.04	2441.98	2640.98	2963.46	3435.15
住房保障支出	—	725.97	2376.88	3820.69	4479.62	4480.55

注：指标值的单位为亿元。

数据来源：作者整理编制。

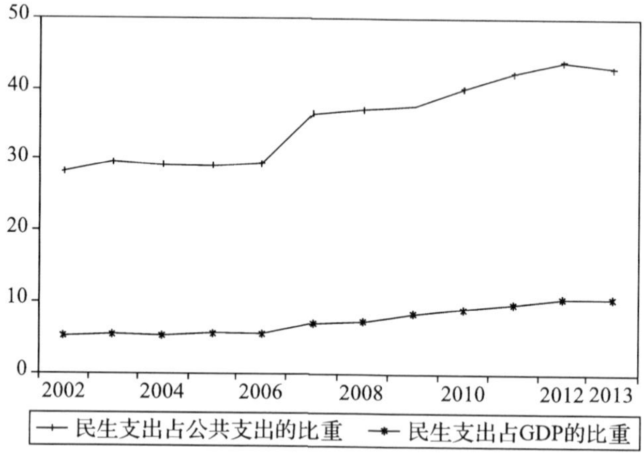

图 3.4　中国财政民生支出的变化趋势（2002—2013 年）

表 3.7 描述了主要财政民生支出项目[①]的变化趋势。可以发现，教育

① 从历年《政府工作报告》和预算草案报告中可以看出，政府对民生及民生支出的认识也是逐渐变化和清晰的，如在《关于 2006 年中央和地方预算执行情况与 2007 年中央和地方预算草案的报告》中民生领域具体包含了教育、医疗、社会保障和就业、收入分配秩序及城镇廉租住房，在 2008 年的预算草案报告中则将教育、医疗卫生、社会保障和就业、环境保护和生态建设、廉租住房、文化事业和产业发展及公共服务和公共安全。2012 年的《政府工作报告》中提出民生支出结构中主要包含教育、文化、医疗卫生、就业、社会保障、保障性安居工程等。不难发现，教育、医疗卫生、社会保障和就业及住房保障均包含在历年的民生支出中。由于近年来环境问题严重影响了居民生活，2015 年十八届五中全会将“坚持绿色富国、绿色惠民”定位为“十三五”时期经济社会发展的主要目标和基本理念。因此，本书也将其列为重要的财政民生支出项目。

支出、医疗卫生支出、社会保障支出及环境保护支出的绝对规模和相对规模在2002—2013年均得到了大幅的提高，2013年各项支出较2002年分别增长了8.32、13.04、6.65和43.80倍，2002—2013年的年均增长速度分别达到了21.76%、26.90%、18.87%、22.33%，明显高于财政支出总量和GDP的年均增长速度。其中，教育支出占GDP的比重于2013年稳定在4%的水平上；同时国家统计局资料显示，2014年全民医保覆盖面超过了95%，城乡低保标准分别提高了9.97%和14.1%，2014年新开工保障性安居工程基本建成511万套。

表3.7 中国财政民生支出的变化情况（2002—2013年）

年份	教育支出		医疗卫生支出		社会保障支出		环境保护支出	
	规模	比重	规模	比重	规模	比重	规模	比重
2002	2644.98	2.20	635.04	0.53	2179.04	1.81	78.44	0.07
2003	3005.46	2.21	744.84	0.55	2647.56	1.95	86.07	0.06
2004	3365.94	2.11	854.64	0.53	3116.08	1.95	93.69	0.06
2005	3974.83	2.17	1036.81	0.57	3698.86	2.02	132.97	0.07
2006	4780.41	2.21	1320.23	0.61	4361.78	2.02	161.24	0.07
2007	7122.32	2.68	1989.96	0.75	5447.16	2.05	995.82	0.37
2008	9010.21	2.87	2757.04	0.88	6804.29	2.17	1451.36	0.46
2009	10437.54	3.06	3994.19	1.17	7606.68	2.23	1934.04	0.57
2010	12550.02	3.13	4804.18	1.20	9130.62	2.27	2441.98	0.61
2011	16497.33	3.49	6429.51	1.36	11109.40	2.35	2640.98	0.56
2012	21242.10	4.09	7245.11	1.39	12585.52	2.42	2963.46	0.57
2013	22001.76	3.87	8279.90	1.46	14490.54	2.55	3435.15	0.60

注：①《中国统计年鉴》在2001年及之前未公布“中央和地方财政主要支出项目”，因此无法统计2001年及之前的相关数据；②社会保障支出由社会保障补助支出、抚恤和社会福利救济费及行政事业单位离退休费构成，2002—2006年的环境保护支出统计在城市维护建设支出中，以其中的“环境保护和城市水资源”科目替代；③比重指该项民生支出占GDP的比值；④规模与比重的单位分别为亿元和%。

数据来源：《中国统计年鉴》（1997—2014）。

但财政民生支出结构仍存在不少问题。首先，2002—2011 年中国的教育支出一直徘徊在 2% ~3% 的区间内，在 2012 年刚达到 4%，这距离 1993 年列入《中国教育改革和发展纲要》的“在 2000 年实现国家财政教育经费占 GDP 比重为 4%”承诺已经过去了近 20 年。与世界各国相比，中国的教育支出均值（3.00%）要明显低于美国（5.33%）、日本（3.64%）和一些中等收入国家阿根廷（4.35%）、墨西哥（4.94%）（见表 3.8）。此外，各级学校的资源分配也不均衡，2013 年全国普通小学、普通初中、普通高中、中等职业学校、普通高等学校生均教育支出分别为 6901.77 元、9258.37 元、8448.14 元、8784.64 元、15591.72 元①，中小学教育经费投入相对较少，高等教育则偏高。在世界各国的小学师生比中，2013 年中国的小学师生比为 16.85，要小于世界平均水平（24.20）和中高等收入国家（18.92），更远低于高收入国家（42.65）②。此外，中国的农民工子女教育环节也比较薄弱，普遍存在“上学难”“上学贵”等问题，以“由地方政府负责，分级管理，以县为主的教育管理体制”更加制约了地方教育支出的规模和农民工子女教育的跨区域流动（雷万鹏，2013）③。调查显示，在一些大中城市，流动儿童已经占到该区域儿童总数的 30% ~40%（项继权，2005）。面临如此大的规模，落实农民工随迁子女在流入地接受义务教育政策，完善后续升学政策已经迫在眉睫。

---

① 数据源于《2013 年全国教育经费执行情况统计公告》。

② 数据源于 World Bank。

③ 在这种教育管理体制下（见表 3.11），即事权与财权的不均衡将导致教育质量的扭曲（乔宝云等，2005；罗伟卿，2009），地方政府对于基础教育责任一般采取逃避行为，并有激励挪用该项经费支出用于经济建设性支出。因此，应该引入适当的中央政府干预，提高上级政府对基础教育的匹配性转移支付（丁维莉和陆铭，2005；武彦民和李明雨，2010；李世刚和尹恒，2012；刘成奎和柯勰，2015）。

表 3.8　世界各国教育公共开支总额占 GDP 的比重

年份	美国	日本	韩国	阿根廷	墨西哥	中国
2002	5.41	3.59	3.79	4.02	4.64	2.20
2004	5.31	3.60	4.12	3.16	4.80	2.11
2006	5.39	3.46	3.97	3.65	4.74	2.21
2008	5.30	3.44	4.46	4.34	4.86	2.87
2009	5.25	—	4.67	4.89	5.22	3.06
2010	5.42	3.78	—	4.61	5.19	3.13
2011	5.22	3.78	—	5.01	5.15	3.49
2012	—	3.85	4.62	5.14	—	4.09
2013	—	3.82	—	—	—	3.87
均值	5.33	3.64	4.27	4.35	4.94	3.00

注：指标值的数据单位为%。
数据来源：World Bank。

其次，中国财政医疗卫生支出较低，在 2013 年占 GDP 的比重达到了峰值点 1.46%，占卫生总费用的比例（30.14%）不及个人现金卫生支出（33.88%）。如果以世界银行的财政医疗卫生支出统计口径为基准，中国的财政医疗卫生支出一直远低于世界平均水平。从 2013 年来看，中国财政医疗卫生支出占 GDP 的比重为 3.68%，虽然略高于中高等收入国家（3.51%），但要低于世界平均水平 1.61 倍，低于高收入国家近 1.98 倍（见表 3.9）。医疗卫生支出过多地由个人和社会承担显然损害了卫生服务的公平性和居民幸福感。此外，对比教育支出和医疗卫生支出，中国的社会保障支出和环境保护支出也较低，即使在比较高的年份 2013 年，两者占 GDP 的比重也刚刚达到 2.55% 和 0.60%。

表 3.9　世界各国财政医疗卫生支出占 GDP 的比重

年份	世界平均水平	高收入国家	中高等收入国家	低收入国家	美国	日本	韩国	阿根廷	墨西哥	中国
2002	5.68	6.35	2.54	1.84	6.42	6.39	2.64	4.45	2.46	2.03

（续）

年份	世界平均水平	高收入国家	中高等收入国家	低收入国家	美国	日本	韩国	阿根廷	墨西哥	中国
2004	5.80	6.51	2.63	2.09	6.70	6.46	2.76	3.52	2.70	2.20
2006	5.74	6.58	2.68	2.49	6.89	6.51	3.34	3.65	2.57	2.31
2008	5.83	6.83	2.97	2.36	7.39	7.00	3.62	4.12	2.74	2.76
2010	6.14	7.42	3.28	2.75	8.10	7.87	4.15	4.17	3.10	3.22
2011	6.04	7.36	3.33	2.68	8.08	8.32	4.12	4.19	3.00	3.36
2012	5.98	7.31	3.44	2.58	8.01	8.44	4.16	4.68	3.16	3.55
2013	5.94	7.27	3.51	2.64	8.05	8.45	3.83	4.92	3.23	3.68

注：公共医疗卫生支出由政府（中央和地方）预算中的经常性支出和资本支出、外部借款和赠款（包括国际机构和非政府组织的捐赠）以及社会（或强制）医疗保险基金构成，对应中国的统计规则，本节将政府卫支出和社会卫生支出统计在内作为公共医疗卫生支出；数据单位为%。

数据来源：World Bank 和《中国统计年鉴》（2003—2014 年）。

表 3.10 和 3.11 描述了中国财政民生支出及其主要项目的纵向分配结构。本书发现，地方政府较中央政府明显承担了更多的支出责任，总量支出和各分项支出责任均达到 90% 以上。如同上节所分析的，这种财政支出纵向结构的不合理不但无助于经济的长期增长，还将不利于居民幸福感水平的有效提高。①

表 3.10　中国财政民生支出纵向结构的变化情况

年份	中央		地方		民生支出		
	规模	比重	规模	比重	总量	比重 1	比重 2
2002	589.25	9.45	5647.31	90.55	6236.56	28.28	5.18

① 诸多研究已经表明，“中国式财政分权”（强调中国分散的财政体制和集中的政治管理体制同时存在的现象）及由此产生的官员晋升激励压力将诱使地方政府“重基本建设，轻民生性公共服务”（周黎安，2004；傅勇和张晏，2007；陈思霞和卢盛峰，2014）。

（续）

年份	中央		地方		民生支出		
	规模	比重	规模	比重	总量	比重 1	比重 2
2003	704.43	9.66	6590.57	90.34	7294.99	29.59	5.37
2004	819.60	9.81	7533.82	90.19	8353.42	29.32	5.22
2005	928.57	9.35	9007.44	90.65	9936.01	29.28	5.42
2006	1075.28	9.00	10873.72	91.00	11949.00	29.56	5.52
2007	1858.50	10.19	16378.44	89.81	18236.94	36.63	6.86
2008	2166.86	9.32	21080.99	90.68	23247.85	37.14	7.40
2009	2738.40	9.50	26097.61	90.50	28836.01	37.79	8.46
2010	3512.21	9.73	32584.35	90.27	36096.56	40.16	8.99
2011	4106.72	8.89	42112.57	91.11	46219.29	42.31	9.77
2012	4639.97	8.40	50596.82	91.60	55236.79	43.86	10.63
2013	4902.60	8.13	55413.99	91.87	60316.59	43.02	10.60

注：比重 1 为财政民生支出占财政支出总量的比重，比重 2 为财政民生支出占 GDP 的比重；规模与比重的单位分别为亿元和%。

数据来源：《中国统计年鉴》（2003—2014）。

表 3.11 中央和地方政府各项财政民生支出的构成情况

年份	教育支出		医疗卫生支出		社会保障支出		环境保护支出	
	中央	地方	中央	地方	中央	地方	中央	地方
2002	7.95	92.05	2.72	97.28	6.51	93.49	0.00	100.00
2003	7.15	92.85	2.66	97.34	8.32	91.68	0.00	100.00
2004	6.53	93.47	2.62	97.38	9.60	90.40	0.00	100.00
2005	6.16	93.84	2.05	97.95	9.22	90.78	0.00	100.00
2006	6.18	93.82	1.84	98.16	8.17	91.83	0.00	100.00
2007	5.55	94.45	1.72	98.28	6.29	93.71	3.47	96.53
2008	5.46	94.54	1.70	98.30	5.06	94.94	4.56	95.44
2009	5.44	94.56	1.59	98.41	5.97	94.03	1.96	98.04
2010	5.74	94.26	1.53	98.47	4.93	95.07	2.85	97.15

（续）

年份	教育支出		医疗卫生支出		社会保障支出		环境保护支出	
	中央	地方	中央	地方	中央	地方	中央	地方
2011	6.06	93.94	1.11	98.89	4.52	95.48	2.81	97.19
2012	5.19	94.81	1.03	98.97	4.65	95.35	2.15	97.85
2013	5.03	94.97	0.93	99.07	4.42	95.58	2.92	97.08

注：本研究计算编制；数值的数据单位为%。
数据来源：《中国统计年鉴》（2003—2014）。

第三节　居民幸福感的统计分析

本节首先利用中国综合社会调查2003—2013年的数据，分析了中国居民幸福感的总体分布情况与演变轨迹，并以中国民生指数和中国劳动力动态调查（CLDS）来辅助印证；在此基础上进一步探究了居民幸福感的群体异质性。

3.3.1　居民幸福感的总体情况与演变轨迹

国内关于幸福感的研究中，经常使用到的数据库有世界价值观调查（World Value Survey，WVS）、中国综合社会调查（China General Social Survey，CGSS）、中国民生指数研究以及中国劳动力动态调查（China Labor-force Dynamics Survey，CLDS）等。对比以上数据库，可以发现：世界价值观仅提供了1990年、1995年、2001年、2007年和2012年五年的非连续数据，中国民生指数调查可直接得到的数据仅2013年一年，中国劳动力动态调查公布的全国范围内的数据也仅2012年和2014年；而中国综合社会调查数据自2003年起至今已经进行了两期项目，并公布了第一期项目中2003年度、2005年度、2006年度和2008年度的四次调研数据，以及第二期项目的2010—2013年度的连续数据。因此，为了较为严谨地评估中国居民幸福感的变化，本节以中国综合社会调查数据为基准样本，并辅之以其他三种调研数据来佐证相关结论①。

中国综合社会调查（CGSS）由中国人民大学社会学系和香港科技大学社会调查中心合作并组织开展。作为中国第一个全国性、综合性、连续性的大型社会调查项目，CGSS始于2003年，截至2008年第一期项目完成了包含全国28个省、自治区、直辖市（不含港澳台）的5次年度调查（2003年、2004年、2005年、2006年和2008年），其以1万个家庭中的1人作为随机抽样调查对象；2010年起开启了第二期项目，以全国31个省、自治区、直辖市（不含港澳台）的1.2万户为对象，其中必选层4000个，抽选层13664个。②需要指出的是，2006年问卷未涉及自陈主观幸福感的问题，因此本节放弃了该年度数据，实际分析样本为CGSS2003、CGSS2005、CGSS2008、CGSS2010、CGSS2011、CGSS2012

① WVS的调研涉及中国24个省份，其问题及选项为："将所有情况考虑在内，您觉得幸福吗？非常幸福（=4），幸福（=3），不幸福（=2），非常不幸福（=1）"，2001年、2007年和2012年共计5315个样本。国务院发展研究中心"中国民生指数研究"课题组编制和发布了中国民生指数，旨在全面客观地反映民生状况。其在2013年对中国31个省份的51067位城乡居民进行电话调查，并在安徽、辽宁、上海、浙江、江西、广东、云南和甘肃8个省份开展了8000户城乡居民的实地入户访谈调查。《中国民生指数研究报告2014》公布的生活满意度包含当前生活满意度评价、近一年生活改善情况满意度评价及对未来信心的评价。本节选取了当前生活满意度评价来表征生活满意度，相对应的问题及选项分别为："总体而言，您对当前自己的生活状态的评价是：非常满意（=1），比较满意（=2），一般（=3），不太满意（=4），非常不满意（=5），说不清楚/不了解/不愿意评价（=6）"。CLDS于2012年正式开展全国性调研，2012年度的样本覆盖了中国29个省市（除港澳台、西藏、海南外）的16253个样本。其在个体问卷中涉及居民自评的主观幸福感："总的来说，您认为您的生活是否过得幸福？""很不幸福1—2—3—4—5—6非常幸福"。此外，各问卷的问题赋值并不一致，本节在处理的过程中尽量转化为五分制来处理，鉴于其仅仅是一种趋势比较，故可忽略数值处理上的微小偏差。

② 更为详细的内容介绍参见http：//www. chinagss. org/。

和 CGSS2013 等 7 年的数据集合，共计 62872 个样本。CGSS（2003—2013）将幸福的问题设置为“总体而言，您对自己所过的生活的感觉怎么样?”或“总的来说，您觉得您的生活是否幸福?”或“整体来说，您觉得您快不快乐”，相应的选项为“非常不幸福/非常不幸/很不幸福/完全不幸福/很不快乐（=1）、比较不幸福/不幸福/不太快乐（=2）、一般/普通/说不上幸福不幸福/居于幸福与不幸福之间（=3）、比较幸福/幸福/还算快乐（=4），非常幸福/完全幸福/很快乐（=5），不知道/拒绝回答/无填答（=6）”。

图 3.5 和图 3.6 分别利用柱状图和饼状图绘制了居民幸福感在 2003—2013 年的分布情况。以上两图显示，中国有 51.25% 的居民自评生活比较幸福，13.72% 的居民评价非常幸福，25.10% 的居民说不上幸福不幸福，9.7% 的居民感觉不幸福或非常不幸福。总体来看，2003—2013 年中国超过半数以上的居民感觉幸福。这与刘军强等（2012）的研究结论相近似。

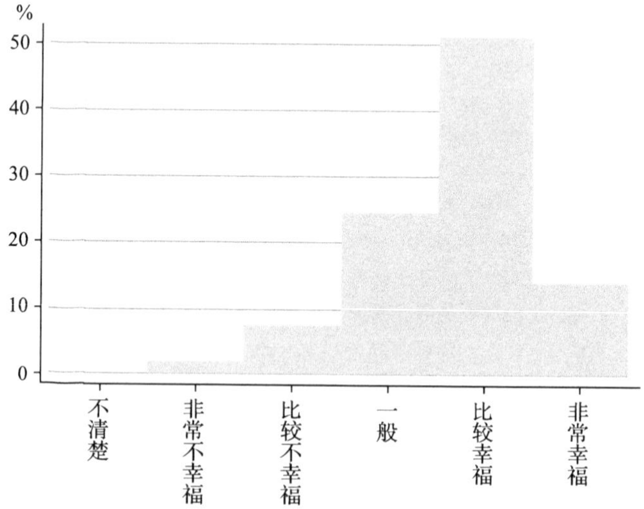

图 3.5 中国居民幸福感分布的柱形图（2003—2013 年）

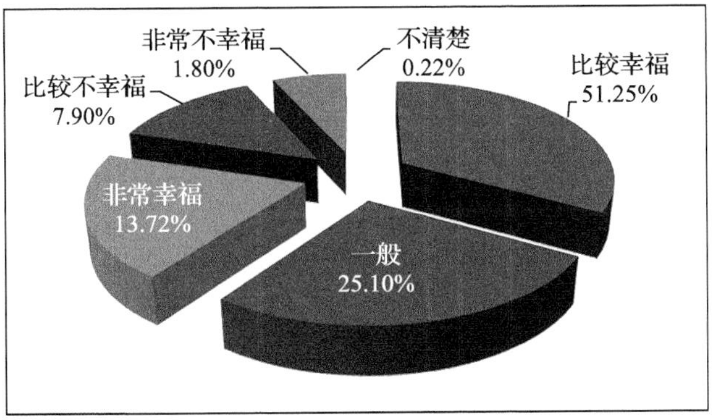

图 3.6　中国居民幸福感分布的饼状图（2003—2013 年）

表 3.12 进一步报告了居民幸福感的历年分布情况。可以发现，2003—2013 年 10 年间，中国居民幸福感呈现明显的上升趋势。自评幸福及非常幸福的群体占比由 2003 年的 37.24% 上升到了 2013 年的 71.91%，自评不幸福及非常不幸福的人群占比由 2003 年的 12.97% 降至 2013 年的 8.97%。此外，图 3.7 显示，各数据来源的幸福数据的统计特性基本一致。也就是说，比对中国民生指数调查、CLDS2012 及世界价值观调查的数据，幸福的总体上升趋势是稳健可信的。但也容易看出，2011 年以来，总体自评幸福的人群占比开始下降，及至 2013 年已经降低了近 8 个百分点，自评不幸福的人群比例也随之上升了 0.34 个百分点。

表 3.12　中国居民幸福感的分布情况（2002—2013 年）

数据源	年份	1	2	3	4	5	6
CGSS	2003	2.27	10.50	49.64	32.17	5.07	0.34
	2005	1.40	7.73	45.06	40.13	5.68	0.00
	2008	2.32	9.27	24.43	42.95	21.03	0.00
	2010	2.10	7.68	17.66	56.45	15.96	0.13
	2011	1.99	6.64	11.40	59.53	20.32	0.11
	2012	1.50	7.36	15.84	58.97	15.97	0.35
	2013	1.56	7.41	18.62	58.17	13.74	0.51

（续）

数据源	年份	1	2	3	4	5	6
中国民生指数调查	2010	2.50	9.80	13.60	59.20	14.90	0.00
	2013 电话调查	2.80	7.30	39.10	37.30	13.10	0.40
	2013 住户调查	2.40	9.10	33.60	45.40	8.70	0.70
CLDS	2012	3.12	5.47	23.32	50.05	18.05	0.00
WVS	2007	3.97	19.16	55.14		21.04	0.69
	2012	2.65	19.12	56.05		21.22	0.96

数据来源：CGSS2003—2013 根据 CGSS 数据计算；中国民生指数中 2013 年数据源自《中国民生指数研究报告 2014》，2010 年转引自杨继东，章逸然. 空气污染的定价：基于幸福感数据的分析 [J]. 世界经济，2014 (12)：168；CLDS2012 根据 CLDS 数据计算；WVS2007 年基础数据转引自杨志安等. 分税制背景下中国居民主观幸福感研究——基于 DID 和 Ordered Probit 分析方法 [J]. 贵州财经大学学报，2015 (1)：3；2012 年则根据 WVS Database 计算。数据单位为%。

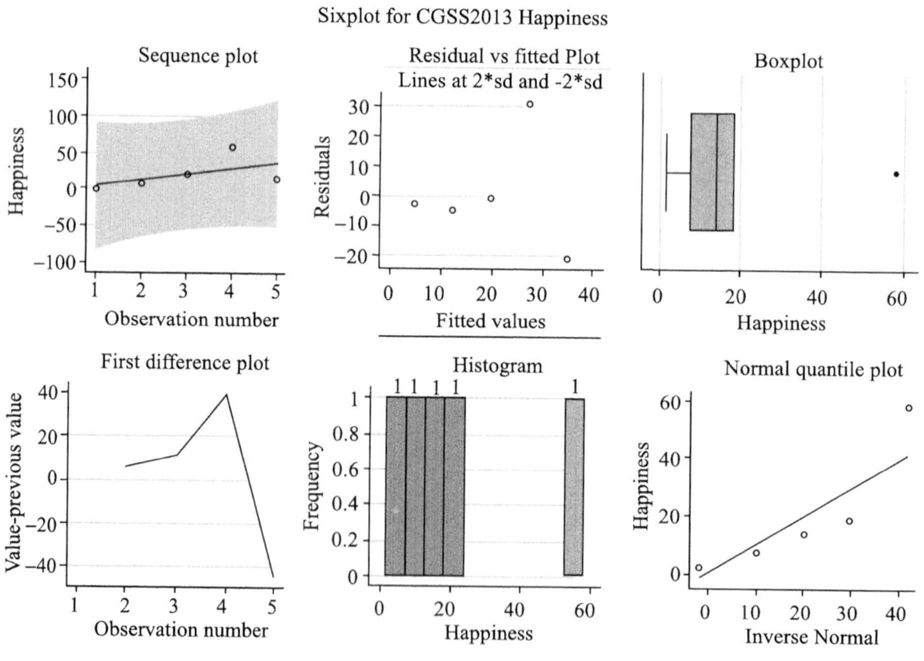

图 3.7 基于不同数据来源的居民幸福感的统计特征

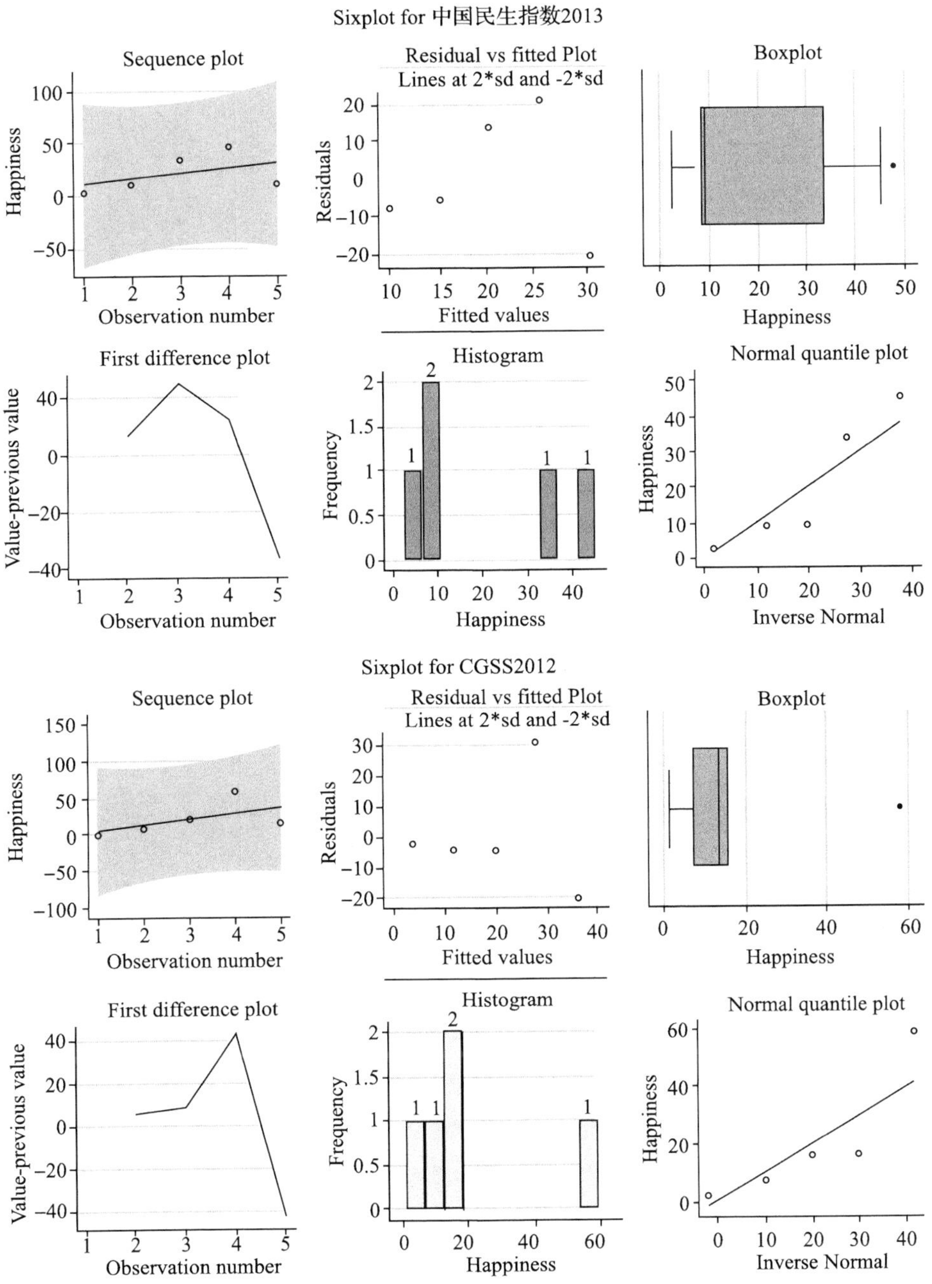

图 3.7　基于不同数据来源的居民幸福感的统计特征（续）

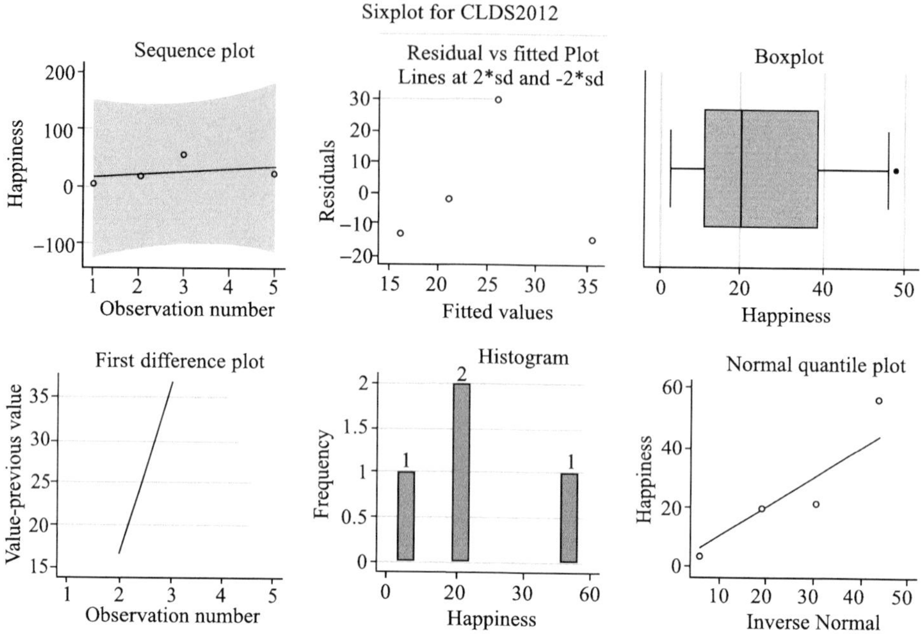

图 3.7 基于不同数据来源的居民幸福感的统计特征（续）

图 3.8 描绘出了居民幸福感的核密度分布特征。该图直观地展示出了 2003—2013 年中国居民幸福感的显著提升，但 2011 开始呈现下降趋势。

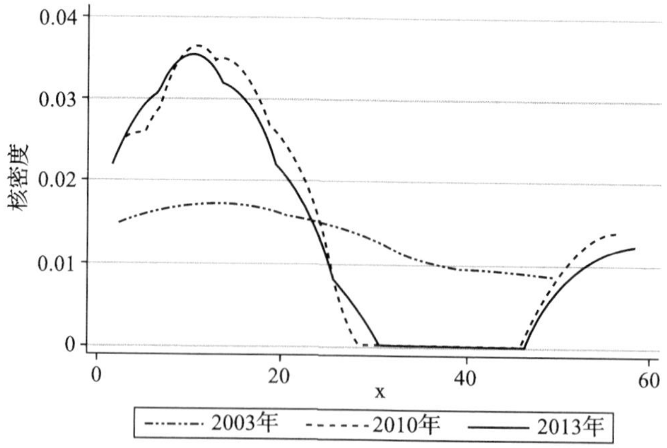

图 3.8 中国居民幸福感的演变轨迹（2003—2013 年）

3.3.2　居民幸福感的异质性分析

3.3.1 中各数据来源均证实了，中国居民幸福感总体呈显著上升趋势。但不同的群体有着不同的幸福感知（王广州和王军，2013）。本节基于 CGSS2003—2013 的微观个体数据，分别从性别、年龄、教育程度、城乡及收入层级[①]等方面来分析自评幸福感的异质性。为了比较的简洁直观，本节借鉴刘军强等（2012）的研究，将非常幸福和比较幸福归为幸福，比较不幸福和非常不幸福归为不幸福。表 3.13 报告了各群体的幸福感分布结构。从表中可以看出：①男性的自评幸福比例要略低于女性，但女性的自评不幸福比例高出了男性 1.59 个百分点；②中年人的各项自评比例均要高于老年人和青年人；③城镇居民的自评幸福比例要高于农村，但由于 2003 年的调查主要针对城镇居民，这里可能存在高估的问题；④虽然高等教育人群中自评幸福的比例要远低于初等教育和中等教育群体，但自评不幸福的占比也较小；⑤中等收入自评幸福的人群占比高于低收入和高收入群体，低收入群体自评不幸福的水平也较高。总体而言，不同群体的自评幸福都要高于一般和不幸福，这与 3.3.1 中的结论相互印证。以上结论也说明，不同群体的幸福感存在组内和组间差异。

表 3.13　各群体幸福感的分布结构（2003—2013 年）

类别		幸福		一般		不幸福	
		人数	占比	人数	占比	人数	占比
性别	男	20299	32.29	7850	12.49	2037	3.24
	女	20367	32.39	7900	12.57	3034	4.83

① 结合世界卫生组织的划分标准和中国传统观念，本节将青年人、中年人和老年人分别定义为小于等于 39 岁、40～59 岁和大于等于 60 岁；城乡居民按照户籍类型划分；收入层级则按照自评经济地位层次划分。

（续）

类别		幸福		一般		不幸福	
		人数	占比	人数	占比	人数	占比
年龄	青年人	9930	15.79	2674	4.25	851	1.35
	中年人	17033	27.09	7421	11.80	2931	4.66
	老年人	14483	23.04	5686	9.04	2317	3.69
城乡	城镇	21046	33.47	9095	14.47	2863	4.55
	农村	19760	31.43	6658	10.59	3233	5.14
教育程度	初等教育	13221	21.03	5464	8.69	2910	4.63
	中等教育	20513	32.63	8379	13.33	2784	4.43
	高等教育	7112	11.31	1936	3.08	402	0.64
收入层级	低收入	13476	21.43	9068	14.42	4639	7.38
	中等收入	23266	37.01	6073	9.66	1282	2.04
	高收入	3932	6.25	502	0.80	155	0.25

注：比重=项目人数/样本总数（62872）；人数和占比的单位分别为个和%。
数据来源：作者计算编制。

图3.9依据自评幸福的人群占比绘制了不同群体的幸福感演变轨迹。2003—2013年，中国总体和不同群体的幸福感总体上显著提升，但在2011年转向了下降态势。就性别而言，男性和女性自评幸福的人群分别增长了35.83%和34.17%，2008—2010年女性群体的幸福增长速度要高于男性。就年龄而言，中年人自评幸福的人群增长速度（4.21%）要远高于青年人（1.15%）和老年人（2.84%），2013年三者的自评幸福人群较2003年分别增长了35.06%、33.95%和32.32%。城乡群体中，虽然城镇居民自评幸福的人群增长速度要显著高于农村居民，但自评幸福的农村居民在10年间的增长比例要高出城镇居民3.21个百分点。在不同的教育水平群体中，初等教育、中等教育和高等教育自评幸福的人

群分别增长了 34.27%、38.29% 和 28. 5%。低收入自评幸福的人群增长水平（32.38%）要高于中等收入（26.48%）和高收入群体（12.64%）。整体来看，十年间中国居民自评幸福的人群大幅增加，不幸福群体缓慢下降，说不上幸福不幸福的人群急剧下降。综上所述，幸福感虽然在不同群体内部和外部均有所差别，但幸福感的提升已然成为大多数居民共同的演变趋势。

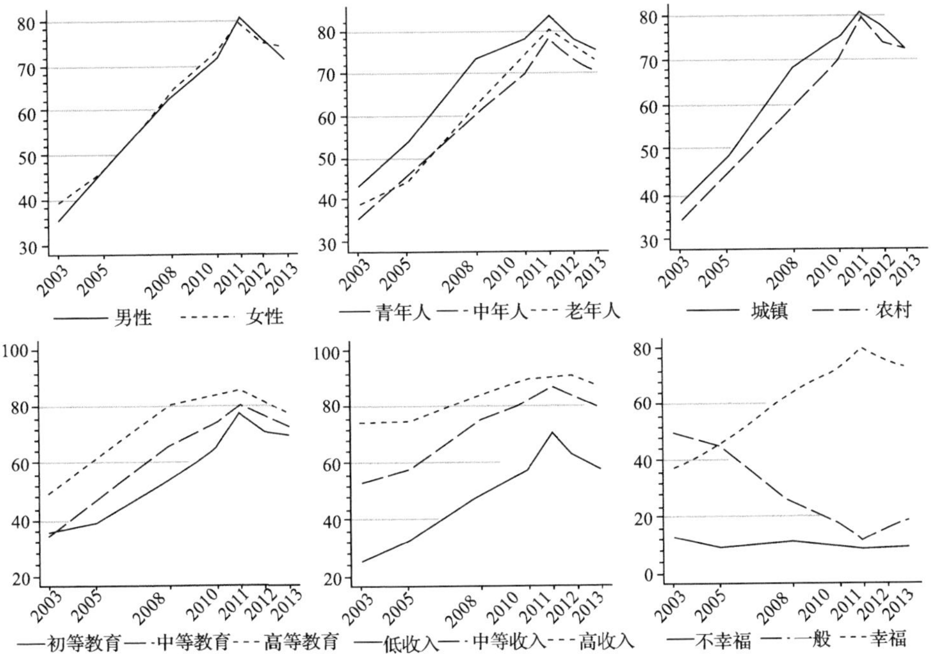

图 3.9　中国不同群体幸福感的演变轨迹（2003—2013 年）

第四节　本章小结

本章首先分析了 1950 年以来中国财政支出规模和结构的变化趋势，发现虽然支出规模总量和速度迅猛增长，但支出结构不尽如人意，地方政府的支出责任过重。以 2002 年以来的财政民生支出为研究对象发现，政府的教育支出规模低于发达经济体和诸如墨西哥、阿根廷等一些中等收入国家，并且支出结构中高等教育支出畸高，中小学资源配置过少；医疗卫生支出一直低于世界平均水平。其次，本章利用中国综合社会调查项目组公布的2003—2013 年的微观数据，分析了 10 年间中国居民幸福感的变化趋势。研究发现，总体上中国有 64.97% 的人群感觉幸福，自评幸福人群的占比由 2003 年的 37.24% 上升到了 2013 年的 71.91%。不同群体的幸福感存在一定的差异，但总体仍呈上升趋势。值得注意的是，中国居民幸福感在整体提升的演变过程中，以 2011 年为节点开始转向下降趋势，2011—2013 年下降了近 8 个百分点。

第四章　财政教育支出、社会阶层与居民幸福感

"万般皆下品，唯有读书高""书中自有千钟粟，书中自有黄金屋，书中车马多如簇"。良好的教育通过获得高薪工作、占有优质社会资源和更高的社会地位等途径来提升幸福感，被视为促进经济发展和社会公平的基本手段，肩负着追求个体幸福的终极任务。然而，教育作为一种准公共物品，私人利益往往低于社会收益（Hoxby，1996）。因此，在实践中，各国政府往往将教育纳入财政支出范畴。本章聚焦于财政教育支出的非物质性回报，在建构科学自洽的教育场域理论的基础上，主要利用双变量有序 Probit 模型，基于全国性入户调查中国综合社会调查（CGSS2010—2015）和中国劳动力动态调查（CLDS2014）提供的较为权威的微观数据，验证财政教育支出对社会阶层和居民幸福感的影响，并以生均公共财政预算教育经费支出等宏观数据为基础进行稳健性分析。

第一节　问题提出

"寒门能否出贵子""富二代""拼爹"等已经成为近年来社会各界热议的词汇或话题。这背后凸显了中国当今教育和社会阶层的横向机会结构和纵向代际结构的非均衡问题（Khor and Pencavel，2010；李路路和朱斌，2015）。党的十九大报告中明确提出了，应该优先发展教育事业这一民生"短板"，努力让每个孩子都能享有公平而有质量的教育，使

人民获得感、幸福感、安全感更加充实、更有保障、更可持续。教育作为潜在的社会分层标准和社会流动的重要动力机制，对个体的社会态度和价值观念产生至关重要的作用，并分配他们到不同的社会位置中承担相应的责任，最大化社会福祉。而合理的社会阶层流动可以改善社会地位和资源配置，并最大限度地激发个体的积极性和创造力，从而促进社会和谐发展和居民幸福的有效提升（Wu and Treiman，2004；Breen，2005；郝大海，2007；戴海东和易招娣，2012；Cantoni et al.，2014；Andersen and Werfhorst，2010）。然而，就如话题所反映的那样，中国的教育可能并未有效促成合理的社会流动，反而成为社会阶层不均等的再生产机制（Xiong，2015；王学龙和袁易明，2015），进一步损害了居民的幸福感。

与此同时，如第三章所言，2002—2011 年中国财政教育支出占 GDP 的比重一直徘徊在 2% ~3% 的区间内，在 2012 年刚达到 4.09%，这距离 1993 年“在 2000 年实现国家财政教育经费占 GDP 比重为 4%”的承诺已经过去了近 20 年。即便某些年份实现了该目标也较难维持，2013 年该指标便下降到了 3.87%，2014 年该指标持续下降到了 3.58%。同时，令人遗憾的是，地区之间和校际的财政教育支出差异也在不断扩大（赵力涛和李玲，2015），支出结构亦不尽如人意，中小学教育经费投入相对较少，高等教育支出水平则偏高。而低收入家庭对财政教育支出更为敏感，尤其是农民工家庭。基础教育支出作为实现教育公平和社会流动的重要作用无形中便被削弱（Heckman，2005；Rajkumar and Swaroop，2008；赵力涛，2009；Yuan and Zhang，2015）。此外，中国居民的教育收益率[①]也要远低于世界平均水平且地区差异很大（王海港等，2007；

---

① 刘泽云（2004）总结指出中国的明瑟教育收益率处在 2% ~6% 区间内，要远低于世界平均水平 10%；邢春冰等（2013）测算得出不同省份间农民工的教育收益率差距巨大，2011 年最高值达到 8.3%（北京），最低值降至 -0.2%（黑龙江）。张巍巍和李雪松（2014）发现 1992 年、2000 年和 2009 年高等教育教育回报率为 5.5%、9.9% 和 11.4%。

邢春冰等，2013；Murnane and Ganimian，2014）。以上因素一方面弱化了财政教育支出对居民幸福感的直接提升，另一方面也阻碍了财政教育支出通过促进社会阶层的合理流动而提升幸福感的间接影响路径。本章基于这样一个现实原因和研究旨趣，聚焦于财政教育支出、社会阶层与居民幸福感关系的探究①②，即引入法国社会学家与教育学家皮埃尔·布尔迪厄的场域理论，建构合理自洽的整体性逻辑分析框架，在CGSS2010—2015 和 CLDS2014 等微观数据的基础上，利用合意的计量模型和方法，尝试为其提供解释和参考建议。

第二节　文献综述

与本书密切相关的研究涉及教育支出、社会阶层及社会流动和居民幸福感等主题，因此本节将从以下几个方面来综述相关文献。

4.2.1　教育及教育支出与社会阶层

教育及教育支出在社会阶层分化及社会流动中起着非常重要的导向作用（Becker and Tomes，1979；Solon，2004；方长春和风笑天，2005；

① 虽然大多文献采用“教育”“教育获得”“教育水平”等术语，但其要么实指财政教育支出，要么与财政教育支出直接相关（Jerrim and Macmillan，2014），尤其是中国的情况（徐俊武和易祥瑞，2014）。即便考虑研究对象中包含家庭教育支出，相对于政府支出而言，其仅占很小的比例，而且财政教育支出对家庭教育支出有很强的替代作用（Peltzman，1973；杨大楷和孙敏，2013；杨娟等，2015）。除非本书中特别指出研究的是“家庭教育支出”（如 Qian and Smyth，2008；袁诚等，2013；陈建伟，2014；洪岩璧和赵延东，2014），那么，本章对上述术语不做区分，均指代财政教育支出。

② 本章将社会阶层（Social Class/ Stratification）界定为静态和动态两种形式。前者即为阶层认同（Social Identification）；后者即为社会流动（Social Mobility），具体是指个体或家庭在社会关系空间中从一个地位或阶层转移至另一个地位或阶层。

周波和苏佳，2012；Cantoni and Yuchtman，2013）。由于代际（收入）流动（Intergenerational Earnings Mobility）是社会学和经济学研究社会阶层及其流动的主要代理变量，因此国内外学者主要围绕代际流动来阐发其与教育及支出的关系。Samuel 和 Lucas（2001）认为公共财政教育支出通过分担家庭教育负担而促进代际流动。Solon（2004）通过数理推导发现，公共投资对于代际收入流动具有重要的影响。Breen 和 Jonsson（2005）以 1976—1999 年瑞士 63280 位居民为研究对象，发现同龄人群社会阶层的不同根源于教育获得水平的能力。Mayer 和 Lopoo（2008）发现美国州政府的财政教育支出与代际流动成同向变动关系。Nakamura 和 Yu（2011）在 Maoz 和 Moav（2009）的研究[①]基础上发现，收入不平等和代际流动严格（Crucially）依赖于教育成本函数。Hai（2013）发现中国的教育扩张并未带来公平的受教育机会，不利于人力资本的积累，导致了更为严重的代际阶层固化。Jerrim 和 Macmillan（2014）基于国际成人能力评估计划调查数据（PIAAC）发现，在 OECD 的 23 个国家中，教育获得是优化代际流动和改善收入不平等非常重要的途径。Duncan 和 Murnane（2011）和 Chusseau 等（2012）也得出了类似的结论。

相比国外的研究，国内的相关研究起步则较晚。郭丛斌和闵维方（2009）、孙三百等（2012）、王学龙和袁易明（2015）及阳义南和连玉君（2015）均发现，教育是中国社会流动机制的主要影响因素。周波和苏佳（2012）基于 CHNS1997、CHNS2000 年数据的半参数可变系数部分线性模型（SVCPL），估计了财政教育支出对代际收入流动的影响，发现县域教育事业费支出能够显著降低代际收入弹性，有利于机会均等的实现。周兴和张鹏（2014）指出各级政府的财政教育支出对于农村代际

---

① Maoz 和 Moav（2009）在研究代际收入流动与经济发展的过程中发现，作为促进经济发展不可或缺的代际收入流动，保持了与教育获得较高的相关性。

职业向上流动的作用呈现出下降趋势，对城镇家庭的代际职业流动具有持续的正向影响。徐俊武和易祥瑞（2014）基于中国健康与营养调查（CNHS）发现，公共教育支出与代际收入流动成正比，且这种比例关系与地区间经济发展水平的差异无关。李力行和周广肃（2014）基于中国健康与养老追踪调查（CHARLS）2011 年数据发现，公共财政教育支出占比提高降低了教育的代际弹性，增强了社会流动性。而 Xiong（2015）基于 2008 年上海杨浦区的 251 份有效问卷发现，财政教育支出并未有效促进外来务工人员子女的向上流动。

当然，代际阶层的变动情况也深刻影响着教育获得（Educational Attainment）。父代倾向于支持子代接受与自身相当或更高层次的教育，以规避子代学历与社会（职业）阶层的退化（van der Velden and Wolbers，2003；Andersen and Werfhorst，2010；Li，2010；王甫勤和时怡雯，2014）。Gregg 等（2013）、Elsheniti 和 Omayma（2014）分别以瑞士、英国、美国和印度研究对象，分析发现父辈的教育水平及母亲的工作时间是子代教育获得的关键因素。李煜（2006）利用 CGSS2003 数据发现，家庭阶层背景成了代际教育不公平的主要原因，尤其是在管理阶层。Golley 和 Kong（2013）发现农民工和迁移流动居民的子代大部分仅能完成初中教育。邸玉娜（2014）利用 2011 年中国健康与养老追踪调查数据发现，父亲的职业（工作单位性质）对下一代的教育收益率有着显著的影响，这意味着父代阶层带来了教育机会的不均等，而这势必影响代际流动。杨江华等（2014）基于 2009 年的中国大城市社会网络与求职调查数据指出，父辈教育水平等家庭背景因素对个体的教育获得机会具有显著的持续正向影响；反过来，教育水平对精英阶层自身的阶层稳固及内部流动也具有重要的影响。叶晓阳和丁延庆（2015）利用 2011 年首都高校生发展状况调查数据在更为细致的层面上发现，家庭社会阶层在子女的中学阶段教育的影响更为明显。

4.2.2 社会阶层及其流动与居民幸福

现有的幸福感研究已经证实了，收入或财富将通过社会阶层的路径发挥作用（Diener et al.，1999；Hagerty，2000；Easterlin，2001；Graham et al.，2004；Kingdon and Knight，2007；Barrington-Leigh，2013；Mizobuchi，2017）。显然，社会阶层及其流动也将通过健康（尤其是心理健康）、社会资本及人际关系而间接作用于居民幸福感（Smith et al.，2005；王甫勤，2011；盛智明，2013）。总体而言，当前关于社会流动的文献大多是作为幸福感研究的隐含或是间接路径，直接分析社会阶层及流动对居民幸福感影响的文献相对较少。

Di Tella 等（2007）通过 1984—2000 年德国 7812 名个体的调研数据发现，由于适应性效应（Adaptation）的存在，社会阶层与收入对居民幸福感在短期和长期存在不同的作用机理，即对于同样 1 单位幸福感的提升，短期中 1 单位标准差的社会阶层冲击与收入的 0.52 单位标准差作用相同，长期中 1 单位标准差的社会阶层冲击相当于 285 单位收入的冲击。Howell R. T. 和 Howell C. J.（2008）通过 54 个发展中国家及地区的微观数据发现，经济（收入）地位的幸福效应（Economic Status-SWB Effect）在低收入国家和教育水平较低的国家较为明显，即使将主观幸福感置换为居民生活满意度，并利用 WVS 数据进行荟萃分析（Meta-analysis），该结论也是稳健的。Barger 和 Donoho（2009）基于美国 2001 年全国健康访问调查（National Health Interview Survey）和 2007 年行为风险因素监测系统（Behavioral Risk Factor Surveillance System）数据发现，以教育、收入、失业及财富表征的社会经济地位对居民生活满意度的贡献率为 12% ~15%。Fischer（2009）利用 1997—2001 年 WVS 中关于 OECD30 个国家及地区的调研数据，分析了因代际收入流动和教育获得引起的社会阶层流动对主观幸福感的影响，研究指出，社会流动对幸福感存在显著的正向影响；并且被感知的（Perceived）和实际中的（Actual）社会流动均通过收入不均等起作用，被感知的社会阶层流动通过容忍一定的收入不均等而削弱了对主观幸福感的认知，而实际中高水平的社会流动通过降低收入不平等为提升了主观幸福感。Clark 和 D'Angelo（2010）利用 1991—2005 年 15 次 BHPS 调查数据，通过父母和子女工作地位的比较，考察了代际向上流动对子女生活满意度和工作满意度的影响。结果发现，代际向上流动对子女的生活满意度和工作满意度均有非常显著的积极作用，参照组效应在父母与子女之间同样存在，父母的社会地位是子女的重要参照对象。Zhao（2012）同样指出积极的社会地位感知（Positive Status Perceptions）作为收入与主观幸福感的关键纽带，对居民幸福感有着显著的提升作用。Zang 等（2014）通过 CGSS2003、CGSS2005、CGSS2006 和 CGSS2008 年的数据发现，中国居民社会阶层的代际流动对幸福感有着显著的影响，代际向下流动降低了个体的幸福水平；而且女性幸福感与其之前的社会阶层相关性更强，而男性幸福感则与当前的社会阶层相关。Yeh 等（2015）基于 2009 年台湾社会变迁调查（Taiwan Social Change Survey）发现，个人及家庭相对收入所决定的社会经济地位相对于绝对收入生活满意度发挥着至关重要的作用，且自评社会经济地位也起着与之相当的作用。

国内学者曹大宇（2009）利用 WVS2001 中 1000 个中国人为样本发现，以职业为标准划分的社会阶层水平与幸福感成正比，国家干部、企业经营管理者及城市体力劳动者的幸福感要高于农村居民，但中产阶级的专业技术员工并未表现出更高的幸福感水平，城市无职业者的幸福感水平并不一定高于农村居民。闰丙金（2012）利用 CGSS2006 发现，社会阶层认同与居民主观幸福感存在正向关系，而且农村居民阶层变化的幸福效应较之城镇居民更为敏感。鲁元平和张克中（2014）使用 CGSS2005 得到，子代相对于父代职业地位的下降将带来子代幸福感的下降，而阶层的上升并未带来显著的幸福感提升。叶鹏飞（2012）通过2017份农民工有效问卷发现，农民工身份的代际继承将带来幸福感的下降，且教育及经济收入等人力资本优势也很难带来幸福感的相对提升。张鹏等（2014）利用2011年国家人口计生委流动人口动态监测调查数据发现，职业地位、经济收入地位的高低水平与外来人口的幸福感提升及户籍迁入意愿呈正向关系。张云武（2015）以浙江省的周宅村、中余乡、浦阳街道、金华市及杭州市五个地区的居民为调研对象，统计分析发现职业阶层[①]与幸福感成正比，其中基础阶层的幸福感来源于经济收入的增加，中间阶层的幸福感来源于收入、人际关系、社团参及身体健康，优势阶层的幸福感则源于心理和身体健康、人际关系及社团参与。黄嘉文（2015）通过CLDS2012发现，教育程度、经济收入、权利保障及社会融合构成了社会流动人群幸福感变迁的主要影响因素，而且户籍制度带来的社会阶层优越的幸福感效应不再明显。刘同山和孔祥智（2015）通过CGSS2010提供的9314个有效样本发现，自评的家庭经济地位和社会阶层及其变化与预期感知对幸福感有显著的提升作用。

4.2.3 教育及教育支出与居民幸福

国内外已有大量文献涉及教育与幸福感的经验研究，但教育大多作为个体人口学与社会学的一个控制变量出现，并认为教育有利于居民主观幸福感的提升（Clark and Oswald，1996；Frey and Stutzer，2002；Di Tella et al.，2003；Dolan et al.，2008；胡洪曙和鲁元平，2012；Ferreira et al.，2013；Helliwell et al.，2013；Case and Deaton，2015；Brandmaier

① 其使用了陆学艺（2003）的社会阶层分类方法。具体而言，陆学艺（2003）将中国存在的社会阶层分类为基础阶层（无业、失业、半失业者、农业劳动者、产业工人、商业服务业员工）、中间阶层（个体工商户、办事人员、专业技术人员）和优势阶层（私营企业主、经理人员、国家与社会管理者）。

et al.，2016）。以上研究发现，教育对个体幸福感的影响可以通过改善他们生活的客观条件、经济收入和社会地位等来间接实现（Veenhoven，2009；Hansen，2012；Jiang，2012；黄嘉文，2013；Huang，2015）。但纵观国内外文献，专门将教育及支出视为核心解释变量的研究则较为匮乏。

Clark 和 Oswald（1996）认为教育水平越高，其人生预期也就越高，而难以实现的预期将成为其主观幸福感的潜在消极因素。Gyorgy 和 Zsuzsa（2010）发现教育水平较高的个体将承受较大的工作压力，从而不利于主观幸福感。Clark 等（2008）通过跨国数据发现不同流动群体的幸福感的提升关键在于迁移决策（Migration Decisions）和教育决策（Education Decisions）。Knight 等（2009）发现教育对居民主观幸福感的影响并不稳健，当加入不同的控制变量后，二者的关系随之发生变化。Molnar 和 Kapitany（2010）以 2006 年欧盟统计收入和生活条件调查（EU-SILC）为样本发现，较高的教育水平对居民主观幸福感存在显著的提升作用，高等教育水平（Upper Tertiary）的提升作用约为中低等教育（Lower Tertiary）的 2 倍。

国内学者罗楚亮（2008）发现，虽然教育水平与主观幸福感之间存在正向关系，但控制收入后，较高的教育水平反而降低了幸福感。其进一步指出这种反直觉行为可能与预期、职业压力及非货币性收益有关。陈前恒等（2011）运用 152 个贫困村及 2254 个农户的调查数据发现，基础教育可及性的弱化将通过直接辍学、机会成本增加、教育负担增加、学生心理危机等可能的路径降低农户的主观幸福感。金江和何立华（2012）以 2007 年武汉市 621 位城镇居民为研究对象发现，以学历和教育年限衡量的教育水平对居民幸福感不仅具有直接的提升作用，还通过提高收入水平及改善健康水平起到了间接作用，并且学历的幸福效用逐渐递减。黄嘉文（2013）基于 CGSS2005 提供的 5400 条数据发现，拥有中专以上学历的城镇群体是较为幸福的，而且教育的收入效应将显著提升居民幸福感。师保国等（2013）以599名流动儿童为研究对象，发现在小学阶段，公立学校流动儿童的幸福感要显著高于打工子弟学校的幸福感，初中阶段的这两类儿童的幸福感差异不显著，这可能源于户籍歧视。赵新宇和范欣（2014）基于2012年吉林大学"公众幸福指数"课题组的调研数据发现，教育的幸福效应中，非经济因素传导途径更为明显，收入、职业发展及身心健康等间接传导机制占到总效应的23.08%，其中非经济因素占18.35%，经济因素传导效应仅为4.73%。政府应该增加教育支出来提高居民收入水平及社会阶层地位，切实提升居民幸福感。余英（2014）通过综述指出，低收入地区群体的主观幸福感对公共教育支出更为敏感。周闯（2015）使用中国家庭收入项目（CHIP2007）调查发现，教育对农民工和城镇职工而言，不仅通过就业和收入对提升幸福感发挥了间接作用，还具有直接提升作用。姚艳燕等（2015）利用2013年广东省1745个城镇居民的调研数据发现，财政教育支出（以主观心理评价来衡量）虽然与城镇居民幸福感呈现正向关系，但统计上并不显著；进一步分解城镇居民幸福感后发现，财政教育支出降低了个人承担费用，但提高了居民税负，而这对于教育质量没有实质性的影响。

纵观文献可知，现有文献并未将教育（支出）、社会阶层和幸福感有机地结合在一起进行研究，而是分条块独立探讨，要么将教育与教育支出作为社会阶层的传导机制，要么仅限于教育水平。本章在构建教育场域理论的整体性逻辑分析框架的基础上，将公共教育支出、社会阶层与居民幸福感放置在教育场域中进行统一讨论，弥补既有文献分条块独立讨论的不足。并且基于Bioprobit模型，克服核心解释变量引致的内生性问题，从而将财政教育支出、社会阶层与居民幸福感放置在一个较为统一的理论与计量分析框架下进行讨论。

第三节 理论模型构建

本章引入皮埃尔·布尔迪厄教育社会学中的场域理论，建构具有相对自主性的教育场域的认知图式，以揭示“财政教育支出—社会阶层—居民幸福感”的有机关联及其内在作用机制。在布尔迪厄的场域理论分析框架下，社会空间（世界）是由大量的具有相对自主性的“游戏”领域聚合而成，在各自的秩序逻辑下，可细分为经济场域、政治场域、教育场域和科学场域等微观客体世界。该理论主要包含场域、惯习和资本三个概念要素。场域（field）是指“由附着于某种权力（或资本）形式的各种位置间的一系列客观历史关系构成。从分析的角度来看，一个场域可以被定义为在各种位置之间存在的客观关系的一个网络（network），或一个构型（configuration）”。[①]其本质是某种被赋予了特定引力的关系构型，一方面镜像着行动者（agent）所处外部世界各种力量的集合性效应，另一方面这种引力被强加于进入该场域的行动者及机构身上。教育与场域结合而生成教育场域（Fields of Education），它本质上也是关系性的范畴（刘生全，2009）。一方面包含教育构成要素（教育者、受教育者与管理者等）之间客观存在的网络关系构型；另一方面蕴涵着以知识的生产、传递、传播和继承为附着介质的行动者之间的主观与客观的互动关系空间。

行动者在该场域中遵循其自主性的运行法则，形成参照过去和当前情景而发生时空相关的特征，进而演绎出能够被识别出的清晰风格属性

① ［法］皮埃尔·布尔迪厄，［美］华康德. 反思社会学导引［M］. 李猛，李康，译. 北京：商务印书馆，2015：15，120－138.

和行为方式，即教育场域建构置身性主体的惯习（Bourdieu，1979）。惯习（Habitus）“由积淀于个人身体的一系列历史关系构成……是各种既持久存在而又可变化的性情倾向（Disposition）的一套系统，它通过将过去的各种经验结合在一起的方式，每时每刻都作为各种知觉、评判和行动的母体发挥其作用，从而有可能完成无限复杂多样的任务”。[①]惯习是社会化了的客观性，是根植并建构于教育体制和社会环境的实践理性的个人化过程，是社会结构的历史积淀（Bourdieu，1987）。而居民幸福感是行动者结合经验和实践对客观世界的感知、体验和评估，囊括了情绪、认知和行为三个层次（殷金朋等，2016；Joshanloo et al.，2016；倪志良，2017），并非一种孤立状态下的感知和评价，而是一种可持续的、开放式的情感认知系统。因此，居民幸福感本质上是一种惯习，形塑着行动者的行动模式及外在现实约束。教育场域中的居民幸福感客观上来自其自身与教育系统的互动实践，包括与教育主体的教学与管理互动、知识技能的人力资本积累等具体行为；主观上则形成于对教育体制、物质追求、目标认同感和自我实现的意义感等认知和评价之中。那么，幸福感的这种认知与评估图式是如何关联于公共财政教育系统这一客观结构的呢？或者说，两者的发生机制是什么呢？本章认为这主要通过文化资本来达致这种关联机制的实现。

资本是行动者行为活动的载体，是一种源于客观和主观力量之中的持续且有秩序的生发性规律或原则。而文化资本（Cultural Capital）是指：“这种资本在某些条件下可以转化成经济资本，它是通过教育资质的形式制度化的。”[②]作为人类文化积累的劳动成果，构成一种资源和力

① [法] 皮埃尔·布尔迪厄，[美] 华康德. 反思社会学导引 [M]. 李猛，李康，译. 北京：商务印书馆，2015：17-18，150-156.

② [法] 皮埃尔·布尔迪厄. 文化资本与社会炼金术 [M]. 包亚明，译. 上海：上海人民出版社，1997：190-195.

量而影响社会物理结构，并标识行动者的性情倾向（陈治国，2011；Bourdieu and Passeron，1990）。本章认为国家或政府作为纯粹的权益性外部实体，与其他竞相交织的场域力量，为教育场域的居民提供各类结构形式的教育，而不再构成教育场域的行动者机构。显然，它是占据了支配地位的元场域（Meta-field）。在这种预设下，文化资本便构成了政府的强制性力量和行动者的资源获取工具。这也界定了本书的研究对象是由国家或政府举办的公共财政教育，该情境下文化资本具体指代的是能够提供合法学历证书的制度化的形式[①]。不同类型的教育结构及其规模分布对应于不同的权力资本，从而决定行动者在分配结构中占据的实际或潜在的收益权和空间位置。

就实际情景而言，中国的教育场域蕴含于权力场域之中，每一个实际和潜在的受教育居民占据着被支配的地位，而且受教育水平较高的居民较之于受教育水平较低的居民占据着支配地位。其次，行动者之间的社会空间位置构成客观的关系结构，并通过文化资本的竞争、争夺和妥协而发生，进而形塑行动者的惯习。行动者将所获资源及所处环境内化，给予其主观性的评估、判断等，形成置身性主体千差万异的整套性情倾向，即居民主观幸福感；而且惯习将调适并设计本体的教育立场和未来规划，以延续或争夺教育资源，使得该场域持续不断地处于结构生成的过程之中。显性化其内在运行逻辑可以发现，财政教育支出—社会阶层—居民幸福感的关联路径有二：第一，公共教育系统将传递合法知识和沟通形式等模式加以确立和发展，作为整个一代人的思想习惯加以扬弃（萧俊明，1996；Bourdieu，1977），并与行动者日常生活紧密结合。作

① Bourdieu（1977）将文化资本细化为具体化或身体化形式（如受教育时间、家庭教育积累等），客观化形式（如教材、词典、图片及器具等）和制度形式（如资格认证和学历证明等）。

为一种后天习得的能力，提供其物质生存（如获取人力资本和经济收益）、消费方式、艺术审美和智识生活的能力，从而获得身心的愉悦和幸福感（Bourdieu，1979）。第二，通过形塑社会空间位置的间接路径实现居民幸福感的改变，即反思性复归的路径。拥有更多（制度化形式）文化资本的居民，其社会阶层越高，惯习也将随着社会空间的移动而发生变化，而且同一阶层的群体惯习具有结构上的亲和性（Bourdieu et al.，1990；Sullivan，2002）。具体的财政教育支出—社会阶层—居民幸福感的场域认知图式如图 4.1 所示。

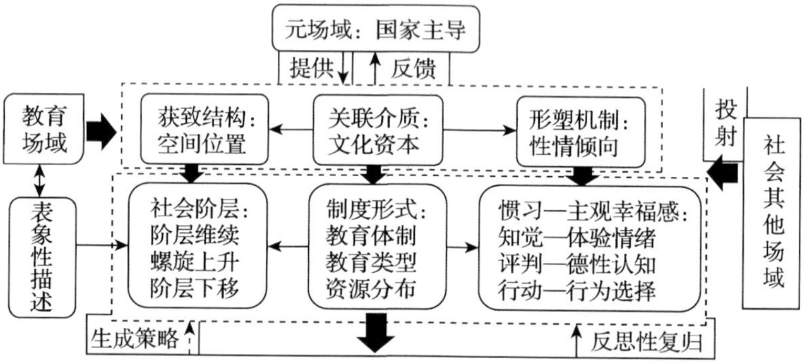

图 4.1　教育场域运行机制

第四节　模型设定与变量选择

本节主要介绍了双变量有序 Probit 模型（Bivariate Ordered-Probit Models，Bioprobit）和变量的选择及其描述性统计。

4.4.1　模型选择与构建

虽然场域理论提供了一个良好的关联性分析框架，但没有明确理论与经验研究之间的结合点以及研究路径。衡量财政教育支出的传统指标往往是连续变量，而居民自陈主观幸福感及社会阶层本质上是非连续的（Ganzeboom et al.，1983；Deaton and Stone，2013），在数据处理上一般视其为定序离散型。因此，居民幸福感的经验研究中常采用 OLS、Ordered Probit 和 Ordered Logit 等计量模型，但这些估计方法并未考虑自变量与因变量之间的双向影响关系，而且受限于知识和技术的发展，在分析中不可能穷尽可能的影响因素，从而造成模型设定中的遗漏变量问题。为避免上述问题所诱发的内生性问题，学者一般诉诸工具变量法（Wooldridge，2010；孙三百等，2014）。然而，当自变量和因变量均涉及离散数据类型时，标准工具变量技术（Standard IV Techniques）经常失效并需要更为复杂的分析技术（Angrist，2001；Buscha and Conte，2014）。而相对于 2SLS 和 Ordered Probit，基于 FLML 算法（Full-information Maximum Algorithm）的双变量有序 Probit 估计（Bivariate Ordered-Probit Models，Bioprobit）是无偏且有效率的，并能够有效地克服内生性问题（Wright and Calhoun，1995；Sajaia，2008；Marra et al.，2013），且该方法已得到广泛应用（Greene and Hensher，2009；王海成和郭敏，2015）。

借鉴 Sajaia（2008）与 Franz 和 Anna（2014）关于 Bioprobit 模型的设定，本书将涉及的社会阶层（*Strata Mobility*）和居民主观幸福感（*Happiness*）两个潜变量分别定义为 y_{1i}^*（$=Strmo_i^*$）和 y_{2i}^*（$=Happi_i^*$），且（y_{1i}^*，y_{2i}^*）$\equiv y_{ki}^*$，进而得到双变量有序 Probit 方程：

$$y_{ki}^* = x_{ki}^{'}\beta_k + \varepsilon_{ki} = \begin{cases} Strmo_i^* = x'_{1i}\beta_1 + \varepsilon_{1i} \\ Happi_i^* = x'_{2i}\beta_2 + \gamma_i Strmo_i^* + \varepsilon_{2i} \end{cases}, \quad k=1,\ 2 \tag{4.1}$$

公式（4.1）中，x_{ki}为解释变量的向量集合，β_k 为待估计参数；γ_i 表示社会阶层流动对居民主观幸福感的影响系数，且满足 $\gamma_i \sim N(\mu_\gamma,$

σ_{γ}^{2})，这保证了个体选择的异质性特征的保留性考虑；ε_{ki}为误差项，并满足$\begin{pmatrix}\varepsilon_{1i}\\ \varepsilon_{2i}\end{pmatrix}\sim N\left(\begin{pmatrix}0\\ 0\end{pmatrix},\ \begin{pmatrix}1 & \rho\\ \rho & 1\end{pmatrix}\right)$。此外，解释变量应满足外生性假设，即 $E(x_{ki},\ \varepsilon_{ki})=0$。

显然，上述两个潜变量在实际处理过程中需要可观测到的结果来表征，结合 CGSS2010—2015 和 CLDS 2014 问卷中相应问题及选项的设置，本书将两者的取值分别定义如下：

$$Happi_i=\begin{cases}1 & Happi_i^*\leqslant j_{11}\\ 2 & j_{11}<Happi_i^*\leqslant j_{12}\\ 3 & j_{12}<Happi_i^*\leqslant j_{13}\\ 4 & j_{13}<Happi_i^*\leqslant j_{14}\\ 5 & j_{14}<Happi_i^*\leqslant j_{15}\\ 6 & j_{15}<Happi_i^*\leqslant j_{16}\end{cases},\quad Strmo_i=\begin{cases}1 & Strmo_i^*\leqslant j_{21}\\ 2 & j_{21}<Strmo_i^*\leqslant j_{22}\\ 3 & j_{22}<Strmo_i^*\leqslant j_{23}\\ \vdots & j_{2c}<Strmo_i^*\leqslant j_{2(c+1)(3\leqslant c\leqslant 7)}\\ 9 & j_{28}<Strmo_i^*\leqslant j_{29}\\ 10 & j_{2(9)}<Strmo_i^*\leqslant j_{2(10)}\end{cases}$$

那么，$Strmo_i=m$ 且 $Happi_i=n$ 发生的概率为：

$$\begin{aligned}\Pr(Strmo_i=m,\ Happi_i=n)&=\Pr(j_{1(m-1)}<Happi_i^*\leqslant j_{1m},\ j_{2(n-1)}<Strmo_i^*\leqslant j_{2n})\\&=\Pr(Happi_i^*\leqslant j_{1m},\ Strmo_i^*\leqslant j_{2n})\\&\quad-\Pr(Happi_i^*\leqslant j_{1(m-1)},\ Strmo_i^*\leqslant j_{2n})\\&\quad-\Pr(HappI_i^*\leqslant j_{1m},\ Strmo_i^*\leqslant j_{2(n-1)})\\&\quad+\Pr(Happi_i^*\leqslant j_{1(m-1)},\ Strmo_i^*\leqslant j_{2(n-1)})\end{aligned}\tag{4.2}$$

假设 ε_{ki}服从二元标准正态累积分布，则可进一步得到如下的概率形式：

$$\begin{aligned}\Pr(Strmo_i=m,\ Happi_i=n)=&\Phi(j_{1m}-x_{1i}'\beta_1,\ (j_{2n}-\gamma_i x_{1i}'\beta_1-x_{2i}'\beta_2)\zeta_i,\ \tilde{\rho}_i)\\&-\Phi(j_{1(m-1)}-x_{1i}'\beta_1,\ (j_{2n}-\gamma_i x_{1i}'\beta_1-x_{2i}'\beta_2)\zeta_i,\ \tilde{\rho}_i)\\&-\Phi(j_{1m}-x_{1i}'\beta_1,\ (j_{2(n-1)}-\gamma_i x_{1i}'\beta_1-x_{2i}'\beta_2)\zeta_i,\ \tilde{\rho}_i)\\&+\Phi(j_{1(m-1)}-x_{1i}'\beta_1,\ (j_{2(n-1)}-\gamma_i x_{1i}'\beta_1-x_{2i}'\beta_2)\zeta_i,\ \tilde{\rho}_i)\end{aligned}\tag{4.3}$$

公式（4.3）中，$\Phi(\cdot)$ 为二元标准正态累积分布函数，其中 $\tilde{\rho}_i=\zeta_i(\gamma+\rho)$，$\zeta_i=\frac{1}{\sqrt{\gamma_i^2+2\gamma_i\rho+1}}$[①]。进一步可以得到似然方程：

$$L_i=\int_{-\infty}^{\infty}\prod_{m-1}^{M}\prod_{n-1}^{N}\Pr(Strmo_i=m,Happi_i=n)^{I(Strmo_i=m,Happi_i=n)}f(\gamma_i;\mu_\gamma,\sigma_\gamma^2)\,d\gamma_i \tag{4.4}$$

对公式（4.4）取对数后，可以得到对数似然函数：

$$\ln L_i=\sum_{m-1}^{M}\sum_{n-1}^{N}I(Strmo_i=m,Happi_i=n)\,\text{In}\ \Pr(Strmo_i=m,Happi_i=n) \tag{4.5}$$

其中，$f(\gamma_i;\ \mu_\gamma,\ \sigma_\gamma^2)$ 是关于 γ_i 的正态密度函数，$I(\cdot)$ 是当且仅当 $Strmo_i=m$，$Happi_i=n$ 时自变量向量集合的一个指示函数。需要注意的是，如果 $x_{1i}=x_{2i}$，则方程（4.1）式是无法识别的，此时需要寻找与 $Strmo_i$ 相关但独立于 ε_{1i}，而且该变量对 $Happi_i$ 并不能产生直接影响的外生变量。因此，工具变量的选择成了上述模型有效估计的关键。

4.4.2 工具变量的选择

皮埃尔·布尔迪厄的场域理论虽然明确了教育世界中的关联关系，

① 以上两个参数根据 $E(x_{ki},\ \varepsilon_{ki})$ 推导得出，具体过程参见 Franz 和 Anna（2009）。

但它是一个开放式的系统概念，并未确切要素之间的因果勾连。而工具变量的寻找是识别因果关系的较好的思路，也是本章构建模型的内在要求。根据上文所构建的计量模型，选取的这一嵌套性质的工具变量应满足：这一变量既与社会阶层高度相关，又不会通过社会阶层之外的其他因素直接影响居民幸福感。然而，寻找与居民幸福感有关的工具变量本身是学术界的技术性难题之一，大部分国内外文献避之不谈。近年来，国内研究在该方面有所改善，一般选用个体所属区域层面的历史均值来替代，如何立新和潘春阳（2011）、陈前恒等（2014）、郝身永（2015）、周广肃和孙浦阳（2017）。遵循该思路，并考虑到工具变量对数据较强的依赖性，本书基于所使用数据源的特点进行了找寻，最终确定被调查者所在省份2006年度的自评社会地位的均值作为工具变量①，而不再选用如气候、集聚数据等外源性变量。这里并未采用CGSS2015中“您认为您10年前在哪个等级上？”，而是采用了CGSS2006年的相应问题，目的在于规避问卷本身可能引起的同源性误差。而未选取时间节点更为靠前的CGSS2003和CGSS2005，是因为相应年份的调查没有披露受访者出生月日的信息。此外，CGSS2006调研涉及28个省份，缺少宁夏、青海和西藏3个省份的数据，本章按照当年GDP排名的前后省份求均值来替代该缺失值。当然，这里只是一种直觉上的选取，需要进一步地从逻辑和技术两方面来论证该工具变量的有效性。

第一，在分析逻辑上显而易见的是，一方面，由于社会阶层认同及其流动维续和延存的惯性，居民对于自身所处社会阶层无论是在

① 本章也尝试了利用客观指标作为工具变量，但大多数结果调试并不理想，因此放弃了该指标，仅采用自评社会地位作为工具变量。

客观努力还是主观评判上都会受到以往阶层的影响。另一方面，由于知识信息和时空感的有限认知，2006 年的省级层面的均值不会对 2010 年度以来的居民幸福感产生直接影响，即符合相关性和外生性的要求。

第二，在技术层面上，参照 Acemoglu 等（2002）、陈硕（2012）、陈云松（2012）和罗煜等（2016）等的做法（这里以社会阶层认同和社会流动的客观指标为例），首先采用 2SLS 第一阶段估计两者之间的相关性。表 4.1 的实证结果显示，被调查者所在省份 2006 年度的自评社会地位的均值在 10% 的显著水平上对各样本区间的社会阶层认同和流动产生了影响，且各样本一阶段估计的 F 统计值均大于 10 的经验值。这表明该工具变量满足相关性条件。其次，利用居民幸福感和工具变量之间的回归来验证工具变量只能通过社会阶层的唯一路径影响居民幸福感。表 4.2 的实证结果显示，在加入社会阶层认同及流动变量之后，工具变量对居民幸福感的影响不再显著。这也就是说，社会阶层的影响涵盖了已有变量的影响，即该工具变量满足了外部性条件。

综合上述分析可知，本章所选择的工具变量是无偏且有效率的。正文中表4.6、表4.7 和表4.9 中基于双变量有序 Probit-twostep 汇报的各方程辅助参数 ρ（*athrho*）和 γ（*gamma*）均在 95% 的置信水平下显著，也进一步表明了该工具变量是有效的。当然，这也说明本章所构建的理论模型和计量模型是合理可信的。基于此，本部分的整体的经验分析在上述模型的基础上，主要参照 Sajaia（2008）开发的应用程序，采用 Stata12.0 对相关参数进行了估计。

表 4.1　工具变量的第一阶段回归结果

变量	Panel A				Panel B				Panel C			
因变量	*sc_va_in*	*sc_va_in*	*scm_va*	*scm_va*	*sc_va_in*	*sc_va_in*	*scm_va*	*scm_va*	*sc_va_in*	*sc_va_in*	*scm_va*	*scm_va*
sc2006	0. 196*** (0. 051)	0. 098** (0. 049)	0. 184*** (0. 064)	0. 121* (0. 064)	0. 477*** (0. 178)	0. 193*** (0. 067)	2. 154*** (0. 233)	1. 485*** (0. 161)	0. 171*** (0. 031)	0. 105*** (0. 032)	0. 161*** (0. 036)	0. 145*** (0. 037)
age	—	0. 289*** (0. 068)	—	0. 241*** (0. 089)	—	-0. 007*** (0. 002)	—	-0. 030*** (0. 003)	—	-0. 016*** (0. 002)	—	-0. 025*** (0. 003)
age^2	—	-0. 004*** (0. 001)	—	-0. 004** (0. 002)	—	0. 000*** (0. 000)	—	0. 000*** (0. 000)	—	0. 000*** (0. 000)	—	0. 000*** (0. 000)
gender	—	0. 053** (0. 021)	—	0. 058** (0. 028)	—	-0. 089*** (0. 011)	—	-0. 056*** (0. 014)	—	-0. 105*** (0. 014)	—	0. 011 (0. 016)
nation	—	0. 014 (0. 038)	—	-0. 018 (0. 050)	—	-0. 002 (0. 022)	—	-0. 055** (0. 028)	—	0. 023 (0. 023)	—	-0. 008 (0. 027)
marriage	—	-0. 101*** (0. 025)	—	-0. 042 (0. 033)	—	-0. 037** (0. 015)	—	-0. 001 (0. 019)	—	-0. 086*** (0. 018)	—	-0. 041** (0. 021)
party	—	0. 051 (0. 044)	—	0. 000 (0. 057)	—	0. 113*** (0. 018)	—	0. 072*** (0. 023)	—	0. 122*** (0. 031)	—	0. 038 (0. 036)
hukou	—	0. 017 (0. 026)	—	-0. 052 (0. 033)	—	0. 042*** (0. 013)	—	-0. 134*** (0. 017)	—	0. 051*** (0. 017)	—	0. 010 (0. 020)
health	—	0. 021 (0. 013)	—	0. 014 (0. 017)	—	-0. 026*** (0. 006)	—	-0. 018** (0. 007)	—	-0. 010 (0. 009)	—	0. 002 (0. 010)

（续）

变量	Panel A				Panel B				Panel C			
religion	—	0.029 (0.034)	—	0.059 (0.044)	—	−0.031* (0.018)	—	−0.017 (0.023)	—	0.029 (0.021)	—	0.005 (0.025)
indi_educ	—	0.009 (0.010)	—	0.003 (0.013)	—	0.048*** (0.005)	—	0.007 (0.007)	—	0.074*** (0.006)	—	−0.011 (0.008)
parent_educ	—	−0.021* (0.011)	—	−0.067*** (0.015)	—	0.007 (0.005)	—	−0.116*** (0.006)	—	0.001 (0.008)	—	−0.031*** (0.009)
abincome	—	0.184*** (0.027)	—	0.183*** (0.036)	—	−0.068*** (0.015)	—	−0.085*** (0.019)	—	0.122*** (0.026)	—	0.171*** (0.031)
reincome	—	−0.010 (0.018)	—	−0.033 (0.023)	—	0.014* (0.009)	—	0.024** (0.011)	—	0.026*** (0.008)	—	0.002* (0.009)
fd	—	−0.007 (0.032)	—	−0.104** (0.042)	—	−0.014 (0.156)	—	2.235*** (0.198)	—	0.102*** (0.021)	—	0.042* (0.024)
urban	—	0.002* (0.001)	—	0.005*** (0.002)	—	0.004* (0.002)	—	−0.016*** (0.003)	—	−0.002*** (0.001)	—	−0.001 (0.001)
Year & Province	控制	控制	控制	控制	否/控制	否/控制	否/控制	否/控制	控制	控制	控制	控制
Obs	2589	2589	2589	2589	5442	5442	5442	5442	7149	7149	7149	7149
F	101.8	46.28	95.96	32.94	13.26	13.13	61.78	68.07	82.67	59.08	183.72	65.04
R^2	0.16	0.27	0.16	0.19	0.16	0.19	0.24	0.34	0.16	0.15	0.13	0.16

注：*、**、***分别表示在10%、5%和1%的显著水平显著，括号内为系数标准误。

表 4.2　工具变量与被解释变量的回归结果

变量	Panel A			Panel B			Panel C		
*sc*2006	-1.391*** (0.517)	-0.026 (0.028)	-0.036 (0.022)	-0.488* (0.255)	-0.013 (0.027)	-0.033 (0.022)	-1.513*** (0.503)	-0.017 (0.016)	-0.013 (0.013)
sc_va_in	—	1.895*** (0.654)	—	—	0.486* (0.255)	—	—	1.466*** (0.505)	—
scm_va	—	—	1.370*** (0.617)	—	—	-0.439* (0.257)	—	—	-1.527*** (0.504)
Year & Province	控制	控制	控制	否/控制	否/控制	否/控制	控制	控制	控制
Obs	2589	2589	2589	5442	5442	5442	7149	7149	7149
R^2	0.11	0.11	0.11	0.15	0.15	0.15	0.21	0.22	0.22

注：*、**、***分别表示在10%、5%和1%的显著水平显著；括号内为系数标准误；各回归方程的控制变量的回归系数及其标准误未列示。

4.4.3　数据来源与变量设定

4.4.3.1　数据来源及说明

本章主要使用了中国综合社会调查和中国劳动力动态调查两个大型的全国性微观入户调查数据库。其中，本章的实证主体部分所使用的微观数据主要来自中国综合社会调查①。它是中国第一个全国性、综合性、连续性的大型社会调查项目。该项目始于 2003 年，截至 2015 年共开展了 10 期，各期在抽样框、分层变量、抽样阶段上有所不同，但抽样方案均采用了多阶分层 PPS 随机抽样。根据研究需要，本章将 2010—2015 年度的数据组合为混合横截面数据，以扩大样本容量以期得到稳健可靠的经验结果。其中 CGSS2006、CGSS2010、CGSS2011、CGSS2012、CGSS2013 和 CGSS2015 分别调查了 10151 个、11783 个、5620 个、11765 个、11438 个和 10968 个样本。为了更好地刻画财政教育支出对社会阶层和居民幸福感的影响，设定了被调查者进入样本的门槛，设定规则是《中华人民共和国义务教育法》正式实施之后，即 1986 年 7 月 1 日之后出生的居民。按照该年龄条件进行筛选，并剔除"无法回答""拒绝回答""不适用缺失值""不知道"等信息后，最终确定基准回归的有效样本为中国大陆 31 个省、直辖市和自治区的 2589 条信息（Panel A）。为捕捉不同层次财政教育支出的影响效应并保证结论的稳健性，本章在实证部分同时使用了 CGSS2013 的教育模块数据，在未设置进入门槛的基础上剔除"不适用""不知道""拒绝回答"等数据，共得到除海南省、西藏自治区和新疆维吾尔自治区等省、直辖市、自治区之外的 5442 个样本（Panel B）。

---

① 本章数据得到了中国综合社会调查（CGSS）项目组的支持，特此致谢。本书的观点和内容由作者自负。如需了解有关此数据的更多信息，请登录 http：//www. chinagss. org/。

在稳健性分析中，本章则同时采用了中国劳动力动态调查数据，以进一步扩充样本容量。中国劳动力动态调查（CLDS）①是中山大学每两年开展一次的一项连续性追踪调查，系统地监测村/居社区的社会结构和家庭、劳动力个体的变化与相互影响，建立劳动力、家庭和社区三个层次上的追踪数据库。CLDS 聚焦于中国劳动力的现状与变迁，内容涵盖教育、工作、迁移、健康、社会参与、经济活动、基层组织等众多研究议题，是一项跨学科的大型追踪调查。其样本覆盖中国 29 个省份（除港澳台、西藏、海南外），调查对象为样本家庭户中的劳动力（年龄 15～64 岁的家庭成员，65 岁以上并且仍然在工作的人回答到第三部分后结束访问）。在抽样方法上采用了多阶段、多层次与劳动力规模成比例的概率抽样方法（PPS）；以社区为追踪范围，每个社区以及社区中的样本家庭和劳动力连续调查四轮（6 年），然后该社区以及社区中的样本家庭和劳动力退出调查，同时一个新的轮换社区样本以及社区中的样本家庭和劳动力将产生并替代退出的轮换样本。CLDS 于 2011 年在广东省开展了试调查，并于 2012 年正式铺开在全国的调查。具体而言，本章主要采用了 CLDS2014 年的追踪及新增调查数据，同样地剔除处理后得到的样本总量为 7151 个（Panel C）。

4.4.3.2　变量选择及描述性统计

（1）主观幸福感。本章采用主观幸福感作为被解释变量的代理变量。如第二章所言，自评主观幸福感能够反映居民身心一致的实际生活感知；依据教育场域分析也可知，居民幸福感实质上是一种惯习，是社会化了的客观性。因此，自评主观幸福感可视为客观科学的综合性量化

① 本章使用数据来自中山大学社会科学调查中心开展的“中国劳动力动态调查”（CLDS）。本文的观点和内容由作者自负。如需了解有关此数据的更多信息，请登录 http：//css. sysu. edu. cn。

指标。在 CGSS2010—2015 和 CLDS2014 问卷中对应的问题为“总的来说，您觉得您的生活（过得）是否幸福?”。相应的选项设置为“非常/完全/很不幸福（=1），比较不幸福（=2），说不上幸福不幸福/居于幸福与不幸福之间/一般（=3），比较幸福（=4），非常/完全幸福（=5）”。各样本中居民幸福感的分布情况如表 4.3 所示。由表 4.3 可知，各有效样本的居民幸福感分布结构与每年度的以及原始样本的分布结构较为一致，这也保证了本章分析结果的稳健性和可靠性。其中，自评幸福（“非常幸福”和“比较幸福”之和）的人数比重均在 70% 以上，自评不幸福（“非常不幸福”和“比较不幸福”之和）的人群比重均不足 8%。当然，CLDS2014 个体问卷中也涉及居民自评的主观幸福感，该问题及选项分为两个层次：①问题 1：“总的来说，您认为您的生活是否过得幸福?”“很不幸福 1—2—3—4—5—6 非常幸福”；②问题 2：“您觉得您与大多数同龄人相比：没那么幸福 1—2—3—4—5—6 更幸福”。统计分析可知，两个问题的数值分布情况基本一致，但第一个问题更符合本章的需求；而且有效样本的幸福感分布结构与原始样本的分布也相似。因此，出于分析结果的稳健性和可靠性，本章在 CLDS2014 数据的处理中采用了第一种方法。

表 4.3 CGSS2010—2015 及 CLDS2014 样本中居民幸福感的分布情况

Panel A		幸福 5	4	3	2	不幸福 1	总计
2010 年	容量	78	263	68	20	7	436
	比重	17.89	60.32	15.60	4.59	1.61	
2011 年	容量	62	160	28	14	4	268
	比重	23.13	59.70	10.45	5.22	1.49	
2012 年	容量	115	329	81	31	11	567
	比重	20.28	58.02	14.29	5.47	1.94	
2013 年	容量	125	386	130	34	5	680
	比重	18.38	56.76	19.12	5.00	0.74	

（续）

Panel A		幸福 5	4	3	2	不幸福 1	总计
2015 年	容量	137	384	91	18	8	638
	比重	21.47	60.19	14.26	2.82	1.25	
混合样本	比重	19.97	58.79	15.37	4.52	1.35	2589
Panel B	容量	769	3180	1003	404	86	5442
	比重	14.13	58.43	18.43	7.42	1.58	
Panel C	容量	1689	3411	1661	298	92	7151
	比重	23.62	47.70	23.23	4.17	1.29	

注：样本容量及比重的单位分别为个和%。
数据来源：作者计算编制。

（2）财政教育支出。纵观既有文献，财政教育支出的衡量指标主要有两类：一是财政性公共教育支出，以生均公共财政预算教育经费支出为主（郭庆旺和贾俊雪，2009；徐俊武和易祥瑞，2014；Yuan and Zhang，2015）；二是调研问卷中涉及的公共教育满意度等（胡安宁，2014；姚艳燕等，2015）。此外，也有个别文献使用受访者的受教育年限来反映学校教育水平（郑磊和朱志勇，2013；Malamud et al.，2018）。

关于第一类方法的使用，国内外学者通常利用省级层面的宏观生均经费，来匹配个体层面的主观幸福感和社会阶层微观数据。那么，这样做是否得当呢？按照目前国内外的研究惯例以及实际情况，该种做法是有其合理的方面的。首先，国内各大权威的数据库考虑到问卷的伦理性和法制性，较少公布省级以下科层政府的具体信息，因此采用省级层面的宏观数据匹配是目前较好的办法。其次，严格来说，本章所使用的财政教育支出应该是与微观数据相对应的、确切的资金数值，但教育作为一种准公共产品具体分配到每一位居民身上的数量和质量很难判断，且每一个个体对他所受到的同样支出水平的教育的认知和评价也不尽相同。所以，在没有具体的问卷数据的情况下，研究自然更加倾向于使用省级层面的生均经费。最后，国内外幸福领域的研究也普遍采用了这种匹配方法。国外文献如

Ram（2009）、Hessami（2010）、Kotakorpiw 和 Laamanenz（2010）、Sequeira 等（2014）、Knoll 和 Pitlik（2016）、Austin（2016）、Ho 和 Ng（2016），国内文献如鲁元平和张克中（2010）、谢舜等（2012）、胡洪曙和鲁元平（2012）、汤凤林和雷鹏飞（2014）、李力行和周广肃（2014）、殷金朋等（2016）、宣烨和余泳泽（2016）等。以上所列举文献均是利用财政支出滞后一年或多年的均值占 GDP 的比重，或是教育、医疗、社保等分项支出占总支出或 GDP 的比重来匹配 WVS、CGSS、CHARLs 等微观数据库中的个体自评幸福感。即便是地方政府质量和污染物的幸福影响效应，也是在直接测算宏观数据后与微观变量匹配以捕捉幸福效应（陈刚和李树，2012；Levinson，2012；Zhang et al.，2017）。也就是说，按照惯常做法，利用历年的生均公共财政预算教育经费支出来匹配个体微观数据，而且应该与被调查者接受教育的年限或所受教育类型相结合的做法是科学合理的。但财政教育支出数据并非每年都很完备，尤其是细化到具体的教育类型层面，而且微观与宏观数据的粗略匹配缺乏严谨的数学原理的技术支撑，致使这种做法可能会限制样本容量和研究深度。

关于第二类衡量方法的使用，目前使用并不是很丰富。其中，国内学者胡安宁（2014）在研究教育能否让居民更健康的过程中，基于 CGSS2010 问卷中个体的教育水平（1 = 没有受过正式教育，2 = 义务教育，3 = 高中教育）进行了衡量。李普亮（2014）以城镇居民对财政民生性支出的满意度作为财政民生性支出的代理变量进行了实证检验。其进一步指出，财政民生性支出通常不会直接分配给个体居民，试图通过对城镇居民的问卷调查获得每个个体所能分享到的财政民生性支出的确切数据并不现实。但由于城镇居民的生活与政府的财政支出息息相关，每个城镇居民对财政民生性支出所提供的公共品的数量、质量和价格有其特有的认知和评价，而且个体之间认知能力、信息渠道、主观偏好、价值观念等方面的差异也会导致居民对财政民生性支出的评价各异。因此，采用城镇居民对财政民生性支出的主观评价来替代是合理科学的。姚艳燕等（2015）基于2013年对广东省1745个城镇居民的随机抽样调查数据，同样采用李普亮（2014）的基本思路，使用城镇居民对财政教育投入的主观心理评价作为财政教育支出的代理变量，并进一步利用李克特量表清晰地刻画了城镇居民主观认可的财政教育支出水平。因此，从主观层面的认知评价来衡量财政教育支出也不失为一种较好的方法。

基于以上研究传统和思路，本部分在综合考虑财政性生均教育经费的可得性，以及整体数据的口径匹配问题的基础上，选择问卷主观评价为主、以生均公共财政预算教育经费支出为辅的分析策略，即主体分析部分以公共教育满意度表征财政教育支出水平。在操作实践中发现，CGSS2010—2015设置的相关问题并不一致，CGSS2013和CGSS2015对中国公共财政教育总体满意度（puedu）进行了直接调查，对应问题为“综合考虑各个方面，您对于公共教育服务的总体满意度”；[①] 但CGSS2012、CGSS2011、CGSS2010未直接涉及该问题，本章分别利用三套问卷中的“您认为本县/市政府对文化事业单位建设及固定资产的投入怎样？”（缺失项利用“您对下面这些人的信任程度如何？——老师”来插补）、“2011总的来说，您对以下方面有多大的信心——中国的教育”“2010信任程度——学校及教育系统”来替代。[②] 为保证变量取值的一致

① 值得注意的是，以CGSS2013和CGSS2015中的问题“A7a. 您目前的最高教育程度”来判断教育类型无法排除受访者接受的是否为国外教育，问卷中也没有相应的问题可以对此加以断定。这里采取A7a与B15和B16是否一致来判断，如果一致则可以认为接受的是国内教育，否则剔除该受访者。因为只有全面、真实地接受过国内公共教育，才能够形成前后一致的认知、判断和评估。

② 尽管这样的变量替代方法有不尽如人意的地方，但也是较好的权宜之策。本章在实证环节各部分采用不同的数据样本也是为了缓解变量替代带来的可能的稳健性问题。CGSS2010—2015混合样本和CGSS2013年中关于公共教育投入满意度的分布结构近似，而且后文的实证结论也是稳健的，这都证实了这种变量替代是可行的和可信的。

性，在研究中对 CGSS2013 和 CGSS2015 年的百分制答案进行了转换处理：[90～100]=5，[80～89]=4，[70～79]=3，[60～69]=2，[0～59]=1。

进一步地，为识别和优化财政教育支出结构，结合 CGSS 问卷特点，本部分将财政教育支出划分为学前教育支出（puedupre）、九年义务教育支出（包含小学和初中教育，pueducom）、高中教育支出（普通高中，puedusecd）、职业教育支出（职业高中、技校、中专，pueduoccu）和高等教育支出（大学专科、大学本科、研究生及以上，puedugradu）五个层次。为保证结论的稳健性，并捕捉不同层次公共财政教育支出的影响效应，在对应实证部分采用了更为贴切的 CGSS2013 教育模块。该问卷调查了受访者对学前教育、九年义务教育、普通高中阶段教育和职业教育等不同层次教育的满意度评价，并对公共教育服务资源的均衡情况进行了调查；需要指出的是，CGSS2013 并未调研居民对高等教育的满意度水平，本章则主要结合郑磊和朱志勇（2013）的做法，利用受访者的受教育年限作为权重加总生均公共财政预算教育经费支出，来反映公共财政高等教育支出水平。[①]在稳健性分析中则采用了滞后一期的 2009—2014 年各省各层次生均公共财政预算教育经费支出，数据主要来自《中国教育经费统计年鉴》[②]《全国教育经费执行情况统计公告》以及中华人民共和国教育部门户网站。

从宏观数据来看，中国公共财政预算教育经费支出波动较大，在 2000 年降至谷底（13.13%），之后随着时间的变化而总体呈现出缓慢的增长趋

① 根据“您目前的最高教育程度”来判断受访者所属的生均经费层次及其金额，其中如果是嵌套性质的（如最高教育为大学，就嵌套了义务教育、高中教育等阶段的教育），则以教育层次对应的受教育年限为权重进行加总。

② 《中国教育经费统计年鉴》中教育经费支出包含普通高等学校、中等专业学校、职业高中、技工学校、普通中学、十二年一贯制学校、九年一贯制学校、普通小学、幼儿园和经过教育主管部门批准承认学历的承认高校、成人中等专业学校、成人中学和成人小学等。

势，2007—2011 年维持在 15% 左右，如图 4.2 所示。图 4.3 具体刻画了 2013 年度我国各层次生均公共财政预算教育经费支出以及自评幸福感的情况。由图 4.3 可知，2013 年度中国的高等教育和义务教育资金支出较多，学前教育支出则较少；而且除高等教育外，其他各类型教育的生均公共财政经费支出与自评幸福感基本呈现出同向的变动关系。

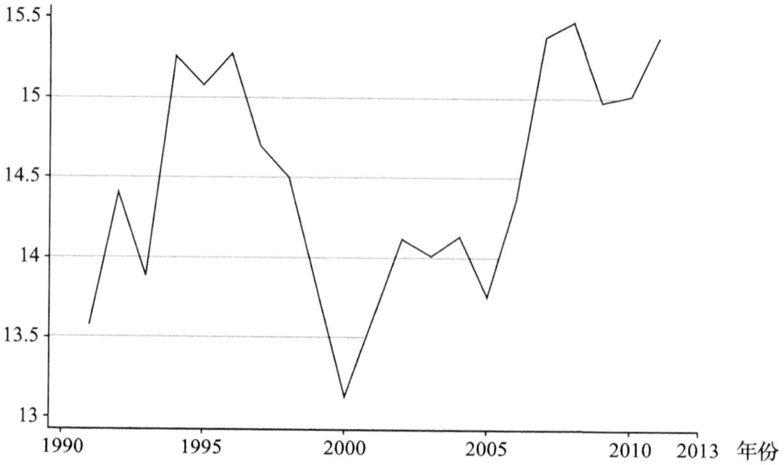

图 4.2　中国公共财政预算教育经费支出占公共财政支出的比重（1991—2013 年）

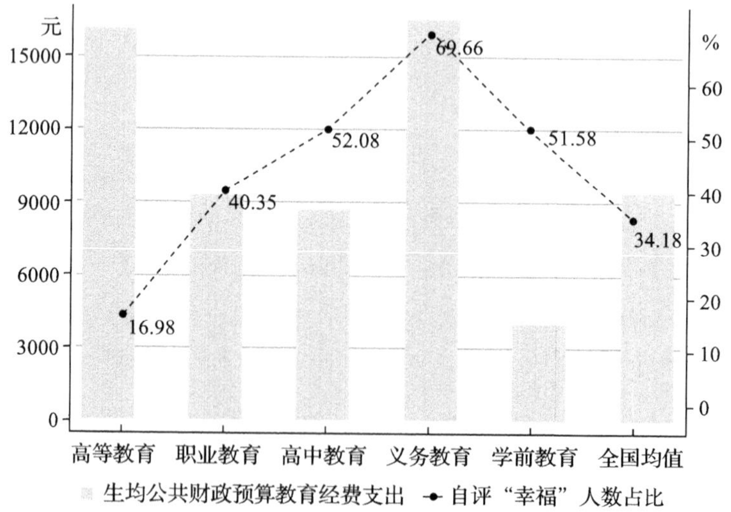

图 4.3　2013 年中国各层次教育生均经费支出与自评幸福人数比重情况

(3) 社会阶层认同与社会流动。社会阶层的划分归类与经济收入条件、社会资本、家庭背景以及生活习惯紧密相关（刘欣，2005；Yamamoto and Brinton，2010；洪岩璧和赵延东，2014）。在操作层面一般将其定义为经济收入、教育水平、职业类型等客观标的，以及自我评估的主观性感知（Adler et al.，2000；Goodman et al.，2001；边燕杰等，2006；Piff et al.，2010）。为避免阶层地位认同偏差问题①，本章同时利用了客观指标和主观指标。具体的社会阶层及社会流动的参考标准和内涵界定如下：

①客观指标。国内外学者在社会阶层的归类上通常采用职业阶层（Parkin，1973；Wu and Xie，2003；Chan and Goldthorpe，2007；邸玉娜，2014；周兴和张鹏，2014；李路路和朱斌，2015），因此本节的客观指标主要选取了个体当前职业类型及其变化来识别社会阶层及流动。综合借鉴李春玲（2005、2010）、李路路和朱斌（2015）关于中国社会阶层的分类标准②，并结合 CGSS 和 CLDS 问卷的职业分类，本章的社会阶层及流动设定规则如下：第一阶层主要有国家机关、党群组织、企业、事业单位负责人（中高层管理人员/负责人），私营业主，（高级）专业人员和技术人员及军人；第二阶层包含个体工商户，一般办公室人员，办事人员和有关人员；第三阶层主要有商业、服务业人员，生产、运输设备操作人员及有关人员（体力工人），农、林、牧、渔、水利业生产人员，非正式就业类型（保姆、医院看护），无职业者分类及不清楚和

① 仇立平和韩钰（2014）及范晓光和陈云松（2015）在研究中发现了个体客观阶层地位与主观阶层地位认知上的不一致，其将这种现象定义为阶层地位认同偏差或偏移。

② 李春玲（2010）将中国社会阶层划分为三大阶层：包含国家与社会管理者、经理人员、私营企业主等的第一阶层，包含专业技术人员、办事人员、个体工商户等的第二阶层，涵盖商业服务业人员、产业工人、农业劳动者和城乡无业、失业、半失业者以及父亲已不在等的第三阶层。李路路和朱斌（2015）则按照阶层资源将阶层划分为高级非体力劳动阶层（雇主、管理人员、专业技术人员）、低级非体力劳动阶层（个体户、一般办事人员和专业辅助人员）、体力劳动阶层（工人、商业服务人员和农民）三类。

不适用。参照邵宜航和张朝阳（2016）的简易做法，将个体当前职业地位与父代所获得最高职业地位比较大小得到代际职业流动。其中父亲，和母亲的职业阶层取其高者作为父代阶层。如果子代大于父代（=1），则表示子代向上流动；如果子代小于父代（=-1），则表示向下流动；如果两者相同（=0），则表示职业阶层与父代相同，没有发生阶层变化。

②主观指标。由于客观社会地位具有他者评价的属性，作为置身性主体，居民对其自身社会地位的评判将更多地受到居住环境、生活方式和价值认同等互动比较的影响（Bourdieu，1979；雷开春，2009）。而主观社会阶层更偏向于这样一种主观认知，其整体上根基于客观测量且与个体的心理认知机能更为一致，能够较为准确地体现出其所处的社会阶层（Jackman M. R. and R. W. Jackman，1973；Sakurai et al.，2010；曾莉和李佳源，2013）。因此，本章也选取主观指标来量化社会阶层认同及其流动。

CGSS 和 CLDS 依据 MacArthur 量表制定了自评社会阶层地位及流动问卷，其表征了个体经济收入、教育程度和职业声望的当前阶层、预期阶层及其流动，信度较高（Adler et al.，2008；胡小勇等，2014）。具体而言，结合 CGSS 问卷特点，本章在主观社会阶层认同层面选取了当前自评等级（sc_sub_in）和预期自评等级（sc_exp_in）两个指标，问题分别设置为“您认为您自己目前在哪个等级上”和“您认为您 10 年后将会在哪个等级上”；主观评价的社会阶层流动（scm_sub）问题及答案设置为“与三年（或五年）前相比，您的社会经济地位发生了什么变化？”“上升了（=1），差不多（=0），下降了（=-1）”。[①]CLDS 关于主观社会阶层评价问题及答案设置为：“在我们的社会里，有些人居于顶层，有些人则在底层。在出示卡上有一个从上往下的梯子，最高的 10

① CGSS2011 和 CGSS2012 中没有主观社会流动的问题，这里利用“您认为在您 14 岁时，您的家庭处在哪个等级上”和当前自评阶层进行比较赋值得到。

分代表最顶层，最低的 1 分代表最底层”“您认为您自己目前在哪个等级上？”（当前自评等级）主观评价的社会流动问题设置为：“您认为您 5 年前在哪个等级上？”“您认为您 5 年后将会在哪个等级上？”（预期自评等级）“您认为您 14 岁时，您的家庭处在哪个等级上？”社会阶层流动则通过比较当前评价与 5 年前等级的评价值得到，若大于当前值则赋值为 1，相同则为 0，小于当前值则赋值为 -1。

社会阶层的静态分布与动态流动情况如表 4.4 所示。由该表可以发现，客观职业阶层与主观自评阶层分布结构基本一致，Panel A 和 Panel C 结构更为相近，且第二阶层人数占比均要低于 Panel B。一方面，这正契合了有效样本的特征，Panel B 未设置样本进入门槛，35 ~ 55 岁的居民占到了总样本的 41.51%，非农户口占到了 45.28%，具备以上特征的样本的职业生涯处于稳定的上升阶段或已经获得了较高的职业声望；而 Panel A 和 Panel C 的样本均为 17 ~ 31 岁的居民，其刚好处于人力资本、物质资本等积累期或事业初创期。也就是说，静态结构所反映的社会阶层认同基本符合事实情况。另一方面，第三阶层和第二阶层的主观社会阶层比重也印证了中国居民有向中下阶层认同偏移的倾向特点。社会阶层的预期主观认知和阶层动态流动显示，2010—2015 年我国社会阶层的上升流动渠道较为通畅，较大样本 Panel C 的统计结果表明主客观向上的代际流动比例均高于不变和向下流动的比例；并且大多数居民对中国的阶层上升流动通道情况比较乐观，向上流动的愿望较强，即当前的经济社会环境为阶层转变张力提供了较好的制度保证。

表 4.4　社会阶层的静态分布与动态流动情况

样本	Panel A			Panel B			Panel C		
静态结构	第三阶层	第二阶层	第一阶层	第三阶层	第二阶层	第一阶层	第三阶层	第二阶层	第一阶层
客观职业阶层	9.54	55.89	34.57	6.98	78.02	14.99	17.42	45.91	36.67
主观自评阶层	7.34	67.17	25.49	7.59	63.58	28.83	9.10	65.75	25.14

（续）

样本	Panel A			Panel B			Panel C		
静态结构	第三阶层	第二阶层	第一阶层	第三阶层	第二阶层	第一阶层	第三阶层	第二阶层	第一阶层
预期自评阶层	50.41	43.76	5.83	27.66	55.09	17.25	42.83	48.38	8.78
动态结构	向上	不变	向下	向上	不变	向下	向上	不变	向下
代际职业流动	31.56	40.17	28.27	43.27	50.40	6.32	43.76	40.46	15.79
主观自评流动	42.76	35.42	21.82	39.01	51.65	9.33	43.35	34.60	22.05

注：数据单位为%。
数据来源：作者计算编制。

（4）控制变量。现有研究已经证实了性别（*gender*）、年龄（*age*）、民族（*ethnic*）、户籍（*hukou*）、婚姻状况（*marriage*）、教育水平（*indi educ / parent educ*）、政治面貌（*party*）、宗教信仰（*religion*）及自评健康状况（*health*）等个体人口学和社会学特征向量，都会对居民幸福感和社会阶层产生实质性影响（Frey and Stutzer，2000；Diener et al.，2010；Case and Deaton，2013；Mayer，2008；Hanmin，2002；Afridi et al.，2015；叶华和吴晓刚，2011；Vanassche et al.，2013）。以上微观变量均来自CGSS2010—2015和CLDS2014数据库。其中，为保持与财政教育支出水平的微观问卷同样的量化口径，本章在借鉴Jerrim和Macmillan（2015）划分方法的基础上结合问卷选项，将被调查者及其父辈教育水平的界定规则设定如下：0 = 未接受教育，1 = （父母其中一个获得）无正式教育、学前教育及其他，2 = （父母其中一个获得）义务教育（小学、私塾、初中），3 = （父母其中一个获得）普通高中教育，4 = （父母其中一个获得）职业教育（职高、中专、技校），5 = （父母其中一个获得）高等教育（大学专科及以上）。①

① 本章考虑母亲受教育程度的原因在于，较多的研究已经证实了母亲受教育水平将显著影响子代的受教育水平。如李云森和齐豪（2011）研究发现，母亲的教育水平相对于父亲对子代的影响要弱一些，但与受母亲教育水平影响的子代教育年限要比不受母亲影响的子女增加3.92年左右。Heckman和Hotz（1986）也发现了母亲教育水平存在显著影响的证据。而且母亲教育水平可以表征不可观测的遗传带来的先天性条件（Weininger et al.，2015）。

此外，绝对收入（*abincome*）和相对收入（*reincome*）在居民幸福感和社会阶层中也起着重要作用（官皓，2010；Esterlin et al.，2015；Yeh et al.，2015），本章以问卷中“您的家庭经济状况在所在地属于哪一档”及其回答来衡量相对收入。考虑到样本个体所处年龄段的资本积累特征，尤其是人力资本，这里并未选择“您个人去年全年的总收入”来表征绝对收入，而是选取了“您家去年全年家庭总收入”除以家庭规模来衡量。以上微观变量数据均来自 CGSS2010—2015 和 CLDS2014。

与此同时，财政分权（*fd*）和城镇化水平（*urban*）等宏观变量也将影响财政教育支出、居民幸福感知和社会阶层的变动（乔宝云等，2005；周亚虹等，2013；Alesina et al.，2004；Bjørnskov et al.，2008；Andrew et al.，2010；Angner et al.，2012；Helliwell and Wang，2013；Mizobuchi，2014；Mizobuchi，2017）。具体而言，本章使用该省人均公共预算支出占全国人均公共财政预算支出的比重表征财政分权，城镇化水平使用城镇人口占年末总人口数的比重衡量。因此，本章也将以上宏观变量及其滞后一期纳入控制变量集合，尽可能地规避遗漏变量问题。这里对宏观变量进行了自然对数转换以排除异方差问题。宏观变量主要来源于历年《中国统计年鉴》和《中国财政年鉴》。为避免异常值干扰计量结果，本节对连续变量在 1% 和 99% 的分位上进行了缩尾（Winsorize）处理。

第五节　实证结果与分析

本节在 CGSS2010—2015 和 CLDS2014 数据及相关宏观数据的基础上，运用双变量有序 Probit 及有序 Logit 模型等，实证分析财政教育支出对社会阶层和居民主观幸福感的影响机制，以及社会阶层在财政教育支出的幸福效应中的中介调节作用。

4.5.1 描述性统计

表4.5报告了有效样本中被调查者的主观幸福感、社会阶层和财政教育支出水平的描述性统计特征，以及被调查者的年龄、性别、民族、婚姻状况、政治面貌等人口学与社会学变量和宏观变量的统计特征。

表4.5 各样本中变量的描述性统计

变量	定义	均值	标准差	最小值	最大值
Panel A（CGSS2010—2015），N=2589					
happi	居民幸福感：很不幸福=1，非常幸福=5	3.915	0.806	1	5
puedu	财政教育总体支出水平	3.258	1.163	1	5
sc_va_in	客观阶层认同	1.750	0.615	1	3
sc_sub_in	主观阶层认同	4.421	1.585	1	10
sc_exp_in	预期阶层认同	6.466	1.867	0	10
scm_va	客观社会流动	0.0328	0.773	-1	1
scm_sub	主观社会流动	0.209	0.776	-1	1
age	被调查者年龄	27.39	2.819	20	31
age^2	被调查者年龄平方	758.1	150.1	400	961
gender	被调查者性别：男=1，女=0	0.488	0.500	0	1
nation	民族：汉族=1，满族/蒙古族/壮族/藏族/朝鲜族/土家族/苗族/白族/维吾尔族等=0	0.912	0.283	0	1
marriage	婚姻状况：初婚有配偶/再婚有配偶=1，离异/丧偶/未婚/同居=0	0.335	0.472	0	1
party	政治面貌：共产党员=1，群众/共青团员/民主党派=0	0.0649	0.246	0	1
hukou	户口类型：非农户口/居民户口/军籍=1，农业户口/其他=0	0.430	0.495	0	1

（续）

变量	定义	均值	标准差	最小值	最大值
health	自评健康状况：非常/很不健康 = 1，比较不健康 = 2，一般 = 3，（比较）健康 = 4，非常/很健康 = 5	4.248	0.809	1	5
religion	宗教信仰：无宗教信仰 = 0，基督教/佛教/伊斯兰教/天主教/藏传佛教/道教及其他宗教 = 1	0.430	0.495	0	1
indi educ	被调查者教育程度	3.587	1.286	1	5
parent educ	被调查者父母教育程度	2.458	1.072	0	5
abincome	绝对收入：您家去年全年家庭总收入除以家庭规模来衡量绝对收入	4.218	0.429	0	6.097
reincome	相对收入：远高于平均水平 = 5，高于平均水平 = 4，平均水平 = 3，低于平均水平 = 2，远低于平均水平 = 1	2.788	0.634	1	5
fd	财政分权	1.138	0.521	0.658	3.403
urban	城镇化水平	55.74	14.42	29.89	89.60
Panel B（CGSS2013），N = 5442					
happi	居民幸福感	3.761	0.841	1	5
puedu	财政教育总体支出水平	2.908	1.222	1	5
puedupre	学前教育支出水平	3.290	0.950	1	5
pueducom	义务教育支出水平	3.629	0.857	1	5
puedusecd	普通高中教育支出水平	3.385	0.837	1	5
pueduoccu	职业教育支出水平	3.252	0.805	1	5
puedugradu	高等教育支出水平	0.845	0.495	0	1.853
puedudiff	教育投入地区均衡	2.650	0.939	1	5
sc_va_in	客观阶层认同	1.878	0.404	1	3
sc_sub_in	主观阶层认同	4.356	1.656	1	10

（续）

变量	定义	均值	标准差	最小值	最大值
sc_exp_in	预期阶层认同	5.377	2.001	1	10
scm_va	客观社会流动	0.370	0.600	-1	1
scm_sub	主观社会流动	0.297	0.629	-1	1
age	被调查者年龄	52.27	16.38	20	101
age^2	被调查者年龄平方	3001	1770	400	10201
gender	被调查者性别：男=1，女=0	0.507	0.500	0	1
nation	民族：汉族=1，满族/蒙古族/壮族/藏族/朝鲜族/土家族/苗族/白族/维吾尔族等=0	0.924	0.266	0	1
marriage	婚姻状况：初婚有配偶/再婚有配偶=1，离异/丧偶/未婚/同居=0	0.779	0.415	0	1
party	政治面貌：共产党员=1，群众/共青团员/民主党派=0	0.106	0.308	0	1
hukou	户口类型：非农户口/居民户口/军籍=1，农业户口/其他=0	0.453	0.498	0	1
health	自评健康状况：非常/很不健康=1，比较不健康=2，一般=3，（比较）健康=4，非常/很健康=5	3.741	1.065	1	5
religion	宗教信仰：无宗教信仰=0，基督教/佛教/伊斯兰教/天主教/藏传佛教/道教及其他宗教=1	0.998	0.0469	0	1
indi educ	被调查者教育程度	2.541	1.467	0	5
parent educ	被调查者父母教育程度	1.562	1.325	0	5
abincome	绝对收入：您家去年全年家庭总收入除以家庭规模来衡量绝对收入	4.150	0.443	2	5.954

（续）

变量	定义	均值	标准差	最小值	最大值
reincome	相对收入：远高于平均水平 = 5，高于平均水平 = 4，平均水平 = 3，低于平均水平 = 2，远低于平均水平 = 1	2. 699	0. 678	1	5
fd	财政分权	1. 147	0. 490	0. 672	2. 554
urban	城镇化水平	56. 71	14. 60	36. 41	89. 30
Panel C（CGSS2010—2015 and CLDS2014），N = 7151					
happi	居民幸福感	3. 882	0. 859	1	5
puedu	人均公共财政预算教育经费支出	1427	539. 2	557. 5	4649
puedupre	幼儿园生均公共财政预算教育经费支出	4193	2960	507. 9	17745
pueducom	义务教育生均公共财政预算教育经费支出	17662	9092	3280	61923
puedusecd	普通高中教育生均公共财政预算教育经费支出	9577	6179	2535	43635
pueduoccu	职业教育生均公共财政预算教育经费支出	28492	19047	8491	205924
puedugradu	高等学校生均公共财政预算教育经费支出	16411	6655	4315	63701
puedudiff	公共财政预算教育经费支出的泰尔指数	−5. 13e −05	0. 00 470	−0. 0077	0. 0300
sc_va_in	客观阶层认同	1. 716	0. 608	1	3
sc_sub_in	主观阶层认同	4. 515	1. 627	1	10
sc_exp_in	预期阶层认同	6. 109	1. 898	0	10
scm_va	客观社会流动	0. 280	0. 719	−1	1
scm_sub	主观社会流动	0. 213	0. 780	−1	1
age	被调查者年龄	25. 77	3. 954	17	31

（续）

变量	定义	均值	标准差	最小值	最大值
age^2	被调查者年龄平方	1447	635.4	324	2000
gender	被调查者性别：男＝1，女＝0	0.485	0.500	0	1
nation	民族：汉族＝1，满族/蒙古族/壮族/藏族/朝鲜族/土家族/苗族/白族/维吾尔族等＝0	0.875	0.331	0	1
marriage	婚姻状况：初婚有配偶/再婚有配偶＝1，离异/丧偶/未婚/同居＝0	0.344	0.475	0	1
party	政治面貌：共产党员＝1，群众/共青团员/民主党派＝0	0.0523	0.223	0	1
hukou	户口类型：非农户口/居民户口/军籍＝1，农业户口/其他＝0	0.332	0.471	0	1
health	自评健康状况：非常/很不健康＝1，比较不健康＝2，一般＝3，（比较）健康＝4，非常/很健康＝5	4.186	0.801	1	5
religion	宗教信仰：无宗教信仰＝0，基督教/佛教/伊斯兰教/天主教/藏传佛教/道教及其他宗教＝1	0.243	0.429	0	1
indi educ	被调查者教育程度	3.305	1.297	1	5
parent educ	被调查者父母教育程度	2.334	0.991	0	5
abincome	绝对收入：您家去年全年家庭总收入除以家庭规模来衡量绝对收入	4.391	0.294	0	6.097
reincome	相对收入：远高于平均水平＝5，高于平均水平＝4，平均水平＝3，低于平均水平＝2，远低于平均水平＝1	3.174	0.915	1	5
fd	财政分权	1.073	0.417	0.658	3.403
urban	城镇化水平	55.54	12.64	29.89	89.60

从描述性统计结果来看，实际样本中的居民主观幸福感整体偏向于幸福方向，三个样本的均值均在 3.7 以上。图 4.4 利用六图统计法，进一步报告了 Panel A 与宏观数据匹配后的被解释变量幸福感的统计特征。从均值来看，预期社会阶层人数占比要高于主观自评社会阶层和依据职业类型划分的客观社会阶层的比例；而自评社会流动的比重大约是客观社会流动的 6.37 倍。这与表 4.4 所显现的特征一致，主观自评的社会阶层与流动要高于客观标准。从生均公共财政预算教育经费支出的均值来看，样本中各层次教育支出的大小排序为：职业教育 > 义务教育 > 高等教育 > 普通高中教育 > 幼儿园教育。

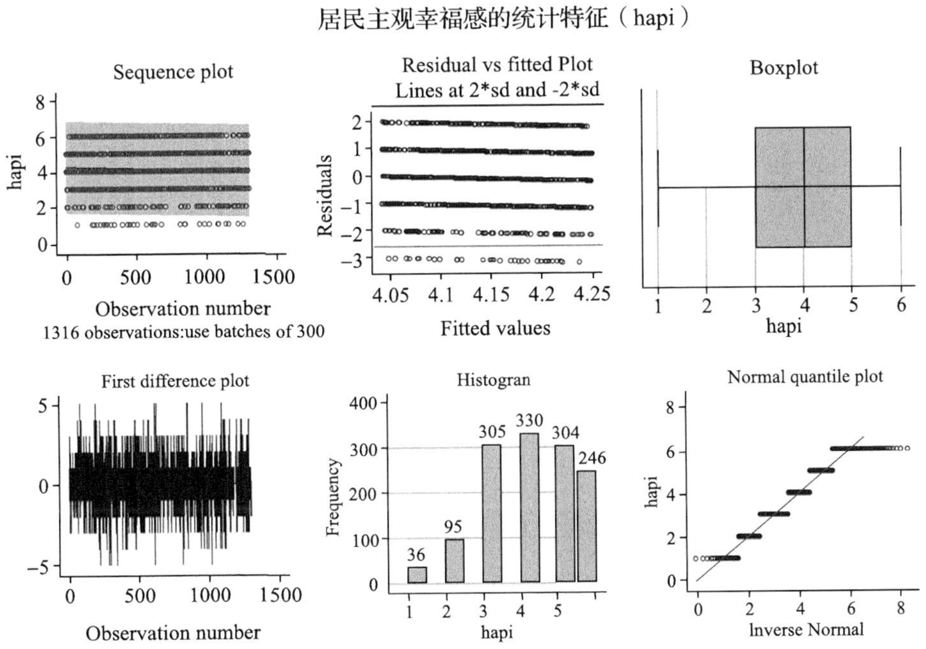

图 4.4　有效样本中居民幸福感的六图描述性统计

4.5.2 基准回归结果

表4.6报告了以财政教育总体支出水平为自变量的双变量有序Probit-twostep的估计结果，其中模型（1）~（3）是以阶层认同为同梯次潜变量的方程，模型（4）~（5）是包含了客观社会流动变量和主观社会流动变量的估计方程。各方程中的辅助参数ρ（*athrho*）和*Wald chi2*均在90%的置信水平下显著，表明模型设置中所选择的工具变量是有效的；参数γ（*gamma*）均在5%的显著水平上显著，表明社会阶层与居民幸福感发生了关联关系，即在教育场域中社会阶层在一定程度上影响着居民幸福感的变化（Buscha and Conte，2009）。以上参数均表明上文所构建的理论模型和计量模型都是合理可信的。

从表4.6的估计结果可知，模型(1)~(5)中财政教育总体支出水平对居民幸福感的影响系数均在95%的置信水平下显著为正且系数值大小相近，表明当前的财政教育总体支出情况有利于居民主观幸福感的有效提升。显然，该结论基本符合我们的生活感知。财政教育总体支出规模的增加能够带来社会较高的教育水平，不仅受教育过程本身能够给个体带来认知水平的提升、心理满足感和价值感的实现，使人成为“懂礼仪知廉耻”的道德君子（Schultz，1982；Michalos，2008；Noddings，2010；金江和何立华，2012），还能提升居民的人力资本水平、收入水平和社会阶层等，对居民幸福感产生直接和间接的影响。这与金江和何立华（2012）及Mizobuchi（2017）等所得结论基本一致。

与对居民幸福感影响不同的是，财政教育总体支出对主观和客观层面的阶层认同和社会流动的影响系数并不一致。首先，财政教育总体支出对主客观阶层认同的影响均在90%的置信水平下显著为负，且对主观阶层认同的影响力量略强一些。这说明中国当前的财政教育总体支出规模弱化了居民的阶层认同，并在一定程度上强化了阶层认知下移的倾向。其次，客观社会流动的系数在5%的显著水平上显著为负，而主观社会流动的系数虽然不显著但为正值。财政教育总体支出对社会流动的影响为什么会出现互为相反的经验结果呢？这可能与该部分所使用数据的结构分布特征有关。由表4.4可知，Panel A中主观向上流动的样本较客观样本高出了11.2%，而向下流动的样本减少了6.45%。显然，正负“合力值”为17.65%的样本变化造成了该种估计结果的出现。横向来看，在这些样本中，城镇居民占到了37.82%，说明该群体的韧性更强；反之，农村居民对财政教育总体投入促进社会阶层向上流动的敏感度更高。①纵向来看，社会流动样本的主观变化并未带来主观和客观阶层认同的向上协同作用，这与范晓光和陈云松（2015）的相关结论并不一致。进一步地，基于LSDV方法，利用财政教育总体支出规模与主观社会流动的交乘项对主客观阶层认同分别进行了回归分析，得到的系数值分别为－0.1054947（Std. Err. =0.0114759）和－0.0317118（Std. Err. =0.0042177）。该结果证实了，该样本并未出现社会阶层静态结构与动态流动之间的协同效应，反而进一步印证了中国当前财政教育总体支出水平在其中起到了拉低阶层定位的作用。

① 进一步地，基于LSDV方法，利用财政教育总体支出水平与户口的交乘项对客观社会流动进行了估计，得到的系数值为－0.0756071（Std. Err. =0.0200803，在1%的显著水平上显著）。结合样本中57%是农村居民的统计特征，进一步证实了财政教育总体支出情况不利于农村居民向上流动的事实。

表 4.6　基准回归：财政教育总体支出对社会阶层与居民幸福感影响的估计结果

变量	模型（1）		模型（2）		模型（3）		模型（4）		模型（5）	
	h	***sc_va_in***	***h***	***sc_sub_in***	***h***	***sc_exp_in***	***h***	***scm_va***	***h***	***scm_sub***
puedu	0.0423** (0.0190)	−0.0364* (0.0199)	0.0425** (0.0189)	−0.0461** (0.0189)	0.0427** (0.0190)	−0.0406** (0.0192)	0.0427** (0.0190)	−0.0513** (0.0200)	0.0432** (0.0190)	0.0234 (0.0204)
age	−0.0326*** (0.00839)	0.251 (0.216)	−0.0327*** (0.00837)	0.231 (0.0565)	−0.0327*** (0.00837)	0.358 (0.0389)	−0.0327*** (0.00839)	0.147 (0.0964)	−0.0324*** (0.00839)	0.276 (0.137)
age^2	—	−0.00350 (0.00346)	—	−0.00355 (0.00104)	—	−0.00418 (0.000730)	—	−0.00185 (0.00159)	—	−0.00306 (0.00258)
gender	−0.136*** (0.0445)	−0.152*** (0.0465)	−0.134*** (0.0445)	−0.0820 (0.0642)	−0.133*** (0.0445)	−0.117** (0.0477)	−0.137*** (0.0445)	−0.154*** (0.0458)	−0.138*** (0.0445)	−0.0228 (0.0483)
nation	−0.0498 (0.0800)	0.0656 (0.0813)	−0.0495 (0.0800)	0.0365 (0.0811)	−0.0511 (0.0800)	0.0696 (0.0812)	−0.0500 (0.0800)	0.0568 (0.0800)	−0.0512 (0.0800)	0.0246 (0.0820)
marriage	0.226*** (0.0515)	0.297*** (0.0867)	0.225*** (0.0516)	0.115 (0.105)	0.223*** (0.0515)	0.226*** (0.0515)	0.227*** (0.0515)	0.240*** (0.0521)	0.228*** (0.0515)	0.0853 (0.0603)
party	−0.0835 (0.0921)	0.0912 (0.0927)	−0.0826 (0.0921)	0.106 (0.0932)	−0.0813 (0.0921)	0.0902 (0.0928)	−0.0847 (0.0921)	0.0694 (0.0924)	−0.0839 (0.0921)	0.161* (0.0949)
hukou	−0.000414 (0.0530)	0.0204 (0.0572)	0.00831 (0.0522)	0.0308 (0.0639)	0.00946 (0.0519)	−0.0334 (0.0526)	−0.000143 (0.0530)	−0.0219 (0.0554)	0.00265 (0.0531)	−0.172*** (0.0544)

（续）

变量	模型（1）		模型（2）		模型（3）		模型（4）		模型（5）	
	h	***sc_va_in***	***h***	***sc_sub_in***	***h***	***sc_exp_in***	***h***	***scm_va***	***h***	***scm_sub***
health	0.179*** (0.0274)	0.168*** (0.0307)	0.178*** (0.0273)	0.148*** (0.0446)	0.178*** (0.0273)	0.165*** (0.0319)	0.178*** (0.0274)	0.175*** (0.0285)	0.178*** (0.0274)	0.0304 (0.0360)
religion	0.0366 (0.0444)	0.0174 (0.0695)	0.0353 (0.0444)	0.0477 (0.0448)	0.0347 (0.0444)	0.0486 (0.0458)	0.0372 (0.0445)	0.103 (0.0678)	0.0398 (0.0445)	0.175*** (0.0465)
indi_educ	0.0661*** (0.0210)	−0.0711*** (0.0209)	0.0678*** (0.0210)	−0.0480 (0.0312)	0.0684*** (0.0209)	−0.0544** (0.0274)	0.0657*** (0.0210)	−0.0633*** (0.0216)	0.0666*** (0.0210)	−0.00806 (0.0230)
parent_educ	0.0295 (0.0237)	−0.0315 (0.0238)	0.0147 (0.0157)	—	0.0118 (0.0124)	—	0.0292 (0.0237)	−0.0565* (0.0310)	0.0283 (0.0237)	−0.0576** (0.0245)
abincome	0.0516 (0.0524)	—	0.0548 (0.0494)	—	0.0442 (0.0423)	—	0.0690 (0.0563)	—	0.0805 (0.0567)	0.0659 (0.0618)
reincome	0.326*** (0.0371)	−0.319*** (0.0421)	0.329*** (0.0374)	−0.107 (0.201)	0.331*** (0.0369)	−0.254*** (0.0933)	0.323*** (0.0372)	−0.316*** (0.0426)	0.321*** (0.0373)	−0.366*** (0.0326)
fd	0.176*** (0.0663)	−0.131* (0.0792)	0.178*** (0.0663)	−0.151** (0.0724)	0.179*** (0.0663)	−0.139* (0.0760)	0.176*** (0.0663)	−0.194*** (0.0673)	0.173*** (0.0664)	−0.170** (0.0681)

（续）

变量	模型（1）		模型（2）		模型（3）		模型（4）		模型（5）	
	h	***sc_va_in***	***h***	***sc_sub_in***	***h***	***sc_exp_in***	***h***	***scm_va***	***h***	***scm_sub***
urban	-0.00925 *** (0.00252)	0.00801 *** (0.00262)	-0.00925 *** (0.00252)	0.00776 *** (0.00273)	-0.00917 *** (0.00252)	0.00654 ** (0.00318)	-0.00933 *** (0.00251)	0.0103 *** (0.00265)	-0.00916 *** (0.00251)	0.00133 (0.00279)
sc2006	0.0438 (0.0436)	—	0.0677 (0.0525)	—	0.0706 (0.0596)	—	0.0231 (0.0287)	—	-0.0746 (0.100)	—
ρ (*athrho*)	-2.371^{*****} (0.992)		-1.528^{*} (0.807)		-2.019^{**} (0.890)		-2.098^{***} (0.807)		-0.209^{*} (0.120)	
γ (*gamma*)	0.981^{***} (0.0365)		0.965^{***} (0.0986)		1.010^{***} (0.0232)		0.963^{***} (0.0534)		0.240^{**} (0.1120)	
Loglikelihood	-4900.0043		-7269.8203		-7832.3119		-5494.7267		-5486.0016	
Wald chi^2	230.02^{***} (0.0000)		228.80^{***} (0.0000)		227.78^{***} (0.0000)		230.63^{***} (0.0000)		230.93^{***} (0.0000)	
Observations	2589		2589		2589		2589		2589	

注：*** $p<0.01$，** $p<0.05$，* $p<0.1$；Wald chi^2 括号内为 p 统计值，无特别说明括号内均为估计参数对应的标准误。

一般而言，长期中各阶层形成了对自身相对稳定的认知倾向、价值观和行为剧本，进而引致低阶层向情境定向发展，受困于资源匮乏和预期较低的影响；而高阶层则发展为唯我主义，其利用资源的丰富性，追逐设定目标的自主性较高（Kraus and Keltner，2009；Grossmann and Varnum，2010；Kraus et al.，2011；胡小勇等，2014）。以上因素均容易造成“官有世职，即有世禄”“士农工商，各有正业”“寒门难出贵子”等客观上的僵化社会结构和主观上的认知偏差，进而不利于居民幸福感的有效提升。而占据教育资源绝对支配地位的政府，可以通过制度形式的文化资本来改善这种境况（Bourdieu and Passeron，1990），打破已有的固化格局，并弱化原有的不公平资源禀赋掌握情况，使人人都享有公平而有质量的受教育机会，从而使人民获得感、幸福感、安全感更加充实、更有保障和更可持续。但上述研究结果显示，中国财政教育总体支出并未有效地缓解社会阶层固化、缺乏流动性等问题，并在一定程度上削弱了居民幸福感。

就控制变量而言，各方程的估计系数的显著性及其符号基本一致。这里以模型（1）和模型（4）为基准来解释相关控制变量的表征意义。第一，年龄与居民幸福感在1%的显著水平上显著为负，这与该样本的进入门槛设置有关。该样本主要是处于17～31岁的居民，其正好处于人力资本积累期或事业起步期，情绪与行为处于不断适应和调整阶段，成长过程中随之而来的生活和工作压力导致了幸福感的下降。年龄与社会阶层表现出来的倒“U”形关系则进一步验证了该结论，通过5个方程简单计算得到拐点处于区间[32.835，45.098]。显然，个体需要一定的时间积累和学习过程来提高幸福感和社会阶层，两者将随着知识储备和阅历的丰富而上升。这实际上与何立华和金江（2011）及Qin et al.（2014）等多数研究是一致的。

第二，就性别而言，现代社会中的男性承担了更多的生活压力和工作压力，其幸福感显著低于女性；同时，女性向上社会阶层流动的渠道较之男性较少，社会普遍存在性别歧视，这些显然不利于女性社会阶层的流动，即便婚姻的流动作用也有限（Treiman，2013；韦艳和蔡文祯，2014）。

第三，婚姻对居民主观幸福感和社会阶层的正向影响表明，稳定的婚姻关系能够为个体提供情感的依赖和生活上的物质保证，从而有利于个体保持较高的良好情绪占比、认知的一致性和积极上进的精神状态；自评健康状况的正向效应也符合基本的生活直觉。

第四，个体的教育程度对幸福感和社会阶层的影响与财政教育支出是一致的，这也表明了在经验研究中将其作为代理变量是可行的。父母的教育程度表现并不显著，甚至为负向，这说明在该年龄阶段，家庭教育背景在幸福感和社会阶层中的作用微弱。

第五，相对收入较之于绝对收入的显著性表现得更好，其显著提升了居民幸福感但不利于社会阶层的认同和流动。相对较高的收入水平能够保证良好的物质生活和心理对比优势（Clark et al.，2008；Oshioa et al.，2011），但该年龄阶段的年轻人可能更多地将这种物质优势用于炫耀性和耗散性消费，而不是多元化的人力资本投资，在持续竞争能力上表现较差。

第六，财政分权与财政教育支出的显著性和符号相近。本章引入财政分权的本意也在于观察其是否起到了联动作用。通过最小二乘法得到两者的交乘项对居民幸福感、阶层认同和社会流动的影响系数分别为0.0216811(Std. Err. = 0.0089543)、-0.0155066(Std. Err. = 0.005776)和-0.0238064(Std. Err. = 0.0079559)，与原方程得到的显著性和符号一致，这表明财政分权通过教育支出间接影响了居民幸福感和社会阶层的变动。

第七，较高的城镇化水平能够为居民提供良好的基础设施、教育、医疗和工作机会等，进而利于个体的阶层认同和流动。但样本中占据半数以上的农村居民（57%），在心理认知上可能尚未真正实现市民化，相应的社会福利也未真正落实到该群体（Cheng and Wang，2014；殷金朋等，2016），该心理落差和福利差距将显著降低居民幸福感的整体提升。

4.5.3　进一步讨论

本部分利用 CGSS2013 的教育模块数据，进行各层次财政教育支出的影响效应，以及社会阶层中介效应的估计和验证。为保证样本容量，在该部分未设置样本进入门槛。CGSS2013 涉及的具体问题及其选项赋值为："您对我国目前公共教育服务的各个方面的满意程度——学前教育、九年义务教育、普通高中阶段教育、职业教育""非常满意 =5，比较满意 =4，说不清满意不满意 =3，不太满意 =2，非常不满意 =1"，"您觉得目前公共教育服务资源在我国不同地区间的分配是否均衡""非常均衡 =5，比较均衡 =4，一般 =3，不太均衡 =2，非常不均衡 =1"。为保证统计口径的一致性，本章对表征高等教育支出水平的宏观数据进行了对数处理和缩尾处理。

4.5.3.1　各层次财政教育支出水平对社会阶层和居民幸福感的影响

表 4.7 汇报了包含主观阶层认同和客观阶层认同及社会流动的双变量有序 Probit-twostep 估计结果。各方程的辅助参数 ρ（*athrho*）均在 10% 的显著水平上显著，表明工具变量的选取是有效的，进而可知，模型所得到的估计结果也是可靠的。由表 4.7 可知，就财政教育总体支出水平而言，第(1) ~ (4) 列显示，其对居民幸福感在 1% 的显著水平上均显著为正。也就是说，财政教育总体支出水平对于提高居民幸福感起到了积极地拉升作用。在主观阶层认同和客观阶层认同上的表现与表 4.6 相同，均为负向影响；不同的是对主观社会流动和客观社会流动的影响，正好与表 4.6 相反。这种矛盾性是否说明表 4.6 所得结论是非稳健的呢？同样地，这需要从数据特点来查找根源。通过对 Panel B 和 Panel A 的纵向比较可知，代际向上流动的样本比例增加了 11.71%，向下流动的样本比例减少了 21.95%，综合社会流动改善的样本多出了 33.66%；而主观社会阶层向上

流动的样本减少了3.75%，向下流动的样本减少了12.94%，综合社会流动改善的样本仅仅多出了8.74%。显然，主观和客观社会流动的改善导致了符号的改变，这也恰恰证实了由表4.6所得结论的稳健性。但哪一部分主体受益了呢？由表4.4可知，Panel B较之于Panel A中第一阶层的占比明显降低，第二阶层和第三阶层的占比显著增加，且样本中农村居民的比重仍然在半数之上（54.7%）。基于LSDV方法，并利用财政教育总体支出水平与第二阶层、第三阶层和户口的交乘项进行回归得到对应的估计参数分别为0.0212812（Std. Err. = 0.0026823）和0.028988（Std. Err. = 0.00892）。也就是说，财政教育总体支出水平促进代际流动的受益群体多是农村居民和处于中下阶层的居民。这与表4.6得到的结论一致。

进一步地，由表4.7可以发现，各层次财政教育支出水平对居民幸福感、主客观阶层认同和社会流动的影响系数的显著性和符号一致，并且第（2）和第（4）列的辅助参数优于第（1）和（3）列。因此，这里以包含主观阶层认同和社会流动的估计结果为基准进行分析。进一步分析可知，学前教育、义务教育、普通高中教育、职业教育投入四个层次的财政教育支出均在1%的显著水平上显著提升了居民幸福感，但明显不利于阶层认同和社会流动；高等教育支出在5%的显著水平上提升了居民幸福感，对阶层认同和社会流动的显著性一致且均为负向影响。

具体而言，学前教育的财政支出作为各国教育实践中的重要支柱，对于个体后期发展、社会向上流动、幸福感知和社会稳定起着重要的作用（Manning and Patterson，2005；Barnett and Belfield，2006；崔世泉等，2011；Chetty et al.，2011）[①]。并且全民普惠型的公共学前教育（Public Preschools）在入学率和提升成绩方面更具成效，尤其是在低收入家庭

---

① Manning和Patterson（2005）发现，学前教育的个人明瑟收益率可达到4.17%，而社会收益率则可达到12.9%。

中，同时也将提高母亲的阅读时间和外出工作的可能性（Cascio and Schanzenbach，2013）。显然，自2010年以来国务院部署实施的学前教育三年计划行动成效逐渐显现，尤其是针对农村和中西部薄弱地区的第一期行动计划，财政支出规模不断加大，在一定程度上缓解了“入园难，入园贵”的问题。但中国目前的学前教育事业仍维持着“民办园为主，公办园为辅”的格局，2014年学前教育的公共财政预算经费绝对规模占当年GDP和一般公共预算支出的比重分比为0.11%和0.47%，远低于发达经济体和部分发展中国家对应的0.4%和10%的平均水平①。而且园区建设、师资匹配及财政体制优化偏重于大中城市，农村、乡镇园的环境设施和教学质量普遍低于城镇办园水平（刘焱等，2012；廖莉和袁爱玲，2015；郑楚楚等，2017）。“以县为主负责，实际多头管理”的权责脱离，致使中央和省级政策制定和实际执行出现偏差，进而造成“马太效应”（洪秀敏和马群，2015）。教育资源分配和教学质量不均等引发的机会和过程公平问题凸显。而这也是造成不利于阶层认同和社会流动的原因所在。

就义务教育财政支出而言，由相关分析可知，2009年以来“省直管县”的推进改革进一步扩大了“以县为主”的义务教育财政支出规模，特别是东部地区（宗晓华和叶萌，2016），本章所使用的样本中东部地区个体占总样本40.87%的比重是为佐证。值得一提的是，2006年以来推行的免除义务教育阶段学杂费等措施，使得中西部、农村等弱势群体的负担过重情况得到了极大改善。显然，该阶段财政性支出规模的迅猛增长有利于居民幸福感的整体性提高。但根据样本特征可知，样本中农

① 该数据来自夏婧和庞丽娟（2016），其还指出欧盟委员会保育协作组织在1996年建议各国的学前教育经费应该至少占GNP的1%，丹麦和蒙古国的相应比例已经达到2%和1%。显然，中国的学前教育财政经费相对于以上标准仍处于较低水平。

业户口占55%，这是阶层认同和流动的估计系数为负值的可能原因。[①]也就说是，上述财政分权体制改革和财政支出结构并未有效缓解农村义务教育资金增长不稳定和教学质量较低的现状（张晏等，2013；成刚等，2015），尤其是农民工流动儿童教育问题。研究显示，目前仍有五分之一的适龄儿童无法在公办学校就学（徐晓新和张秀兰，2016）。加之该教育阶段盛行的“以钱择校”“以房择校”等问题既不利于起点公平，长期来看更是限制了社会阶层转变的张力。这与 Thompsona 和 Simmons（2013）以英国义务教育为研究对象得到的结论类似。义务教育阶段公共财政支出规模的扩张，可能会使得处境不利的人群受益而成为“合格的人”（Qualified Individuals），但与处于更高地位的人群相竞争仍处于弱势地位，而且同等受益人群的扩大也削弱了劳动力市场的竞争，进而不利于社会阶层的认同和动态流动。这种情况下在继续加大规模投入的同时，需要更多地关注地区、城乡和不同收入阶层间的结构调适。

普通高中教育与职业教育共同构成了高中教育，是促成人力资本积累的重要途径。其中，普通高中教育具有“地位取向”特征，职业教育更多地倾向于专业技能型工作机会的获取。就两者的教育特点而言，实践中受教育者可分别通过后期大学学历的获得，以及与市场匹配的技术能力来获得较高水平的收入和社会阶层。但估计参数显示事实并非如此，中国当前的高中教育财政支出规模并未起到应有的作用。主要的原因可能在于，高中教育的财政支出规模不升反降。普通高中教育财政性经费支出占 GDP 和一般财政预算支出的比重分别从 2010 年的 0.46% 和 2.07% 下降到了 2014 年的 0.31% 和 1.31%，而且从全国平均水平来看，

① 利用学前教育支出与户口的交乘项对阶层认同和社会流动分别进行了有序 Probit 回归，得到前者的系数值在 1% 的显著水平上显著为正（Coef = −0.0438038，z = −2.98），后者符号依然为负（Coef. = −0.019772，z = −1.20）。

2014年普通高中生均公共财政预算教育经费支出占当年城镇和农村人均可支配收入的比重分别达到了32.19%和88.51%；而职业教育财政性经费投入占GDP和一般财政预算支出的比重也分别从2010年的0.29%和1.31%下降到了0.20%和0.84%。考虑到职业教育的生源主体是农民（刘万霞，2013），进一步发现中等职业、职业高中和技工学校公共财政生均经费占农村人均可支配收入的比重分别达到了89.86%、92.14%和74.03%。显然，依照“最大限度地维持不平等”假说（Raftery and Hout，1993），在中国“加快普及高中阶段教育”的发展规划下，这样的财政规模支出水平是显著不利于中下阶层的阶层认同和流动。令人欣喜的是，相较于其他层次的财政教育支出水平，职业教育支出规模对幸福感的提升水平较高且对社会流动的负向影响较小。

在全面市场化的进程中，中国高等教育在20世纪90年代末进行扩招，由精英教育转向大众化教育。高等教育支出水平对居民幸福感显著的正向影响表明，制度化文化资本顺利地通过学历证书的形式提升了个体的智识能力、非认知能力和经济收入水平（李建军和黄健，2015；许多多，2017）。但扩招“扩”的是入学率和学生规模，财政生均经费并未呈现出同等程度的显著增加，其仍处于低水平的非均衡增长状态。2006—2016年全国普通高等学校生均预算内事业费支出年均增长率仅为0.13%，而且年度增长率波动幅度大，2013年低至-0.05%，2011年则达到0.45%。财政支出规模增长的落后必然弱化教育扩招的公平机会功能及合理的阶层流动。在一定条件下，权力资本和社会资本可以通过制度化文化资本的途径实现阶层与资本的共同代际转换（Bourdieu，1997；李梅和马克·贝磊，2006；吕鹏和范晓光，2016）。样本中高等教育支出水平与户籍的交乘项对社会流动的影响在1%的显著水平上显著为负（Coef. = -0.0111632，Std. Err. =0.0047799），占据样本55%的农村居民显然是这部分利益受损者。虽然大多数高等教育者对社会机会的平等性

表 4.7　进一步分析（1）：基于 **Bioprobit** 的各层次财政教育支出的影响效应估计结果

变量	(1)		(2)		(3)		(4)	
	h	***sc_va_in***	***h***	***sc_sub_in***	***h***	***scm_va***	***h***	***scm_sub***
puedu	0.0958*** (0.0126)	-0.0265 (0.0188)	0.0948*** (0.0125)	-0.0648*** (0.0129)	0.0976*** (0.0126)	0.135*** (0.0147)	0.0961*** (0.0125)	-0.179*** (0.0147)
puedupre	0.134*** (0.0162)	-0.0826*** (0.0221)	0.134*** (0.0162)	-0.0939*** (0.0167)	0.134*** (0.0162)	0.103*** (0.0230)	0.134*** (0.0162)	-0.109*** (0.0195)
pueducom	0.167*** (0.0177)	-0.133*** (0.0228)	0.167*** (0.0177)	-0.133*** (0.0181)	0.166*** (0.0177)	0.130*** (0.0267)	0.166*** (0.0177)	-0.224*** (0.0216)
puedusecd	0.156*** (0.0182)	-0.0844*** (0.0260)	0.156*** (0.0182)	-0.108*** (0.0188)	0.156*** (0.0182)	0.117*** (0.0265)	0.156*** (0.0182)	-0.217*** (0.0219)
pueduoccu	0.168*** (0.0190)	-0.106*** (0.0263)	0.168*** (0.0190)	-0.124*** (0.0195)	0.167*** (0.0190)	0.123*** (0.0286)	0.167*** (0.0190)	-0.0442* (0.0227)
puedugradu	0.0223* (0.0115)	-0.00729 (0.0152)	0.0230** (0.0115)	-0.00110 (0.0116)	0.0223* (0.0115)	-0.0654*** (0.0173)	0.0228** (0.0115)	-0.0343*** (0.0122)
puedudiff	-0.0463*** (0.0163)	-0.0410** (0.0182)	-0.0453*** (0.0163)	-0.00378 (0.0165)	-0.0470*** (0.0163)	0.00730 (0.0191)	-0.0465*** (0.0163)	-0.0437** (0.0172)

（续）

变量	(1)		(2)		(3)		(4)	
	h	***sc_va_in***	***h***	***sc_sub_in***	***h***	***scm_va***	***h***	***scm_sub***
ρ（*athrho*）	−0.144* (0.0828)		−1.232*** (0.0671)		0.594*** (0.198)		−0.589*** (0.0696)	
γ（*gamma*）	0.159** (0.0784)		0.933*** (0.0160)		−0.549*** (0.140)		0.695*** (0.0438)	
Max—*L*	−10802.877		−15323.816		−10266.016		−10802.877	
Observations	5442		5442		5442		5442	

注：*** $p<0.01$，** $p<0.05$，* $p<0.1$；括号内为对应估计参数的标准误；各方程的辅助参数 ρ（*athrho*）和 γ（*gamma*）均在1%的显著水平上显著，表中所列示的估计值以 Max—*Loglikelihood* 为基准选取；限于篇幅，表中未报告各回归方程控制变量的估计参数。

表达出乐观积极的心态，但同时也认为就业寻找与职业匹配和择偶婚配压力大，向更高社会阶层流动的渠道变窄，代际继承机制凸显（徐舒，2010；黄耿华和莫家豪，2013；张明等，2016；马汴京，2017）。这也印证了“农民工”“富二代”“拼爹”“寒门难出贵子”等社会现象的真实存在性。

财政教育支出的地区差异对居民幸福感和社会流动的影响在5%的显著水平上显著为负，说明地区差异与两者可能产生了负向隧道效应，即居民以通过观察或媒体等渠道了解到的信息为参照半径，同时进行同地区间的横向比较和不同地区间的纵向比较，认为财政教育支出可能仅仅使一部分群体得到了实际利益（Fitzroy et al.，2014；陈云松和范晓光，2015），从而产生了与预期相悖的认知和负面情绪。总体来看，不论是总体还是不同层次的财政教育支出水平，均显著提升了居民幸福感，但不利于社会阶层认同及其流动。各模型控制变量的显著性和符号与前文相关变量基本一致，这里不再赘述。

4.5.3.2 社会阶层对财政教育支出的幸福效应的中介作用

按照前文所构建的教育场域理论，社会阶层是财政教育支出水平影响居民幸福感的间接路径。前文各模型中的 γ（*gamma*）参数值均在5%的统计水平上显著，以上均表明在教育场域中阶层认同和社会流动在一定程度上影响着居民幸福感的变化。但这仅仅是一种较为粗略的猜测，那么社会阶层是否确实在这一逻辑链条中发挥着作用呢？该部分基于Baron和Kenny（1986）与温忠麟等（2004）等的三步测试程序法（Three Proceeding Steps），检验了社会阶层认同及社会流动的中介效应。即首先利用自变量对因变量进行回归，其估计系数显著则可为中介效应的存在提供前提假设，该系数值（c）即为自变量对因变量的总效应。其次，将自变量对中介变量进行回归，如果估计系数显著则表明存在自变量对中介变量的影响，该系数值（a）为自变量对中介变量的效应。最后，利用两类变量对因变量同时进行回归，如果中介变量估计系数显著且自变量系数不再显著或显著性下降，则表明存在该完全（或部分）中介效应，中介变量的系数（b）即为控制自变量后对因变量的效应，自变量的系数（d）即为控制中介变量后对因变量的直接效应。

表4.8汇报了基于Ordered Probit的估计结果。由表4.8可知，第（1）列显示除高等教育支出外，总体和其他各层次的财政教育支出水平均在5%的显著性统计水平上对居民主观幸福感的影响系数显著为正，为中介效应的存在提供了前提。第（2）和第（4）列中系数b大部分并不显著，通过进一步地Sobel检验发现，客观社会阶层整体上并未表现出显著的中介效应（$p>0.05$），仅有客观社会流动起到了遮掩效应（Suppressing Effect），直接效应（d）和间接效应（ab）的符号相反（温忠麟和叶宝娟，2014），即客观社会流动遮掩了财政教育总体支出水平对居民主观幸福感的直接正向影响，其遮掩效应是直接效应的0.06倍。当然该效应较小，因而未转变财政教育支出的正向效应，这也是表7中第（3）列估计系数为正值的部分原因。第（3）和第（5）列显示主观社会阶层认同及流动的中介效应显著，其中阶层认同在高等教育支出的幸福效应中起到了完全中介作用，而且该间接效应是直接效应的2.62倍；阶层认同和社会流动在地区差异对幸福感的影响过程中也扮演了完全中介的作用；阶层认同和社会流动在总体和其他各层次财政教育支出的幸福效应中均起到了部分中介的作用，中介效应占总效应比重的均值分别为3.75%（Std. Dev. =0.9423）和14.68%（Std. Dev. =1.5619）

表 4.8 进一步分析（2）：基于 Ordered Probit 的社会阶层的中介效应检验结果

因变量	（1） *c*	*sc_va_in*（2）				（3） *sc_sub_in*			
		a	***b***	***d***	***mediator***	***a***	***b***	***d***	***mediator***
puedu	0.0931***	0.0639***	0.00883	0.0929***	0.22958	0.0386***	0.110***	0.0881***	部分
	(0.0125)	(0.0158)	(0.0384)	(0.0125)	(0.81842)	(0.0116)	(0.0104)	(0.0125)	中介
puedupre	0.132***	0.0220	0.0189	0.132***	0.44889	0.0522***	0.110***	0.126***	部分
	(0.0161)	(0.0201)	(0.0384)	(0.0161)	(0.65351)	(0.0150)	(0.0104)	(0.0162)	中介
pueducom	0.167***	−0.00497	0.0254	0.167***	0.21206	0.0397**	0.110***	0.162***	部分
	(0.0176)	(0.0222)	(0.0384)	(0.0176)	(0.83206)	(0.0164)	(0.0104)	(0.0177)	中介
puedusecd	0.155***	0.0558**	0.0138	0.155***	0.35559	0.0648***	0.109***	0.147***	部分
	(0.0182)	(0.0227)	(0.0384)	(0.0182)	(0.72215)	(0.0169)	(0.0104)	(0.0182)	中介
pueduoccu	0.169***	0.0410*	0.0160	0.168***	0.40518	0.0581***	0.109***	0.162***	部分
	(0.0190)	(0.0236)	(0.0384)	(0.0190)	(0.68535)	(0.0176)	(0.0104)	(0.0190)	中介
puedugradu	0.0182	0.582***	0.0209	0.0151	0.53933	0.169***	0.113***	−0.00729	完全
	(0.0425)	(0.0558)	(0.0387)	(0.0429)	(0.58966)	(0.0397)	(0.0104)	(0.0427)	中介
puedudiff	−0.0311**	−0.176***	0.0282	0.0324**	1.46363	0.0174	0.112***	0.0290*	完全
	(0.0149)	(0.0201)	(0.0390)	(0.0150)	(0.1433)	(0.0139)	(0.0104)	(0.0149)	中介
Observations	5442	5442				5442			

（续）

因变量	（1） c	（4） scm_va				（5） scm_sub			
		a	*b*	*a*	*b*	*a*	*b*	*d*	*mediator*
puedu	0.0931***	0.103***	−0.0557**	0.103***	−0.0557**	0.103***	0.110***	0.0881***	部分中介
	(0.0125)	(0.0136)	(0.0275)	(0.0136)	(0.0275)	(0.0136)	(0.0104)	(0.0125)	
puedupre	0.132***	0.0374**	−0.0409	0.0374**	−0.0409	0.0374**	0.110***	0.126***	部分中介
	(0.0161)	(0.0173)	(0.0273)	(0.0173)	(0.0273)	(0.0173)	(0.0104)	(0.0162)	
pueducom	0.167***	0.0413**	−0.0422	0.0413**	−0.0422	0.0413**	0.110***	0.162***	部分中介
	(0.0176)	(0.0189)	(0.0273)	(0.0189)	(0.0273)	(0.0189)	(0.0104)	(0.0177)	
puedusecd	0.155***	0.0382**	−0.0410	0.0382**	−0.0410	0.0382**	0.109***	0.147***	部分中介
	(0.0182)	(0.0194)	(0.0273)	(0.0194)	(0.0273)	(0.0194)	(0.0104)	(0.0182)	
pueduoccu	0.169***	0.0338 *	−0.0402	0.0338 *	−0.0402	0.0338 *	0.109***	0.162***	部分中介
	(0.0190)	(0.0202)	(0.0273)	(0.0202)	(0.0273)	(0.0202)	(0.0104)	(0.0190)	
puedugradu	0.0182	−0.0793***	−0.0198	−0.0793***	−0.0198	−0.0793***	0.113***	−0.00729	完全中介
	(0.0425)	(0.0171)	(0.0283)	(0.0171)	(0.0283)	(0.0171)	(0.0104)	(0.0427)	
puedudiff	−0.0311**	−0.00826	−0.0336	−0.00826	−0.0336	−0.00826	0.112***	0.0290*	完全中介
	(0.0149)	(0.0175)	(0.0273)	(0.0175)	(0.0273)	(0.0175)	(0.0104)	(0.0149)	
Observations	5442	5442				5442			

注：*** $p<0.01$，** $p<0.05$，* $p<0.1$；Sobel-Test 括号内为 p 统计值，无特别说明括号内均为对应估计参数的标准误；限于篇幅，表中未报告各回归方程控制变量的估计参数。

4.5.4 稳健性分析

前文分析所使用的财政教育支出均为同一数据源下的主观评价数据。一方面，考虑到居民对政府行为的评价是根据其主观感受、认知、期望，以及与政府具体事务特点的互动和比较而产生，而且主观评价很容易受到如“红黄蓝幼儿园虐童”“携程亲子园虐童”等负面事件和“公众情绪”的影响，更高水平的服务并不必然意味着同等水平的满意度评价（Bouckaert and Steven，2003）；另一方面，为避免微观数据的同源性偏差，本章将在该部分使用各层次生均公共财政预算教育经费支出的滞后一期，以替换公共教育支出满意度来衡量财政教育支出水平。其中，人均公共财政预算教育经费支出以该省份的公共财政预算教育经费支出除以该地区年末人口数得到，财政教育支出的地区差异则通过泰尔指数（$theil = \sum_{N=1}^{31}\left(\frac{puedu_n}{puedu} \times \text{In}\frac{puedu_n/puedu}{people_n/people}\right)$）来计算。在此基础上匹配CGSS2010—2015和CLDS2014组成的非同源性混合横截面数据，以进行稳健性分析。

表4.9报告了稳健性回归的估计结果。其中，第（1）和第（3）列是包含阶层认同的估计方程，第（2）和第（4）列是包含社会流动的估计方程。由表4.9可知，除第（4）列以外，其他模型的辅助参数均在5%的显著水平上显著，说明选取的工具变量依然有效，估计结果是无偏的和可靠的。总体来看，各方程中人均财政教育经费支出和各层次生均经费支出对居民幸福感均具有显著的正向提升作用，而公共教育经费支出对阶层认同和社会流动均是负向影响，且对阶层认同的影响更为显著。控制变量对幸福感的影响系数的符号与前文的研究基本一致。以上表明前文所得结论是非常稳健的。

表 4.9 稳健性分析结果

变量	(1)		(2)		(3)		(4)	
	h	*sc_va_in*	*h*	*scm_va*	*h*	*sc_sub_in*	*h*	*scm_sub*
puedu	0.256***	−0.310***	0.255***	−0.0299	0.255***	−0.247**	0.256***	−0.435*
	(0.0957)	(0.0919)	(0.0957)	(0.193)	(0.0956)	(0.106)	(0.0957)	(0.226)
puedupre	0.125**	−0.137**	0.125**	−0.0517	0.125**	−0.116**	0.125**	−0.153
	(0.0540)	(0.0549)	(0.0540)	(0.0919)	(0.0540)	(0.0575)	(0.0540)	(0.103)
pueducom	0.272***	−0.371***	0.272***	−0.115	0.272***	−0.226***	0.273***	−0.0588
	(0.0655)	(0.0739)	(0.0655)	(0.122)	(0.0655)	(0.0866)	(0.0655)	(0.197)
puedusecd	0.340***	−0.295***	0.340***	−0.225	0.338***	−0.297***	0.340***	−0.0137
	(0.0717)	(0.0971)	(0.0716)	(0.142)	(0.0714)	(0.102)	(0.0716)	(0.321)
pueduoccu	0.146**	−0.0310	0.146**	−0.0175	0.144**	−0.136*	0.146**	−0.0765
	(0.0670)	(0.0933)	(0.0670)	(0.0964)	(0.0670)	(0.0720)	(0.0670)	(0.117)
puedugradu	0.436***	−1.184***	0.129	−0.205**	0.130	−0.175*	0.130	−0.158
	(0.137)	(0.134)	(0.0960)	(0.0973)	(0.0960)	(0.0968)	(0.0960)	(0.138)
puedu_theil	−12.45***	−0.478	−12.46***	−12.40***	−12.47***	−12.70***	−12.48***	−3.796
	(2.778)	(9.045)	(2.778)	(2.846)	(2.777)	(3.042)	(2.778)	(7.541)
ρ (*athrho*)	−1.482***	(0.417)	−1.776***	(0.416)	−1.107**	(0.456)	0.506	(0.427)
γ (*gamma*)	0.932***	(0.0667)	0.944***	(0.0454)	0.931***	(0.115)	−0.409	(0.345)
Max—*L*	−15162.206		−15995.365		−21602.432		−16317.628	
Observations	7151		7151		7149		7151	

注：*** $p<0.01$，** $p<0.05$，* $p<0.1$。括号内均为对应估计参数的标准误；第（1）～（3）列的辅助参数 ρ（*athrho*）和 γ（*gamma*）均在5%的显著水平上显著，表中所列示的估计值以 Max—*Loglikelihood* 为基准选取；限于篇幅，表中未报告各回归方程控制变量的估计参数。

第六节　本章小结

本章通过构建合理自洽的教育场域理论，基于 CGSS2010—2015 和 CLDS2014 的组成的混合横截面数据，利用双变量有序 Probit 模型，实证分析了财政教育支出对居民幸福感和社会阶层的影响，以及社会阶层在传递链条中的中介效应。教育场域理论为三者的关联分析提供了启发性的逻辑分析框架，而实证分析反过来也进一步揭示了教育场域关键要素之间的传递路径。本章的理论与实证研究发现：①财政教育总体支出水平和各层次教育支出水平均对居民幸福感具有显著的促进作用。②但无论是主观层面还是客观指标，目前财政教育支出的规模和结构均不利于阶层认同和代际流动，并且中下阶层居民对财政教育支出的阶层向上流动效应更为敏感。这表明公共教育并未有效缓解现实中存在的“二代”“寒门难出贵子”等阶层固化现象，显然这在一定程度上也将弱化财政教育支出的幸福效应。③随后的中介效应检验进一步表明了，社会阶层在财政教育支出促进居民幸福感的链条中起到了中介作用，尤其是社会阶层的主观指标。其中主观阶层认同在高等教育支出的幸福效用中扮演了完全中介的角色，且其产生的间接效应是直接效应的 3 倍；阶层认同和代际流动在其他层次的财政教育支出中起到了部分中介的作用，产生的间接效应占总效应的平均比重分别为 3.75% 和 14.68%。④财政教育支出的地区差异伴生了负向隧道效应，对居民幸福感、阶层认同和代际流动均产生了负向影响。

第五章　社会保障支出、地区差异与居民幸福感

本章基于1990—2013年中国31个省、自治区和直辖市的面板数据，测算了社会保障支出的泰尔指数；并结合CGSS2013提供的微观数据，利用有序Probit等模型考察了社会保障支出及其地区差异对居民幸福感的影响机制。为此，本章的具体结构安排如下：第一部分是简要的背景介绍和问题提出；第二部分进行文献综述并提出经验假说；第三部分为测算方法、模型设定及数据的描述性统计特征；第四部分利用泰尔指数及其分解方法，测算中国社会保障支出的地区差异；第五部分实证分析社会保障支出及其地区差异对居民幸福感的影响机制；第六部分是本章小结。

第一节　问题提出

公共财政和民生领域的一个核心议题就是社会保障。社会保障制度是保障和改善民生、调节收入分配、促进经济发展、维护社会公平正义与和谐稳定的基本社会架构安排（王延中和龙玉其，2011）。社会保障的主要功能已不仅局限于社会的“减震器”和“稳定器”，更在于推动社会进步的“加速器”（杨燕绥，2011）。社会保障支出及其地区差异对居民幸福感的影响不容忽视。党的十八届三中全会明确提出，建立更加公平、可持续的社会保障制度，推进基本公共服务的均等化，实现发展成果更多、更公平地惠及全体人民，确保社会既充满活力又和谐有序。

尽管当前覆盖城乡的社会保障制度体系已经基本形成，但伴随着突出的地区经济发展不均衡问题，社会保障支出也表现出了地区性差异（林治芬，2002；柯卉兵，2009；巴曙松等，2013）。显然，不合理的社会保障支出地区差异将损害基本公共服务均等化的实现进程和居民幸福感的有效提升。2013 年的中国社会综合调查（CGSS）显示，36.07% 的居民认为社会保障[①]是目前政府基本公共服务应该加强发展的社会事业。那么，中国社会保障支出的地区差异到底有多大？作为财政民生支出的主要方面，社会保障支出是否真正提升了居民幸福感？社会保障支出的地区差异对居民幸福感产生了怎样的影响？对这些问题的关注与回答，对于优化社会保障支出的地区结构，更好地发挥社会保障提升居民幸福感的积极作用，具有重要的理论和现实意义。

第二节　文献综述、分析框架及经验假说

与本章密切相关的研究涉及两个方面：一是关于社会保障支出的地区差异特征；二是社会保障支出及其地区差异对居民主观幸福感的影响。因此，该部分主要从以上两方面回顾前人成果、梳理分析框架，并提出本章的研究假设。

5.2.1　社会保障支出的地区差异特征研究

国内外关于社会保障制度的研究，主要将其纳入收入分配（Engelhardt and Gruber，2004；王延中和龙玉其，2013），储蓄、消费及经济增长

① 按照本书的统计口径，将问卷中的“社会保障”“低保，灾害、流浪乞讨、残疾、孤儿救助，基本养老，婚姻登记、殡葬等基本社会服务”“医疗卫生”“劳动就业”等内容均纳入社会保障项目考察。

(Ehrlich and Kim，2005；Todd et al.，2010；郭凯明和龚六堂，2012)，社会稳定（Glazer，2008；Milligan and Wise，2011；宋娟，2012）等框架内展开。但关于社会保障支出的地区差异的文献在其中占比并不多，而且多集中于财政社会保障和财政医疗卫生等分项支出。彭海艳（2007）、柯卉兵（2009）、欧阳佳和丁日佳（2011）、徐倩和李放（2012）、巴曙松等(2013)、李凤月和张忠任（2015）、李文军（2018）等学者利用泰尔指数或基尼系数证实了，不同样本区间的财政社会保障支出存在显著的地区差异，而且地区内差异是造成整体地区差异的主要原因；黄小平和方齐云(2008)、王晓洁（2009）、蓝相洁（2014）等学者则利用同样的测度工具论证了财政医疗卫生支出也存在显著的地区差异。综上可以发现，在宽口径社会保障支出层面的研究较少。江华等（2012）通过构建较为完备的评估指标体系发现，2001—2010 年中国省际和东中西部之间存在显著的社会保障支出不平衡现象，这主要源于经济发展的不平衡。对于造成这种财政社会保障支出地区差异的原因，柳清瑞等（2014）、杨亮等（2014）分别基于 OECD 34 个国家及地区的跨国数据和中国省级数据同时发现，经济发展水平是差异的主要原因，而寇浩宁（2010）则指出政府力量构成了社会保障支出地区差异的首要因素，其次是单位性质和经济发展。

此外，流动人口的社会保障受益情况也体现出了地区差异的特征。杨菊华（2011）以 2005 年全国 1% 人口抽样调查数据为样本发现，外来的流动人口难以获得具有地方保护性质的社会保障，人均 GDP 越高的省份，流动人口享受的社会保障福利水平也越高。付文林（2007）通过更为细致的分类研究指出，知识和技术水平较低的劳动者在迁移流动中面临明显的公共福利歧视，享受较少的如医疗卫生、教育和社保等流入地社会服务型支出。社会保障制度的属地化原则进一步强化了流动人口社会保障的碎片化难题（张晓杰，2014）。反过来，针对外来人口的社会福利性制度的完善将提高该群体的幸福感，而这也将增加外来人口户籍迁入的意愿，更好地参与城市建设与发展，从而形成良性循环（张鹏等，2014；赵海涛和刘乃全，2018）。因此，解决社会保障制度及其支出规模和结构的地区性差异问题，对于居民幸福感的有效提升具有重要意义。

5.2.2 社会保障支出与居民幸福感的关系研究

从社会保障支出角度独立研究幸福感的文献较少，多分散于经济增长、收入分配和社会服务性公共支出领域之中。Pecchenino 和 Utendorf（1999）在代际框架内发现，社会保障支出挤占了财政教育支出，并削弱了经济增长速度和社会福利水平。而 Fuster 等（2003）在一般均衡框架下得出了相反的结论。Di Tella 和 MacCulloch（2006）认为失业津贴水平（Unemployment Benefits）对居民幸福感的影响是不确定的，这是因为失业津贴的下降一方面在当期直接降低了其福利水平，另一方面激励失业者寻找工作，降低了平均失业持续时间。Boarini 等（2013）发现较高的失业津贴和严格的就业保护立法显著提升了居民幸福感。Börsch-Supan 和 Jürges（2006）基于 GSOEP 数据库的倍差方法分析发现，在德国，两个年龄组（25~49 岁和 55 岁以上）的居民幸福感，在 1984 年之后随着社会保障的支出的增加均逐渐下降。Kotakorpiw 和 Laamanenz（2010）研究发现，相对较高的公共医疗卫生支出将有助于提升居民的主观幸福感，而且中等收入群体较之低收入和高收入群体偏好更高的公共医疗支出。Hessami（2010）通过 1990—2000 年欧盟 12 个国家的研究发现，社会保障支出与居民主观幸福感之间为倒“U”形关系，而医疗卫生支出呈现“U”形关系。

随着中国有关数据资料的丰富，国内的相关研究也逐步展开。亓寿伟和周少甫（2010）基于 CHNS2006 调查数据发现，城镇职工医疗保险和合作医疗对城镇和农村老年人（55 岁以上）幸福感有积极的促进作用，而且东部老年人幸福感要高于中西部。赵新宇和高庆昆（2013）通过 2011 年吉林省公众幸福感调查问卷发现医疗卫生显著提高了公众幸福感，而社会保障和就业支出则起着显著的负向影响。汤凤林和雷鹏飞（2014）基于 CGSS2008 微观数据得到了不同的结论，中国社会保障支出和医疗卫生支出微弱降低了居民幸福感，这可能由于政府缺乏效率以及公众需求弹性的差异引起，但社会保障通过缩小收入差距间接地提高居民幸福感。果佳和唐任伍（2013）发现，虽然省际财政社会保障支出的地区差异有所减缓，但社会福利主观感受的省际差异依然较为严重。

综观以上文献可以发现，尽管国内外学者从不同角度研究了社会保障支出的地区性差异和社会保障对居民主观幸福感的影响，但就社会保障支出的地区差异性而言，大多研究是基于小样本的截面分析或是时间跨度较短（多以某年为例），这些都未能充分考察社会保障支出的地区性差异；独立地讨论社会保障支出及其地区差异性对居民幸福感的影响研究更是凤毛麟角。与以往研究相比，首先，本章在详细探究社会保障支出统计口径的基础上尽量延长了样本的时间跨度，且将样本空间细化到七大区域，以期在更深层次上捕捉社会保障支出的地区差异特征。其次，本章将社会保障支出作为制度背景，重点检验社会保障支出及其地区差异特征对居民主观幸福感的影响。

基于以上文献及既有经验分析，本章提出如下经验假说：

假设 1：中国社会保障支出的地区差异特征显著；

假设 2：社会保障支出与居民主观幸福感正相关，即社会保障支出能够显著提升居民主观幸福感。

假设 3：社会保障支出的地区差异造成了居民幸福感的地区差异。

第三节　测算方法、数据说明与模型设定

本节主要介绍了社会保障支出的统计口径以及泰尔指数的测算方法，并借鉴已有的幸福研究来设定计量模型，为下文的测算和经验研究提供技术支持。

5.3.1 社会保障支出统计口径的界定

准确地界定社会保障支出是量化研究的前提。然而，中国社会保障事业管理较为分散，编制社会保障预算的制度与实践尚未健全起来。因此，学术界关于社会保障支出的称谓和统计口径并不统一。一般采用的术语有“财政（性）社会保障支出”“社会保障支出”“社会保障财政支出”“政府社会保障支出”“社会保障公共支出”等，但通过对比相应的研究可以发现，这些描述性概念实质上是内在一致的，都认为政府是举办社会保障的责任主体，不同的是统计口径大小的区分（张曼等，2010；王延中和龙其玉，2011）。在引用率较高的相关文献中，社会保障支出统计口径的异同点如表 5.1 所示。

表 5.1 社会保障支出的统计口径

名称	定义及涵盖内容	涉及的主要文献
窄口径	财政社会保障支出 = 社会保障财政支出 = 社会保障公共支出 = 社会保障和就业支出 = 社会保障补助支出 + 抚恤和社会福利救济费 + 行政事业单位离退休费	林治芬（2002），柯卉兵（2009），徐倩和李放（2012），巴曙松等（2013）
中口径	财政社会保障支出 + 财政医疗卫生支出	彭海艳（2007），欧阳琼和丁日佳（2011）
宽口径	财政社会保障支出 + 财政医疗卫生支出 + 社会保险基金支出	陈正光和贺巧知（2009），王延中和龙玉其（2011），林治芬（2011），江华等（2012），杨亮等（2014）

资料来源：作者根据相关文献整理得到。

由表 5.1 可以看到，财政社会保障支出作为社会保障支出的重要组成部分是毋庸置疑的，产生分歧的是医疗卫生支出和社会保险基金支出。笔者认为医疗卫生支出应该纳入社会保障支出统计范畴，原因在于：医疗卫生支出是关系全民健康水平和家庭幸福的重大民生问题，具有很强的外部性和非排他性，需要政府的直接干预（李华和俞卫，2013；Huang，2015），以实现人人享有基本医疗卫生服务的目标。自20世纪90年代以来，虽然中国政府在医疗卫生领域的筹资责任虚化和弱化（顾昕，2010），但随着城镇职工基本医疗保险、城镇居民基本医疗保险、新型农村合作医疗等医疗保障制度的不断完善，这一情况逐步得到缓解。按照世界银行公共医疗卫生的统计口径，2013年中国政府卫生支出占卫生总费用的30.14%，与社会卫生支出合计占比已达到66.12%，占GDP的3.68%，要高于中高等收入国家（3.51%）。将政府医疗卫生支出纳入分析框架，有利于更加全面地评估中国社会保障制度。在具体的统计分析中，本章将政府卫生支出定义为财政医疗卫生支出，指各级政府用于医疗卫生服务、医疗保障补助、卫生和医疗保险行政管理、人口与计划生育事务支出等各项事业的经费。财政社会保障支出和财政医疗卫生支出总计便形成了本书的中口径指标。

其次，社会保险基金支出具有准公共产品的性质，涵盖基本养老保险（含新型农村养老保险）、失业保险、基本医疗保险（含新型农村合作医疗基金）、工伤保险和生育保险五项支出内容。在实现社会保障目标的过程中，虽然其涉及个人、企业和政府等多元参与主体，但政府仍然扮演着组织者或领导者角色（杨燕绥，2011）。自2007年起，社会保险基金收支纳入了《政府收支分类科目》，更彰显出了它的公共财政和民生性质（朱青等，2010）。因此，本书将社会保险基金支出考虑在内，与中口径指标组成宽口径的统计体系[①]。

① 此外，社会保障基金作为中央的战略储备基金仅处于积累阶段，还未实际用于任何项目的支付，应将补充全国社会保障基金支出扣除（陈正光和贺巧知，2009；林治芬，2011）。但是，一方面，党的十八届三中全会提出划转部分国有资本以充实社会保障基金，提高国有资本收益上缴公共财政比例（2020年提到30%），更加明确了这部分资金将用于保障和改善民生。另一方面，2007年以后统计年鉴没有继续公布相关数据，基于以上考虑，本书未做相应的扣除处理。

鉴于此，为全面考察社会保障支出的地区差异，本书采用宽口径的统计指标，即社会保障支出＝财政社会保障支出＋财政医疗卫生支出＋社会保险基金支出。通过相关统计年鉴中的项目称谓及其内容的变化发现：①1990—1995年省级财政社会保障支出应为《中国财政年鉴》中"抚恤和社会福利救济费类"与《中国劳动统计年鉴》中"分地区保险福利费用总额"之和；1996—2006年为《中国财政年鉴》或《中国统计年鉴》中"抚恤和社会福利救济费""行政事业单位离退休经费""社会保障补助支出"之和；2007—2013年为《中国财政年鉴》或《中国统计年鉴》中的"社会保障和就业"。②财政医疗卫生支出为《中国统计年鉴》或《中国财政年鉴》中各地区财政支出项目中的"卫生经费类"（1996—2006年）和"医疗卫生"及"医疗卫生与计划生育"（2007—2013年）。③历年社会保险基金支出为《中国劳动统计年鉴》中"基本养老保险支出""失业保险支出""基本医疗保险支出""工伤保险支出"及"生育保险支出"之和。由于各省的经济社会禀赋与发展水平的不同，其中所缺失的数值不宜推算。因此，结合统计数据特征①，本书以1996年为界，分阶段分析中国社会保障支出的地区差异。

① 《中国财政年鉴》一般将"卫生事业费""计划生育事业费"统计于"文教、科学和卫生事业费"（或"文教卫生事业费类"）中，但在1996年前各省便不再单列，从总的地方收支中可以看出，两个项目占"事业发展和社会保障支出"的比重，1992—1995年是逐渐减小的（19.30%、19.28%、18.54%和18.44%）。1995年及之前，《中国统计年鉴》《中国财政年鉴》及各省统计年鉴仅给出分地区的抚恤和社会福利救济费类支出，而《中国劳动统计年鉴》给出了分地区保险福利费用总额，《新中国60年统计资料汇编》给出了部分地区的养老保险基金支出、失业保险基金支出和医疗保险基金支出的总额。因此，本书将上述三者相加作为1990—1995年的社会保障支出。

5.3.2 社会保障支出地区差异的测算方法

关于地区差异的测度一般采用基尼系数、泰尔指数和变异系数，各有优劣：变异系数虽然易于计算，但是不能进行因子分解和空间分解；基尼系数更多地用于收入差距，它对中间收入组的变动较敏感，而且容易产生组间重叠，不宜进行空间分解；而泰尔指数对边界值的变动更为敏感，并且可进行不同空间尺度上的分解（Sundrum，1992；Bourguignon，1979；王少平和欧阳志刚，2007；万广华，2008）。研究表明，上述三种指数测算对应的结论相差无几，但以长时段的样本为分析基础得到的结果更为充分（刘慧，2006）。为此，本书选择1990—2013年中国31个省、自治区、直辖市的社会保障支出为研究对象，运用泰尔指数来计算社会保障支出的地区差异。借鉴Theil（1967）、Shorrocks（1980）及Cowell（2009）等相关研究，泰尔指数的计算公式为：

$$T_{OVER} = \sum_{i}\left(\frac{SS_i}{SS}\right)\mathrm{In}\left(\frac{SS_i/SS}{P_i/P}\right) = T_{BE} + T_{WH} \tag{5.1}$$

$$T_{BE} = \sum_{j}\left(\frac{SS_j}{SS}\right)\mathrm{In}\left(\frac{SS_j/SS}{P_j/P}\right) \tag{5.2}$$

$$T_{WH(i)} = \sum_{i}\left(\frac{SS_{ji}}{SS_j}\right)\mathrm{In}\left(\frac{SS_{ji}/SS_j}{P_{ji}/P_j}\right) \tag{5.3}$$

$$T_{WH} = \sum_{j}\left(\frac{SS_i}{SS}\right)T_{WH(i)} = \sum_{j}\sum_{i}\left(\left(\frac{SS_j}{SS}\right)\left(\frac{SS_{ji}}{SS_j}\right)\mathrm{In}\left(\frac{SS_{ji}/SS_j}{P_{ji}/P_j}\right)\right) \tag{5.4}$$

式子中，i和j分别表示省份和地区，T_{OVER}、T_{BE}、$T_{WH(i)}$、T_{WH}分别表

示总体地区差异、区域间差异、第 j 区域内差异和区域内差异，SS 和 P 分别表示社会保障支出和年末人口数。此外，笔者还测算并报告了国际上通常使用的社会保障水平（社会保障支出占 GDP 的比重）的泰尔指数及其分解情况。在此基础上即可得区域内和区域间对总体地区差异的贡献率：$Cr_{WH} = {T_{WH}}\Big/{T_{OVER}}$，$Cr_{BE} = {T_{BE}}\Big/{T_{OVER}}$。泰尔指数的数值越大，说明地区差异越大，反之亦然。

5.3.3 区域划分

1985 年中共中央在《关于制定国民经济和社会发展第七个五年计划的建议》中，将中国经济分布划分为东、中、西三大地带，而在 2000 年实施的西部大开发政策中，将内蒙古自治区和广西壮族自治区也纳入了政策适用范围。据此，国内很多学者将内蒙古和广西也划入了西部，本书也采用这种划分标准，即东部地区包括北京、天津、河北、辽宁、上海、江苏、浙江、福建、山东、广东、海南 11 个省份；中部地区为山西、吉林、黑龙江、安徽、江西、河南、湖北、湖南 8 个省份；西部地区为内蒙古、四川、重庆[①]、贵州、云南、陕西、甘肃、青海、宁夏、新疆、广西、西藏 12 个省份。

区域化同时包括空间和时间上的广延，并必然依赖于某种成熟的制度安排（Giddens，1984）。因此，本书在参考传统的行政划分基础上，同时考虑到地理气候条件、经济发展水平、社会结构及文化习俗等因素，将区域进一步细分为七大区域：东北地区（辽宁、吉林、黑龙江）、华北地区（北京、天津、河北、山西、山东）、华中地区（河南、湖北、湖南、江

① 重庆市在 1997 年脱离四川省并单设为直辖市，为保持研究的连续性，笔者对 1990—1996 年重庆市的相关数据进行了调整和计算。

西、安徽)、华东地区（浙江、上海、江苏、福建)、华南地区（广东、广西、海南)、西北地区（内蒙古、陕西、甘肃、青海、宁夏、新疆)、西南地区（重庆、四川、云南、贵州、西藏)。

5.3.4 模型设定及描述性统计

为探析社会保障支出及其地区差异对居民主观幸福感的影响，本章参照并扩展 Malesevic Perovic 和 Golem（2009）和 Hessami（2010）的相关模型，将模型设定如下：

$$H_{ijt} = \alpha + \beta Security_{jt} + \gamma Individual_{ijt} + \lambda Macro_{jt} + \varepsilon_{ijt} \tag{5.5}$$

公式（5.5）中，i、j、t 分别表示被调查人、省份和时间。H 表示自陈的主观幸福感（Reported Subjective Happiness），在 CGSS2013 问卷中对应问题："总的来说，您认为您的生活是否幸福?" 答案选项设置为：1 = 非常不幸福，2 = 比较不幸福，3 = 说不上幸福不幸福（为简便起见，后文中"一般"来表示)，4 = 比较幸福，5 = 非常幸福。学术界已广泛接受了将自陈主观幸福感作为衡量个人福利水平的有效指标（Frey and Stutzer，2008；Ferrer-i-Carbonell and Ramos，2014)。本章也采用这个指标来量化居民幸福感，数据源于2013年的中国综合社会调查。在剔除了 CGSS2013 中的不适用缺失值、拒绝回答缺失值及不知道缺失值后，最终进入实际分析样本的个体为 2365 个，其中非常幸福占比 13.12%，比较幸福占比 59.92%，一般占比 20.21%，比较不幸福占比 5.75%，非常不幸福占比为 0.80%，该样本与原始样本比例结构相近[①]。

Security 表示核心解释变量，即人均社会保障支出及其地区差异。控制

---

① 原始样本为 11439 个被调查者，有效样本占原始样本的 20.67%。其中原始样本中非常幸福占比 13.74%，比较幸福占比 58.16%，一般占比 18.62%，比较不幸福占比 7.40%，非常不幸福占比 1.56%。

变量则选取了个体人口学与社会学特征变量（*Individual*）及相关宏观变量（*Macro*）。参照现有文献并结合 CGSS2013 问卷调查，个体人口学与社会学特征向量主要选取了性别、年龄、身体健康状况、宗教信仰、户籍类型、政治面貌、婚姻状况、教育程度、绝对收入、相对收入、工作单位性质等（Frey and Stutzer，2002；Ferrer-i-Carbonell and Frijters，2004；Helliwell et al.，2014）。其中，相对收入使用被调查者对自身经济地位的评价更为精当有效（Graham and Pettinato，2001；官皓，2010），对应 CGSS2013 问卷该问题为"您家的家庭经济状况在所在地属于哪一档?"此外，为比较绝对收入和相对收入对居民主观幸福感的不同影响，绝对收入采用了家庭人均收入（全年家庭总收入/家庭人口数）的对数值来衡量。*Macro* 表示宏观经济变量，包括人均 GDP、房价和城镇化水平（Di Tella and MacCulloch，2006；林江等，2012；孙三百等；2014）。ε 表示模型的扰动项。

鉴于主观幸福感及个体特征数据的有序（Ordinal）特性，大多数文献采用 Ordered Logit 或 Ordered Probit 估计，而且最小二乘估计（Ordinary Least Squares，OLS）的估计结果与 Probit 相差甚小（Ferrer-i-Carbonell and Frijters，2004；Boarini et al.，2013）。因此，本章为检验估计的可靠性，同时报告了 OLS 和 Ordered Probit 的估计结果。需要指出的是，主观幸福感是人们对自身较长时间段内的情绪、认知和行为的综合评价结果，将受到前期条件和公共服务等变量的影响（倪鹏飞等，2012；倪志良，2014）。因此，本章的宏观指标均选取 2012 年的数据。宏观数据主要来自《中国统计年鉴》《中国财政年鉴》《中国劳动统计年鉴》《劳动和社会保障事业发展统计公报》《人力资源和社会保障事业发展统计公报》《新中国 60 年统计资料汇编》及各省统计年鉴等。为控制异常值的影响，本章对所设计到的连续变量在 1% 和 99% 分位数上进行了 Winsorize 处理。本章所涉及的主要变量的定义及描述性统计如表 5.2 所示。

表 5.2 主要变量的含义及描述性统计

变量	变量定义	均值	标准差	最小值	最大值
因变量	主观幸福感（*H*；非常不幸福 =1，比较不幸福 =2，一般 =3，比较幸福 =4，非常幸福 =5）	3.792	0.771	1	5
自变量	人均社会保障总支出（*rass*）	8005.06	4984.75	2556.51	17620.79
	人均财政社会保障支出（*rfss*）	1281.24	568.84	637.67	2803.93
	人均财政医疗卫生支出（*rhss*）	721.79	250.62	496.72	1305.69
	人均社会保险基金支出（*riss*）	3361.91	2257.03	900.61	7841.50
	社会保障支出水平（*gass*）	0.1259	0.0412	0.0609	0.1970
	财政社会保障支出水平（*gfss*）	0.0229	0.0105	0.0106	0.0771
	财政医疗卫生支出水平（*ghss*）	0.0131	0.0052	0.0080	0.0327
	社会保险基金支出水平（*giss*）	0.0515	0.0184	0.0249	0.0877
	社会保障支出泰尔指数（*r_theil*）	0.0067	0.0125	-0.0095	0.0328
	社会保障水平泰尔指数（*g_theil*）	0.0035	0.0131	-0.0116	0.0529
控制变量	性别（*gender*；男 =1，女 =0）	0.5928	0.4914	0	1
	年龄（*age*）	41.59	11.00	19	83
	年龄的平方（age^2）	1850.37	968.97	361	6889
	自评健康水平（*health*；很不健康 =1，比较不健康 =2，一般 =3，比较健康 =4，很健康 =5）	4.1222	0.8359	1	5
	民族（*nation*；汉族 =1，其他 =0）	0.9488	0.2204	0	1

（续）

变量	变量定义	均值	标准差	最小值	最大值
控制变量	宗教信仰（*religion*；信仰宗教 =1，不信仰宗教 =0）	0.9154	0.2783	0	1
	政治身份（*politic*；中共党员 =1，群众/共青团员/民主党派/其他 =0）	0.1535	0.3605	0	1
	户籍类型（*houkou*；非农业户口/居民户口/蓝印户口/军籍 =1，农业户口/没有户口/其他 =0）	0.6934	0.4612	0	1
	婚姻状况（*marriage*；初婚有配偶/再婚有配偶 =1，分居未离婚/离婚/丧偶/同居/未婚等 =0）	0.7928	0.4054	0	1
	教育程度（*education*；大学专科（成人高等教育）及以上 =1，中专/技校/普通高中/职业高中/初中及以下 =0）	0.4076	0.4915	0	1
	工作单位性质（*owner*；集体所有或集体控股/国有或国有控股 =1，私有/民营或私有/民营控股/港澳台资或港澳台资控股/外资所有或外资控股/其他 =0）	0.4816	0.4998	0	1
	绝对收入水平（*abincome*；全年家庭总收入/家庭人口数的对数值）	4.3664	0.3603	2.6021	5.9542
	相对收入水平（*reincome*；远低于平均水平 =1，低于平均水平 =2，平均水平 =3，高于平均水平 =4，远高于平均水平 =5）	2.8414	0.6311	1	5
	人均 GDP（*rgdp*）	61066.99	24437.6	22862.0	97609.45
	房价（*houpri*；商品房平均销售价格）	8655.46	5026.78	3886.00	18553.00
	城镇化水平（*urban*）	63.96	16.22	37.83	89.60

第四节　中国社会保障支出的地区差异测度

本节主要运用泰尔指数算公式（5.1）~（5.4）计算1990—2013年中国省际、三区域以及七区域的社会保障支出的地区差异。

5.4.1　社会保障支出地区差异的可视化描述及演变轨迹

表5.3（及附录B1）报告了1990—2013年中国社会保障支出的绝对规模和相对规模①的变化情况。可以发现，无论是从社会保障支出的绝对规模还是相对规模考察，其趋势都是逐年上升的。自1998年以来，财政社会保障支出、医疗卫生支出、社会保险基金支出和总规模分别以33.82%、21.16%、24.53%和25.25%的平均同比速度增长，在2013年总支出规模达到了69669.81亿元，占财政支出和GDP的比重也分别以5.76%和11.15%的平均同比速度增长。

表5.3　中国社会保障支出及各项支出规模（1990—2013年）

年份	社会保障支出规模				占财政支出比重		占GDP比重	
	财政社会保障支出	财政医疗卫生支出	社会保险基金支出	总计	规模	比重	规模	比重
1990	—	—	151.88	932.49	3083.59	30.24	18667.82	5.00
1995	112.65	—	877.15	2944.68	6823.72	43.15	60793.73	4.84
2000	1199.06	482.39	2240.01	5679.08	15886.50	35.75	99214.55	5.72
2005	3357.96	1015.55	5509.66	14377.29	33930.28	42.37	184937.37	7.77
2010	8680.32	4730.62	15017.30	38714.92	89874.16	43.08	401512.80	9.64

① 相对规模指标指的是，社会保障支出绝对规模分别占财政支出和GDP的比重。

（续）

年份	社会保障支出规模				占财政支出比重		占 GDP 比重	
	财政社会保障支出	财政医疗卫生支出	社会保险基金支出	总计	规模	比重	规模	比重
2011	10606.92	6358.20	18639.90	47886.71	109247.79	43.83	473104.05	10.12
2012	11999.85	7170.82	23327.71	58655.27	125952.97	46.57	519470.10	11.29
2013	13849.72	8203.20	27910.04	69669.81	140212.10	49.69	568845.21	12.25

注：①1990—1995 年保险福利费用构成为离休金＋退休金＋退职生活费＋医疗卫生费＋计划生育补贴＋丧葬抚恤救济费＋生活困难补助＋交通费补贴＋冬季取暖补贴＋其他等；②2007 年及以后城镇基本医疗保险基金中包括城镇职工基本医疗保险和城镇居民基本医疗保险；③2010 年及以后基本养老保险基金中包括城镇职工基本养老保险和城乡居民基本养老保险；④规模及比重的单位分别为亿元和%。

数据来源：财政社会保障支出和财政医疗卫生支出源自《中国统计年鉴》《中国财政年鉴》及各省统计年鉴，社会保险基金支出源于《中国劳动统计年鉴》。

本节采用 ArcGIS 作为地理信息系统处理软件，分别绘制了 2013 年中国各省人均社会保障支出和社会保障水平的空间分布图（如图 5.1 所示）。从图 5.1 和表 5.4 可以发现，无论从人均社会保障支出还是社会保障水平角度观察，中国的社会保障支出存在显著的地区差异，且差异较大的省份主要分布于东部和西部地区，中部地区较少。具体从人均社会保障支出指标上来看，上海的地区差异水平较高（17620.79 元），其次为北京、天津、辽宁和黑龙江等省市，青海、浙江、重庆、内蒙古、江苏、宁夏和新疆等西部省份也高于均值（5881.84 元），而河南、广西和贵州则都低于 3000 元，相比而言，要远低于均值和该地区当年的人均地区生产总值。从社会保障水平来看，上海排名依旧较高（19.70%），其次高于均值（12.63%）的省份有西部地区 7 省（青海、甘肃、西藏、新疆、宁夏、重庆、四川）、东部 4 省（黑龙江、北京、辽宁、海南）和中部 1 省（山西），福建、广东、山东、江苏、河南和广西等省则都低于 10%。

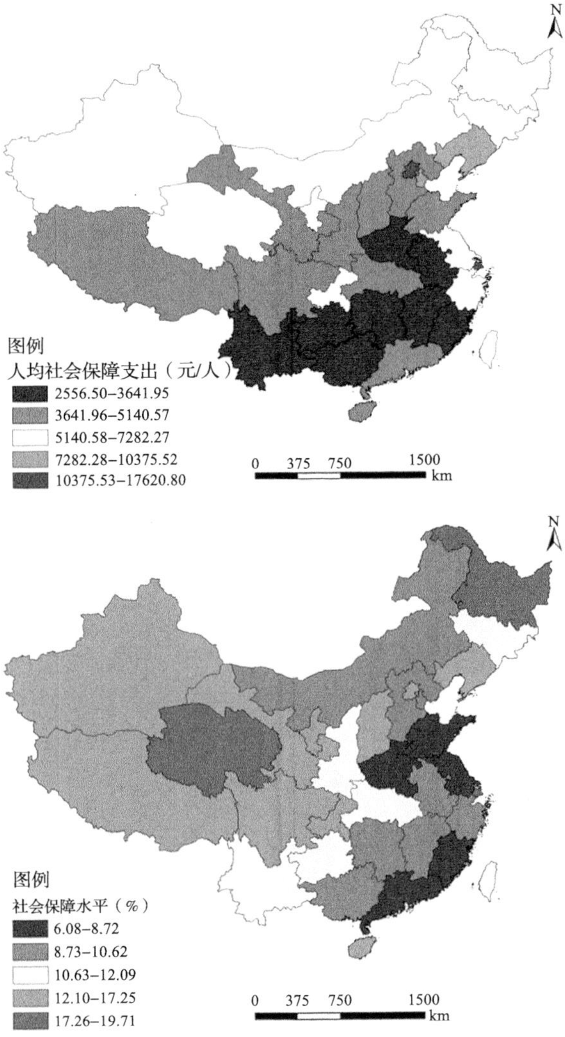

图 5.1 2013 年中国各省社会保障支出的地区差异

表 5.4 2013 年中国各省社会保障支出情况

地区	社会保障支出（亿元）	人均社会保障支出（元）	人均地区生产总值（元）	社会保障水平（%）
北京	3365.42	15913.65	93213.00	17.26
天津	1527.49	10375.52	99607.00	10.63

（续）

地区	社会保障支出（亿元）	人均社会保障支出（元）	人均地区生产总值（元）	社会保障水平（%）
河北	2856. 96	3896. 24	38716. 00	10. 09
山西	1772. 44	4883. 02	34813. 00	14. 06
内蒙古	1662. 30	6655. 56	67498. 00	9. 88
辽宁	4121. 86	9389. 19	61685. 90	15. 22
吉林	1541. 84	5604. 08	47191. 00	11. 88
黑龙江	2792. 77	7282. 27	37509. 27	19. 42
上海	4255. 69	17620. 79	90092. 00	19. 70
江苏	5049. 46	6359. 93	74607. 00	8. 54
浙江	3713. 01	6753. 38	68462. 00	9. 88
安徽	1938. 51	3214. 89	31684. 00	10. 18
福建	1324. 78	3510. 28	57856. 00	6. 09
江西	1355. 66	2997. 82	31771. 00	9. 45
山东	4525. 62	4649. 59	56322. 59	8. 28
河南	2806. 61	2981. 52	34174. 00	8. 73
湖北	2764. 31	4766. 87	42612. 70	11. 21
湖南	2436. 69	3641. 95	36763. 00	9. 94
广东	4575. 97	4299. 11	58540. 00	7. 36
广西	1333. 97	2826. 80	30588. 00	9. 28
海南	460. 23	5140. 57	35317. 00	14. 63
重庆	1992. 01	6707. 10	42795. 00	15. 74
四川	4043. 47	4987. 63	32454. 00	15. 40
贵州	895. 34	2556. 51	22921. 67	11. 18
云南	1417. 52	3024. 62	25083. 00	12. 09
西藏	131. 27	4206. 84	26068. 00	16. 25
陕西	1805. 87	4797. 74	42692. 00	11. 25
甘肃	1028. 26	3982. 15	24296. 00	16. 40
青海	407. 74	7056. 88	36510. 00	19. 41

（续）

地区	社会保障支出（亿元）	人均社会保障支出（元）	人均地区生产总值（元）	社会保障水平（%）
宁夏	409.57	6260.78	39420.00	15.97
新疆	1357.18	5993.84	37181.00	16.23
均值	2247.41	5881.84	47046.55	12.63

数据来源：《中国统计年鉴》（2013）和《中国劳动统计年鉴》（2013）。

依据公式（5.1）测算得到1990—2013年中国社会保障支出的总体泰尔指数，如图5.2所示，其更为直观地反映了社会保障支出地区差异的演变趋势。从图5.2可以发现，人均社会保障支出和社会保障水平的泰尔指数在整体上呈现出同样的下降趋势，二者均在1996年达到峰值（0.1361，0.3129），2001年和2003年出现了跳跃式的畸高点（0.1224，0.2659；0.1196，0.2698），在2013年两个指标达到了该区段的最小值（0.0490，0.2021）。此外，社会保障水平的泰尔指数要明显高于人均社会保障支出，且前者的变化趋势较之于后者更为陡峭。这说明省际社会保障资源与自身经济发展的匹配程度要低于与人口数量的匹配程度，这与江华等（2012）和杨亮等（2014）的研究一致。

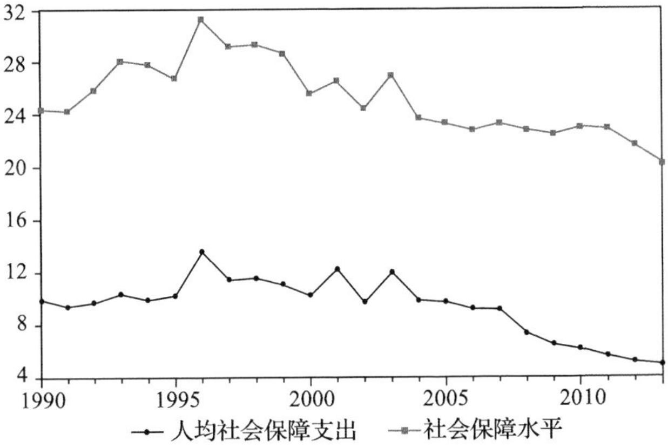

图5.2　中国社会保障支出总体地区差异的演变轨迹（1990—2013年）

5.4.2 按照三区域划分的社会保障支出泰尔指数及分解

本节将从人均社会保障支出、社会保障水平两个视角分别分析社会保障支出的地区内差异和地区间差异的演变情况。按照东部、中部和西部三区域划分的中国社会保障支出的地区差异的泰尔指数分解及贡献率如表5.5和表5.6（及附表B2和附表B3）所示。

表5.5 按照三区域划分的社会保障支出地区差异的泰尔指数（1990—2013年）

年份	总体	地区差异		贡献率（%）	
		地区内	地区间	地区内	地区间
1990	0.0987 (0.2445)	0.0281 (0.1929)	0.0706 (0.0517)	28.470 (78.875)	71.530 (21.125)
1995	0.1025 (0.2682)	0.0271 (0.2119)	0.0753 (0.0563)	26.439 (79.003)	73.463 (20.997)
2000	0.1024 (0.2564)	0.0347 (0.1998)	0.0677 (0.0566)	33.887 (77.912)	66.113 (22.088)
2005	0.0969 (0.2334)	0.0192 (0.1756)	0.0776 (0.0578)	19.814 (75.225)	80.083 (24.775)
2010	0.0614 (0.23)	0.0490 (0.197)	0.0123 (0.033)	79.805 (85.645)	20.033 (14.355)
2011	0.0560 (0.229)	0.0447 (0.1946)	0.0114 (0.0344)	79.821 (84.978)	20.357 (15.022)
2012	0.0514 (0.2165)	0.0405 (0.1846)	0.0109 (0.0319)	78.794 (85.25)	21.206 (14.75)
2013	0.0490 (0.2021)	0.0384 (0.1742)	0.0106 (0.0279)	78.367 (86.212)	21.633 (13.788)

注：括号内数值为社会保障水平的泰尔指数。

表 5.6 按照三区域划分的社会保障支出地区内与地区间泰尔指数分解

年份	地区内差距				地区间差距			
	东部	中部	西部	区域内	东中	东西	中西	区域间
1990	0.012 (0.1757)	0.0314 (0.0620)	0.0641 (0.2904)	0.0281 (0.1929)	0.0989 (−0.0008)	0.0961 (0.0871)	−0.0537 (0.0171)	0.0706 (0.0517)
1995	0.0151 (0.1914)	0.0240 (0.0632)	0.0616 (0.3086)	0.0271 (0.2119)	0.1024 (−0.0222)	0.1070 (0.0930)	−0.0587 (0.0418)	0.0753 (0.0563)
2000	0.0370 (0.1993)	0.0323 (0.0757)	0.0321 (0.2677)	0.0347 (0.1998)	0.0949 (−0.0341)	0.0937 (0.0892)	−0.0533 (0.0581)	0.0677 (0.0566)
2005	0.0135 (0.1844)	0.0276 (0.0737)	0.0247 (0.2264)	0.0192 (0.1756)	0.1046 (−0.0272)	0.1090 (0.0900)	−0.0584 (0.0529)	0.0776 (0.0578)
2010	0.0741 (0.2511)	0.0203 (0.0653)	0.0239 (0.2282)	0.0490 (0.1970)	0.0277 (−0.0650)	0.0373 (0.0626)	−0.0404 (0.0684)	0.0123 (0.0330)
2011	0.0663 (0.2436)	0.0203 (0.0638)	0.0236 (0.2267)	0.0447 (0.1946)	0.0240 (−0.0662)	0.0367 (0.0655)	−0.0380 (0.0695)	0.0114 (0.0344)
2012	0.0592 (0.2274)	0.0182 (0.0619)	0.0236 (0.2178)	0.0405 (0.1846)	0.0231 (−0.0643)	0.0363 (0.0621)	−0.0376 (0.0661)	0.0109 (0.0319)
2013	0.0543 (0.2113)	0.0205 (0.0690)	0.0227 (0.2053)	0.0384 (0.1742)	0.0239 (−0.0607)	0.0353 (0.0550)	−0.0379 (0.0614)	0.0106 (0.0279)

注：括号内数值为社会保障水平的泰尔指数。

由表5.5和表5.6可以得到以下基本结论：

第一，人均社会保障支出泰尔指数的三区域分解。从表5.5可以看出，地区内和地区间泰尔指数在样本研究区间内均出现了较大的波动，并且在2008年之前地区内泰尔指数要小于地区间差异，而在2008年之后该情况则发生了逆转。两者对总体泰尔指数的贡献率也明显体现出了这种逆转情况：除若干年份外（1999年、2000年、2001年、2003年），地区内贡献率在2008年之前均低于30%，相应地，地区间贡献率则均高于70%；2008年之后，地区内贡献率均高于75%，地区间则均低于25%。前一阶段的结论与大部分的研究并不一致（彭海燕，2007；何卉兵，2009；巴曙松等，2013），这主要由统计口径的不同引起。以上研究在其样本区间内（1998—2004年、1995—2005年和2000—2008年）均未将社会保险基金支出纳入以通盘考虑，而社会保险基金支出在1996—2007年约占社会保障总支出的39.44%，且1999—2009年的社保（医疗）基金支出省际的差异较为明显。这与Huang（2015）的研究结论较为一致。但整体而言，地区内泰尔指数在波动中逐渐上升，地区间泰尔指数则呈现下降态势。

表5.6和图5.3进一步揭示了地区内差异和地区间差异的变化趋势。从地区内差异可以看到，东部地区和西部地区的泰尔指数在样本期内均出现了较大的波动，而中部地区变化基本平稳（仅1999年出现了较大幅的波动）。自2005年以来，东部地区泰尔指数虽然呈现下降趋势，但整体上高于该区均值0.0364，并且在2008年达到最大值0.0852，而这可能是2008年地区内和地区间逆转情形发生的诱因；中部地区和西部地区则呈现下降趋势，而且其值均小于该区内均值0.0275和0.0431。这说明三地区对总体差异的影响各异，东部地区和西部地区影响较强，中部地区则较弱。图5.3（b）展示出的地区间差异更是印证了这一结论，东中部之间和东西部之间的地区间泰尔指数要显著高于中西部之间的指数值。

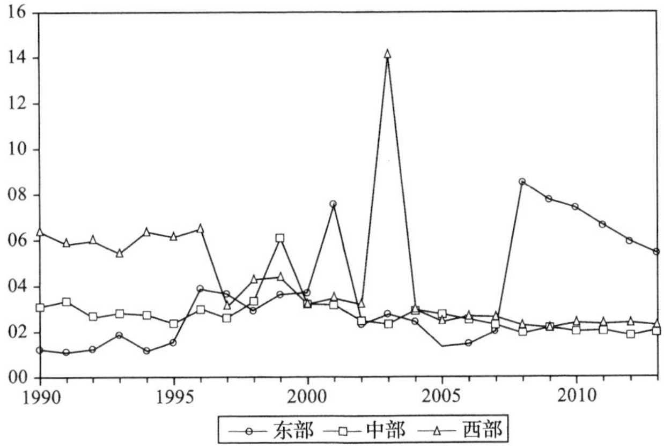

(a)地区内差异

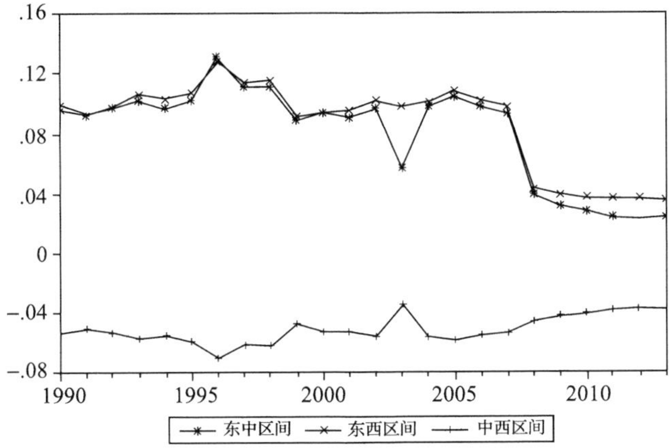

(b)地区间差异

图 5.3 按照三区域划分的人均社会保障支出地区差异的变化趋势（1990—2013 年）

第二，社会保障水平泰尔指数的三区域分解情况。从表 5.5 可以发现，1990—2013 年地区内的泰尔指数均大于地区间的泰尔指数，而且在 2008 年以后这种情况明显增强，地区内的贡献率基本达到了 85% 以上，大于 79.85% 的均值。地区内泰尔指数以 2002 年为节点，之前基本处于增长期，之后则呈现出了下降态势；地区间泰尔指数变化幅度较小，在 2008 年之后陡减，在 2013 年达到样本区间内的最小值 0.0279。这与人均社会保障支出的情形并不一致。从图 5.4 地区内和地区间泰尔指数分解的可以得到，东部地区和西部地区的泰尔指数的数值较大，而中部地区较小。值得注意的是，东部和西部的泰尔指数在2008年也发生了力量上此消彼长的变化。这与人均社会保障支出泰尔指数表现一致，这种突出的变化可能由于2007年起城镇居民基本医疗保险的试点及其统计引起，而2009—2013年变化则可能由2009年试点的新型农村社会养老保险及2011年全国层面的城镇居民养老保险试点造成。

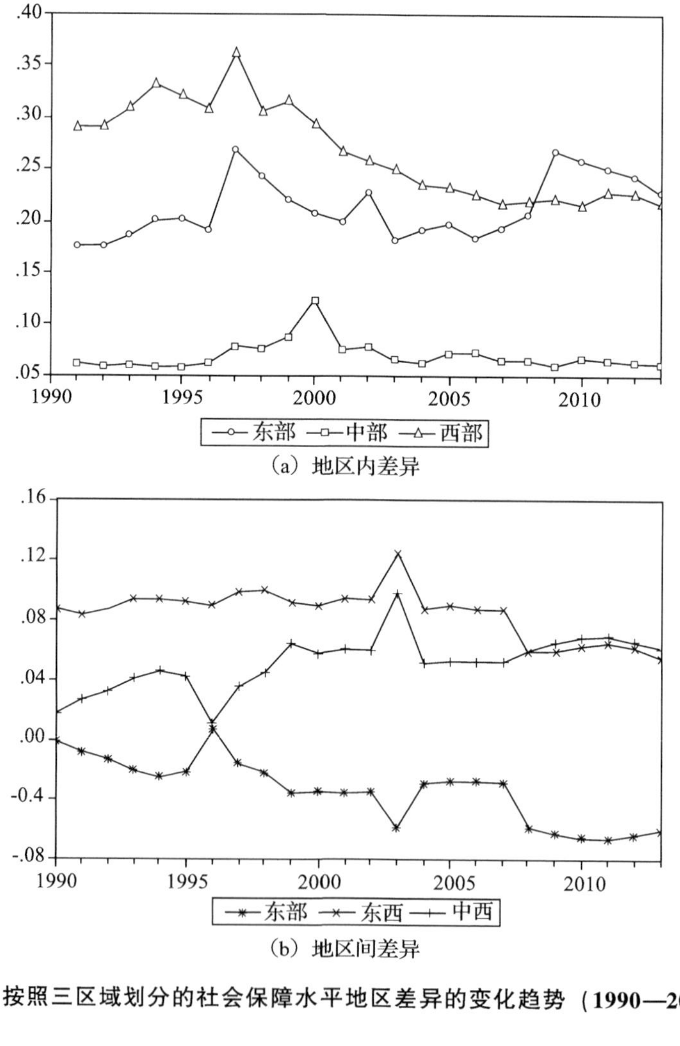

（a）地区内差异

（b）地区间差异

图5.4 按照三区域划分的社会保障水平地区差异的变化趋势（1990—2013年）

5.4.3 按照七区域划分的社会保障支出泰尔指数及分解

按照七区域划分标准，本节测算了中国的七大区域的人均社会保障支出和社会保障水平的泰尔指数及其贡献率，具体结果如表 5.7 和表 5.8 所示[①]。

表 5.7 七区域人均社会保障支出的泰尔指数及其分解（1990—2013 年）

年份	总体差距	地区内差距	地区间差距	贡献度	
				地区内	地区间
1990	0.099	0.020	0.078	20.68	79.36
1995	0.103	0.024	0.078	23.76	76.21
2000	0.102	0.016	0.086	16.01	83.96
2001	0.122	0.039	0.084	31.57	68.45
2002	0.097	0.014	0.083	14.39	85.65
2003	0.120	0.048	0.071	40.34	59.66
2004	0.098	0.016	0.082	15.96	84.04
2005	0.097	0.014	0.083	14.56	85.40
2006	0.092	0.008	0.084	8.92	91.11
2007	0.091	0.010	0.081	11.21	88.77
2008	0.073	0.046	0.027	62.45	37.52
2009	0.065	0.041	0.024	62.81	37.21
2010	0.061	0.039	0.022	63.79	36.13
2011	0.056	0.036	0.020	63.68	36.40
2012	0.051	0.032	0.020	61.65	38.35
2013	0.049	0.029	0.020	59.86	40.16

数据来源：作者计算编制。

① 更为具体的测算结果见附表 B4 和附表 B5。

由表5.7和表5.8可以得到如下分析结论：

第一，人均社会保障支出泰尔指数的七区域分解情况。从表5.7和图5.5可以看出，中国七区域内的泰尔指数在波动中有所增强，区域间泰尔指数整体下降，但两者波动幅度都较大，1990—2007年地区内的泰尔指数要小于地区间泰尔指数，2008年这种情况发生了反转，这与三区域的情形类似，只是其变化幅度要小一些。从贡献率上来看，1990—2007年仅有2001年和2003年两年的地区内贡献率高于30%（31.57%，40.34%），其他年份均低于30%，2008年以后则地区内贡献率均高于60%。

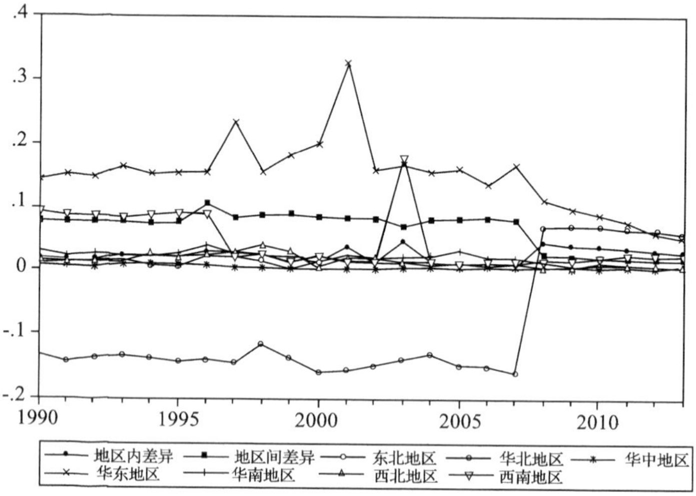

图5.5 按照七区域划分的人均社会保障支出泰尔指数及其分解（1990—2013年）

各区域内泰尔指数按照均值及贡献率在样本期内排序，大小依次为华东地区、西南地区、华南地区、西北地区、东北地区、华中地区和华北地区。形成鲜明对比的是，按照以上标准，1990—2007年排序不变，在2008年排序情况却发生了较大变化：东北地区、华东地区、华北地区、西南地区、华南地区、西北地区、华中地区。这在更细化的层面上解释了2008年发生的逆转现象，可能主要与东北地区和华北地区的大幅增强有关。

表 5.8　七区域社会保障水平的泰尔指数及其分解（1990—2013 年）

年份	总体差距	地区内差距	地区间差距	贡献度	
				区域内	区域间
1990	0.245	0.144	0.101	58.93	41.46
1995	0.268	0.169	0.099	62.86	37.03
2000	0.256	0.140	0.116	54.67	45.10
2001	0.266	0.147	0.118	55.41	44.38
2002	0.245	0.134	0.111	54.57	45.19
2003	0.270	0.157	0.113	58.14	41.77
2004	0.238	0.134	0.103	56.44	43.34
2005	0.233	0.131	0.102	56.16	43.56
2006	0.228	0.128	0.100	55.97	43.68
2007	0.233	0.135	0.097	57.92	41.69
2008	0.228	0.166	0.062	72.67	26.94
2009	0.225	0.161	0.063	71.40	28.21
2010	0.230	0.164	0.066	71.13	28.54
2011	0.229	0.165	0.063	72.15	27.61
2012	0.217	0.156	0.060	72.13	27.58
2013	0.202	0.144	0.058	71.28	28.44

数据来源：作者计算编制。

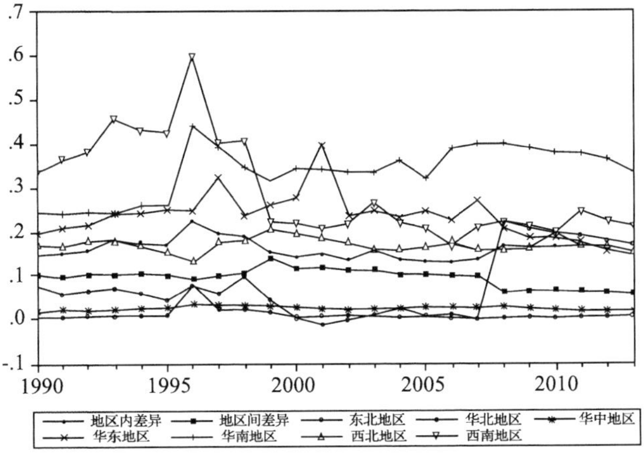

图 5.6　按照七区域划分的社会保障水平泰尔指数及其分解（1990—2013 年）

第二，社会保障水平泰尔指数的七区域分解情况。从表 5.8 和图 5.6 可以发现，在样本区间内，地区内的泰尔指数数值要大于地区间泰尔指数，但地区内泰尔指数呈现了整体上升的趋势，地区间泰尔指数则呈现出了整体下降的趋势。从贡献率指标来看，地区内贡献率均在 55% 以上，且 2008 年及以后该值陡增，均达到了 70% 以上。这与三区域变化情况类似。从各地区内泰尔指数的均值及贡献率来看，华南地区和西南地区的实际影响要明显高于其他地区，2008 年及之后，华北地区的影响力有所提升，西北地区的下降趋势较为显著，东北地区和华中地区在样本区间内影响较小。

第五节　实证结果与分析

本节在测算社会保障支出及其地区差异的基础上，以 2013 年为例，结合 CGSS2013 的微观个体数据，主要运用 OLS 和有序 Probit 模型研究了社会保障支出及其地区差异对居民幸福感的影响机制。

5.5.1　社会保障支出对居民幸福的影响

表 5.9 报告了人均社会保障支出、社会保障水平及各分项人均支出对居民幸福感影响的回归结果。为便于比较，表中同时给出了 OLS 和 Ordered Probit 计量方法的估计结果。模型 1 和模型 2 给出了人均社会保障支出对居民主观幸福感的影响，模型 3 和模型 4 则列出了社会保障水平对居民主观幸福感的影响。模型 1 显示，人均社会保障支出的系数在 1% 的统计水平下显著为正，这表明社会保障支出对中国居民主观幸福感有明显的促进作用。模型 2 显示，人均财政社会保障支出和人均社会保险基金支出对居民主观幸福感的影响系数在 10% 的显著水平上显著为

正，这表明二者有利于居民主观幸福感的提升。这与 Hessami（2010）、Kotakorpiw 和 Laamanenz（2010）及汤凤林和雷鹏飞（2014）的结论基本一致。与前述研究不同的是，本章发现人均财政医疗卫生支出的影响系数显著为负，即它不利于居民幸福感的提升。与此同时，模型 3 和模型 4 所考察的社会保障水平显示，即除财政社会保障支出水平不显著外，其他表征社会保障水平的变量均与幸福感呈现出了“U”形关系。总体来说，上述结果部分支撑了研究假设 2，即当前社会保障支出中并不是全体的子项目都起到了促进了居民主观幸福感的作用。

社会保障支出对居民主观幸福感的影响机制是多方面的。首先，考虑到社会保障的来源，其主要来自税收或是从个体当期工资额中扣除，这将直接影响居民当期的可支配收入，减少了产生舒适感和愉悦感的防御性消费和创造性消费[①]（Scitovsky，1972；陈炜等，2014），这必然带来由以上两种消费兴奋产生的积极情绪占比的下降（于席正和江莉莉，2012），进而降低了居民主观幸福感。其次，居民作为理性经济人将权衡短期损失和长期收益，预期政府能够为所缴纳的税费提供一个较为安全的保障和长期收益，从而忍受跨期带来的痛苦。以全国社会保障基金为例，政府将其投资范围仅限于银行存款、买卖国债和其他具有良好流动性的金融工具，到 2014 年末该基金达到 12350 亿元，年均投资收益率 8.36%，超过同期年均通货膨胀率 5.94 个百分点。这为应对人口老龄化压力和基本养老保险的及时发放提供了强有力的支撑（金维刚，2015）。显然，这种为增加长期收益而减少短期体验性消费享乐的认知和行为将显著提升居民的主观幸福感（Kahneman et al.，1997）。最后，社会保障

① 防御性消费（defensive consumption）主要指满足人类自然及直接的基本需求，缓解不适和疼痛，产生舒适感（comfort）的消费活动；创造性消费（creative consumption）指通过扩展和深化个人的知识和体验，增强日常生活满意度，产生愉悦感（pleasure）的消费活动。

表 5.9 社会保障总支出及各分项支出对居民幸福感影响的回归结果

变量	模型 1		模型 2		模型 3		模型 4	
	OLS	Ordered Probit	OLS	Ordered Probit	OLS	Ordered Probit	OLS	Ordered Probit
rass	4.3e−5*** (1.0e−5)	6.8e−5*** (1.6e−5)						
rfss			5.7e−5 (4.6e−5)	8.6e−5 (7.0e−5)				
rhss			−2.2e−4* (1.2e−4)	−4.0e−4** (2.0e−4)				
riss			1.1e−4*** (2.4e−5)	1.8e−4*** (3.7e−5)				
gass					−11.25** (3.38)	−20.13*** (5.33)		
$gass^2$					53.37*** (13.19)	93.60*** (20.77)		
gfss							2.90 (2.10)	4.53 (3.23)
ghss							−45.31** (19.48)	−88.83** (29.94)

（续）

变量	模型 1		模型 2		模型 3		模型 4	
	OLS	Ordered Probit	OLS	Ordered Probit	OLS	Ordered Probit	OLS	Ordered Probit
ghss^2							1024.13** (523.27)	2065.79** (799.78)
giss							-18.58** (6.69)	-34.15** (10.63)
giss^2							242.24*** (61.65)	427.80*** (98.34)
gender	-0.058* (0.031)	-0.094* (0.048)	-0.057* (0.031)	-0.092* (0.048)	-0.054* (0.031)	-0.089* (0.048)	-0.055* (0.031)	-0.090* (0.048)
age	-0.043*** (0.010)	-0.062*** (0.015)	-0.042*** (0.010)	-0.061*** (0.015)	-0.044*** (0.010)	-0.063*** (0.015)	-0.042*** (0.010)	-0.061*** (0.015)
age^2	4.1e-4*** (1.1e-4)	0.001*** (1.7e-4)	4.0e-4*** (1.1e-4)	0.001*** (1.7e-4)	4.2e-4*** (1.1e-4)	6.1e-4*** (1.7e-4)	4.0e-4*** (1.1e-4)	5.9e-4*** (1.7e-4)
health	0.121*** (0.021)	0.198*** (0.031)	0.122*** (0.021)	0.199*** (0.031)	0.121*** (0.021)	0.199*** (0.031)	0.123*** (0.021)	0.203*** (0.031)
nation	-0.057 (0.081)	-0.147 (0.126)	-0.057 (0.081)	-0.148 (0.126)	-0.097 (0.082)	-0.216* (0.128)	-0.085 (0.081)	-0.196 (0.127)

（续）

变量	模型 1		模型 2		模型 3		模型 4	
	OLS	Ordered Probit	OLS	Ordered Probit	OLS	Ordered Probit	OLS	Ordered Probit
religion	-0. 174 ** (0. 056)	-0. 298 ** (0. 090)	-0. 179 ** (0. 055)	-0. 306 ** (0. 090)	-0. 146 ** (0. 056)	-0. 252 ** (0. 091)	-0. 163 ** (0. 055)	-0. 282 ** (0. 090)
politic	0. 149 *** (0. 042)	0. 229 ** (0. 068)	0. 146 ** (0. 042)	0. 225 ** (0. 068)	0. 141 ** (0. 042)	0. 218 ** (0. 068)	0. 137 ** (0. 042)	0. 211 ** (0. 068)
houkou	0. 009 (0. 037)	0. 023 (0. 057)	0. 009 (0. 037)	0. 024 (0. 057)	0. 011 (0. 037)	0. 028 (0. 057)	0. 011 (0. 037)	0. 027 (0. 057)
marriage	0. 332 *** (0. 050)	0. 466 *** (0. 072)	0. 332 *** (0. 050)	0. 466 *** (0. 072)	0. 335 *** (0. 049)	0. 473 *** (0. 072)	0. 336 *** (0. 050)	0. 476 *** (0. 072)
education	-0. 060 * (0. 036)	-0. 102 * (0. 057)	-0. 062 * (0. 036)	-0. 105 * (0. 057)	-0. 059 (0. 036)	-0. 102 * (0. 057)	-0. 061 * (0. 036)	-0. 106 * (0. 057)
owner	0. 057 * (0. 032)	0. 102 ** (0. 050)	0. 058 * (0. 032)	0. 105 ** (0. 050)	0. 058 ** (0. 032)	0. 105 ** (0. 050)	0. 060 ** (0. 032)	0. 108 ** (0. 050)
abincome	0. 141 ** (0. 054)	0. 234 ** (0. 084)	0. 139 ** (0. 054)	0. 233 ** (0. 084)	0. 115 ** (0. 053)	0. 190 ** (0. 084)	0. 124 ** (0. 054)	0. 206 ** (0. 084)
reincome	0. 241 *** (0. 029)	0. 358 *** (0. 044)	0. 241 *** (0. 029)	0. 358 *** (0. 044)	0. 246 *** (0. 028)	0. 367 *** (0. 044)	0. 243 *** (0. 028)	0. 362 *** (0. 044)

（续）

变量	模型 1		模型 2		模型 3		模型 4	
	OLS	Ordered Probit	OLS	Ordered Probit	OLS	Ordered Probit	OLS	Ordered Probit
rgdp	7.5e-6** (2.3e-6)	1.1e-5** (3.6e-6)	7.4e-6** (2.3e-6)	1.1e-5** (3.5e-6)	1.5e-5** (3.0e-6)	2.3e-5*** (4.5e-6)	1.6e-5*** (3.0e-6)	2.5e-5*** (4.7e-6)
houpri	3.7e-5** (7.0e-6)	2.9e-5*** (5.1e-6)	1.1e-5*** (5.7e-6)	4.4e-5** (6.1e-5)	1.1e-5* (6.3e-6)	1.6e-5* (7.7e-6)	3.1e-5** (6.4e-6)	5.6e-5** (10.0e-6)
urban	-0.025*** (0.005)	-0.039*** (0.008)	-0.026*** (0.005)	-0.040*** (0.008)	-0.030*** (0.005)	-0.048*** (0.009)	-0.033*** (0.006)	-0.052*** (0.009)
Obs	2365	2365	2365	2365	2365	2365	2365	2365
Adjust-R^2	0.1346		0.1362		0.1404		0.1415	
Pseudo-R^2		0.0639		0.0649		0.0676		0.0682
LR chi^2		274.57		278.86		293.68		300.13
Log-pseudo		-2438.63		-2436.25		-2428.98		-2427.50

注：***、**、*分别表示在1%、5%及10%统计水平下显著，括号内为标准差。

制度自身所具有的收入再分配功能在一定程度上降低了居民对未来不确定性的预期，减弱了个体之间的相对收入差距，释放了私人消费需求（何立新和佐藤宏，2008；王延中和龙玉其，2013），进而强化了大脑中组成情绪、认知和行为的幸福回路。随着中国社会保障制度的不断完善，上述机制的综合效果将显著提升居民主观幸福感。在表5.9中，人均社会保障支出、人均财政社会保障支出及人均社会保险基金支出对居民主观幸福感的正向影响作用均表明，目前我国社会保障的后两种效用（增加长期收益和减小相对收入差距）更为明显。

单就财政医疗卫生支出而言，个人和家庭医药费用实际支付负担的下降，以及城镇居民基本医疗保险、新型农村合作医疗的落实理应有利于居民主观幸福感的提升（在表5.13中，关于医疗卫生充足度和基本医疗保险参与率的估计结果均验证了该观点）[①]，但本章的实证结果显示，它在5%的显著水平上具有显著的负向影响。这可能源于多个潜在的原因。一方面，虽然医疗卫生支出在总量上有所增长，但同比增长速度在2011年后陡降，从34.41%下降为2013年的14.40%，低于1996—2013年的平均增长速度21.16%，也低于财政支出平均增速18.34%。并且医疗卫生支出占整个财政支出的比重自1996年以来起伏不定，在2004达到最小值（2.92%）之后逐年回升，在2013年达到峰值5.85%，但在2012年度有所下降（5.69%）。而这与2009年公布的“新医改”中“政府卫生投入增长幅度要高于经常性财政支出的增长幅度，使政府卫生投入占经常性财政支出的比重逐步提高”相悖。与此同时，老龄化加剧及医疗技术发展等快速释放的医疗需求，以及医疗卫生资源的配置效率，造成了大城市的一些

① 大部分的研究也发现，新农合促进了农民的健康水平，并且农民乐意参加（李湘君等，2012；李华和俞卫，2013；周新发和王国军，2014；马超等，2015）。而这些将直接影响居民在情绪和认知层面对幸福的感知。

大医院始终处于“战时状态”，人满为患。这种医疗保障供求结构之间的矛盾显然不利于居民主观幸福感的总体提升。另一方面，近年来紧张的医患关系、多发的医疗纠纷也影响着居民幸福感。《中国医师执业状况白皮书（2014）》的调查结果显示，仅有27.14%的医务人员未遭遇过暴力事件，59.79%的医务人员受到过语言暴力，受到过身体伤害的医务人员有13.07%。医务人员认为较之行业竞争和职业发展的压力，这种执业环境带来的压力更让他们难以适从[①]。这不仅降低了医务人员自身的职业成就感幸福感，还从整个社会认知层面削弱了居民的幸福感知。

就社会保障水平而言，本章通过计算得到社会保障总水平、财政医疗卫生水平及社会保障基金支出水平的拐点分别为0.1054、0.0214和0.0399。比对2013年各项目的全国均值可发现[②]，提高当前中国的社会保障总体水平和社会保障基金支出水平，有利于提升居民幸福感；而财政医疗卫生水平却在拐点的左端下降区域，也就是说，现阶段即使增加财政医疗卫生支出，其对居民幸福的提升作用也较为微弱，这也佐证了前文所得到的相关结论。

此外，上述研究得到的个体变量与宏观变量对居民主观幸福感的影响方向及显著性与大多数的研究基本一致，这也从侧面论证了本章所构建模型的可信性和所得结论的稳健性。具体来说：①就性别而言，现代社会男性要面临更多的社会生活压力和责任，因此较之女性幸福感较低。年龄与居民的主观幸福感之间存在显著的“U”形函数关系。值得一提的是，本节根据年龄

① 《中国医师执业状况白皮书》显示，医师的工作压力来源占比为：工作量特别大占76.50%，医疗纠纷多占71.76%，患者的期望值太高占72.71%，伤医事件频发占69.60%，行业竞争非常激烈占29.11%。而且有48.51%的医务工作人员对其执业环境不满意。

② 前文中，根据公式（5.1）测算得到2013年中国的社会保障总体水平、财政医疗卫生水平及社会保障基金支出水平，进一步计算得到它们的均值，分别为0.1263、0.0171、0.0478。显然，社会保障总体水平与社会保障基金支出水平位于“U”形曲线的右侧，即超过了其对应的拐点，进入了上升区域。

与主观幸福感间的"U"形函数关系简单计算得到拐点为58岁，这与Appleton和Song（2008）运用CHIPS2002、何立华和金江（2011）运用WVS2007计算得到的40岁不一样，与李树和陈刚（2015）利用CHIPS2007所得54岁接近，也接近中国法定的退休年龄（60周岁），度过该年龄拐点，社会保障带来的前述效应中的后两种效应则起到了主要作用。②就户口类型而言，其与居民主观幸福感的正向关系并不显著但为正值。这与陈钊等（2012）结论一致，表明当前市场环境赋予了人们更为公平的竞争环境。③婚姻显示出显著的正向影响关系。稳定的婚姻关系为人们享受快乐的生活提供了物质和情感上的双重保障。④教育程度结果显示，教育程度越低，人们的主观幸福感越高。教育程度的反向关系可能与样本的选取有关，从统计描述可以看出较高教育程度的人数仅占样本总量的40%左右，这从侧面也表明受教育水平的提高可能更有利于居民主观幸福感的提升。⑤自评健康状况与主观幸福感之间的系数符合我们的生活直觉，健康状况良好的居民一般具有较高的幸福感（Jiang et al.，2012）。中共党员的身份赋予了个体丰富的政治资本和社会资本，因此该项的正向提升作用显著（Appleton and Song，2008）。⑥鉴于宗教在情感支持、社会认同、心理健康及信息交流上的积极作用，大部分的研究认为有宗教信仰的人群在幸福感上较于无宗教信仰人群在幸福感上有更多的体验（Dehjia et al.，2007；Dolan et al.，2008；Koenig et al.，2012）。本章所得结论与上述计量结果恰恰相反，一方面，由于宗教信仰有阻碍幽默及创造力发展的作用，降低适应社会的能力，而且当信仰方式及程度偏离正常轨道时将有损于主观幸福感的有效提升（刘斌等，2012；李清彬和李博，2013；Hayward and Elliott，2014）；另一方面，从样本选择本身来看，信仰佛教的人数占样本总数的比重达43.78%，而其所强调的"空静"可能对于自陈主观幸福感并无显著影响。但利用社会保障支出与宗教信仰组成的交互项为变量做进一步的分析可以得到，基于Ordered Probit估计的系数值为0.0000731，在10%的统计水平下显著为正（Std. Err. = -0.0000186，T = -1.92）。这表明宗教与政府提供的社会保障具有一定程度上的替代性（Chen，2010；郑风田等，2010；Koenig et al.，2012；乐君杰和叶晗，2012）。⑦比较而言，相对收入的估计系数要显著高于绝对收入的系数值，这也验证了相对收入对幸福感的强烈正向提升作用（Ravallion and Lokshin，2001；Ferrer-i-Carbinell，2005；任海燕和傅红春，2011），这主要来自个体间的攀比和炫耀行为产生的认知和情感上的优越感（Clark and Oswald，1996；Ryan and Deci，2001；Clark and Shields，2008）。

从宏观因素的计量结果可以发现：①人均 GDP 在 1% 的水平上显著为正，表明当前的经济增长情况显著提升了居民幸福感。②房价的估计系数显著为正，这与直觉并不一致。但通过细致分析可以发现，虽然近年来商品房的平均销售价格一直处于上涨状态，但 2003—2013 年，其上涨幅度仅高出同期城镇居民人均可支配收入变化幅度 2.17 个百分点。并且 2010 以来的“限贷”“限购”等政策，促使中国房地产市场进入了较为合理的变化阶段，房价收入比自 2009 年一直呈现下降趋势，从 6.59 降至 2013 年的 5.83，进入国际公认的［4，6］的合理范围。此外，随着小产权住房和保障房市场的不断规范，这也将进一步提升居民的主观幸福感（李涛等，2011；Cheng et al.，2013）。[①②]另外，房价影响农民幸

① 进一步地，本节在估计的过程中添加了住房价格和户籍的交乘项，该交乘项的系数值为 0.0000275，Std. Err. = 9.46E－06，T=2.9，在5%的统计水平上显著。这更加证实了该结论的可靠性。

② 此外，从变量的描述性统计特征来看，样本中城镇居民占到了半数以上（均值为 0.6934），也就是说受众群体大多数还是城镇居民，并不能全面地评估房价对农村居民的影响。但是，是否拥有住房对幸福感的影响举足轻重，刘宏等（2013）及王海成和郭敏（2015）研究指出农村居民对房产财富更为重视，相比城镇居民，房产对农村居民的幸福感有着更为重要的影响。通过文献研究，笔者认为住房价格可能通过三条渠道直接或间接地影响农村居民幸福感：一是城市房价的高企通过影响农村居民的经济预期及攀比心理起作用；二是农村居民中有一部分是进城务工人员，如果他们意愿留在该城市，这显然将直接影响其幸福感；三是通过影响农村居民对子女未来的长期预算和储蓄，过高的房价将对其带来沉重的物质负担和心理负担，显然这不利于农村居民幸福感。

福感及城乡收入差距的一个重要途径就是信贷能力及其制度安排的约束。其中，学者李建伟（2017）分析指出，如果农民能够同城镇居民一样较为便宜地获得信贷融资，享受平等的信贷、支付和保险等金融服务，而不是产生将之排除在城镇居民群体外的“金融排斥”效应，那么针对农民等弱势群体的差异性普惠金融服务和金融产品，不但能够使农民获得更多元化的投资机会和渠道，还能够缓解其因养老和医疗等资源配置失当和资金短缺等造成的福利急剧下降的问题，从而进一步改善收入分配差距问题，而这需要借助普惠金融的制度安排，进而有效提升农村居民的主观幸福感。当然，该学者通过进一步的空间计量模型也指出，在针对农村地区的普惠金融实施过程中，需要注意地区间和群体内部间的异质性问题。

此外，通过城镇化水平的反向影响关系，笔者认为中国虽然进入了户籍改革的快通道，但农民还未真正“同步市民化”地融入城市的经济社会生活中来，进城农民在经济社会地位和心理认知上尚未真正实现市民化，相应的就业、医疗和养老保险等社会福利尚未真正落实[①]，存在显著的“不平等城镇化效应”（蔡昉，2001；陈云松和张翼，2015），而这将明显影响进城农民和城镇居民主观幸福感的提升。

5.5.2 社会保障支出地区差异对居民幸福的影响

表5.10报告了社会保障支出的省际和三区域内部地区差异对居民主观幸福感影响的Ordered Probit结果。模型1显示，省际人均社会保障支出的地区差异与居民幸福感间存在三次非线性关系，通过R软件编程计算得到，该一元三次方程的实根（拐点）为0.06367952。单就数值而

---

① 张展新等（2007）论证了本地人口、外来市民和外来农民工参加社会保险的可能性依次递减的现象；陈云松和张翼（2015）最新研究指出城镇化虽然提高了全体居民的社会保险水平，但其对城镇户籍带来的社会保险参与率的提升效应是进城农民的3倍。

言，在同样的幸福感水平下，居民可以容忍的省际地区差异处于较大的区域内，2013 年各省均未达到该数值。但是，它对居民幸福感的作用区域并不好确定，这给政策的制定带来了一定的难度。模型 2 表明，在三大区域内部，两者之间存在倒“U”形关系，在拐点 0.0382 之前，它对居民幸福感具有提升作用，而一旦超过拐点，则显著为负。比对现实数据，笔者发现 2013 年的地区内差异为 0.0384，略高于拐点，说明当前人均社会保障支出地区差异开始转向抑制居民幸福感的有效提升。模型 3 的结果表明，七区域内部的人均社会保障支出的地区差异与居民幸福感之间也存在三次项的非线性关系，并通过同样的方法计算得到实根为 -0.03180267。以该拐点为标准，除华北地区和华东地区外，其他地区的居民幸福感受地区差异的影响更为显著。模型 4 结果显示，省际社会保障支出水平与居民幸福感之间存在“U”形关系，对应的拐点值是 0.1272，要小于 2013 年的 0.1742，这说明省际社会保障支出水平的地区差异有利于居民幸福感的提升。模型 5 显示，三区域内社会保障水平的地区内差异对居民幸福感的影响系数显著为正，即当前的地区经济资源对社会保障的倾斜有利于提升幸福感。模型 6 也同样表明，七区域内部差异与社会保障水平间存在三次高次项的非线性关系，其实根解为 -0.1561387。相较而言，华南地区和西南地区对区域差异的容忍度更强一些。以上结果证实了假设 3，即社会保障支出的地区差异造成了居民幸福感的地区差异。

显然，人均社会保障支出和社会保障水平所体现出来的地区差异，沿着不同的路径作用于居民主观幸福感。从拐点值上来看，经济实力较强的地区对前者的容忍程度更强一些，经济实力较弱的区域则对后者有更强的容忍度。前者印证了果佳和唐任伍（2013）的“福利地区主观感知强烈”观点。究其原因，在拐点之前，较好的社会保障作为制度激励，不断吸引优秀人群的流入，促成人生意义感的实现。此外，人们更

表 5.10　社会保障支出地区差异对居民幸福感影响的回归结果

变量	r-var			g-var		
	模型 1	模型 2	模型 3	模型 4	模型 5	模型 6
theil	30.45***			−9.63**		
	(6.68)			(4.71)		
$theil^2$	−2280.46***			37.84**		
	(635.33)			(17.25)		
$theil^3$	66748.96***					
	(16435.57)					
theil3		211.40**			1.01**	
		(79.93)			(0.506)	
$theil^2$		−2768.01**				
		(1056.94)				
theil7			−93.88**			−15.13***
			(28.96)			(4.18)
$theil7^2$			4344.10***			−106.47**
			(1071.11)			(32.84)
$theil7^3$			−48569.49**			180.53**
			(11069.42)			(63.51)
gender	−0.085*	−0.102**	−0.088*	−0.095**	−0.102**	−0.083*
	(0.048)	(0.048)	(0.048)	(0.048)	(0.048)	(0.048)

（续）

变量	r-var			g-var		
	模型 1	模型 2	模型 3	模型 4	模型 5	模型 6
age	−0.061***	−0.064***	−0.065***	−0.065***	−0.064***	−0.064***
	(0.015)	(0.015)	(0.015)	(0.015)	(0.015)	(0.015)
age^2	5.8e−4***	6.3e−4***	6.4e−4***	6.4e−4***	6.3e−4***	6.2e−4***
	(1.7e−4)	(1.6e−4)	(1.7e−4)	(1.7e−4)	(1.6e−4)	(1.7e−4)
health	0.204***	0.201***	0.200***	0.198***	0.201***	0.197***
	(0.031)	(0.031)	(0.031)	(0.031)	(0.031)	(0.031)
nation	−0.168	−0.194	−0.263**	−0.170**	−0.190	−0.253*
	(0.128)	(0.125)	(0.126)	(0.126)	(0.125)	(0.129)
religion	−0.304**	−0.225**	−0.224**	−0.243**	−0.226**	−0.250**
	(0.090)	(0.090)	(0.089)	(0.090)	(0.090)	(0.090)
politic	0.204**	0.228**	0.198**	0.234**	0.228**	0.204**
	(0.068)	(0.068)	(0.069)	(0.068)	(0.068)	(0.069)
houkou	0.029	0.039	0.031	0.019	0.037	0.030
	(0.057)	(0.057)	(0.057)	(0.057)	(0.057)	(0.057)
marriage	0.464***	0.463***	0.456***	0.456***	0.464***	0.439***
	(0.073)	(0.072)	(0.072)	(0.072)	(0.072)	(0.073)
education	−0.098**	−0.073	−0.070	−0.070	−0.074	−0.084
	(0.057)	(0.057)	(0.057)	(0.057)	(0.057)	(0.057)

（续）

变量	r-var			g-var		
	模型 1	模型 2	模型 3	模型 4	模型 5	模型 6
owner	0.122**	0.104**	0.128**	0.098**	0.103**	0.108**
	(0.050)	(0.050)	(0.051)	(0.050)	(0.050)	(0.051)
abincome	0.158*	0.176**	0.149**	0.217**	0.177**	0.204**
	(0.086)	(0.084)	(0.085)	(0.084)	(0.084)	(0.085)
reincome	0.375***	0.359***	0.367***	0.360***	0.360***	0.363***
	(0.044)	(0.044)	(0.044)	(0.043)	(0.044)	(0.044)
rgdp	1.4e−5***	1.4e−5***	−3.8e−6*	8.7e−6**	2.0e−6*	2.2e−5*
	(4.0e−6)	(4.1e−6)	(6.4e−6)	(3.7e−6)	(6.7e−6)	(6.7e−6)
houpri	2.2e−5*	2.6e−5**	9.6e−5**	2.7e−5**	2.5e−5**	1.1e−5**
	(1.2e−5)	(9.7e−6)	(1.0e−6)	(9.6e−6)	(9.7e−6)	(8.1e−6)
urban	−0.043***	−0.013**	−0.004**	−0.025**	−0.013*	−0.001*
	(0.008)	(0.0069)	(0.0069)	(0.008)	(0.007)	(0.008)
Obs	2365	2365	2365	2365	2365	2365
Pseudo-R^2	0.0711	0.0606	0.0656	0.0609	0.0605	0.0664
LR chi^2	317.76	273.32	328.3	269.52	272.02	311.84
Log-pseudo	−2420.05	−2447.43	−2434.31	−2446.56	−2447.49	−2432.09

注：***、**、*分别表示在 1%、5%及 10%统计水平下显著，括号内为标准差。

关注优质公共产品的提供等非物质因素，从而产生心理和认知上的攀比效应，这在一定程度上提升了辖区内居民的主观幸福感（Dinner and Seligman，2004；何强，2011）。而在拐点之后，人们追寻更为刺激的幸福参考点，陷入“享乐水车”（Hedonic Treadmill）的恶性循环，进入福利陷阱，进而损害居民主观幸福感（Brickman and Campbell，1971；Kahneman and Krueger，2006）。此外，从表 5. 10 可以看出，个体变量和宏观变量对居民主观幸福感影响的估计系数及其符号并未发生重大变化，因此，这里不再赘述。

5. 5. 3　内生性问题

本章在以上分析中主要利用 OLS 和 Ordered Probit 方法分析了社会保障支出及其地区差异对居民幸福感的影响。然而，居民幸福感与社会保障支出及其地区差异之间可能存在内生性问题，变量之间可能存在双向影响关系，社会保障制度存在内嵌性（完善的社会保障支出架构本身可能是幸福感较高的辖区所必需和具备的），以及遗漏变量等均有可能引发方程的有偏估计。这种情况下一般诉诸工具变量法（Acemoglu et al.，2001；Wooldridge，2010）。但当被解释变量和解释变量均涉及离散数据类型时，标准工具变量技术经常失效并需要更为复杂的分析技术（Franz and Anna，2014），而相对于 2SLS 和 Ordered Probit 方法，双变量有序 Probit 估计（Bioprobit）是无偏且有效率的，并能够有效地克服内生性问题（Sajaia，2008；王海成和郭敏，2015）。因此，本节采用该方法来解决可能存在的内生性问题。

在考虑数据完整性的基础上，本节一方面借鉴并循从孙三百等（2014）选取工具变量的方法，采用中国 1997 年度人均 GDP 的历史数据作为本章的一个工具变量。另外，本章借鉴社会保障研究领域（主要是医疗保险）关于工具变量的选择方法，选取地区层面的参保率作为另一个工具变量（潘杰等，2013；周钦等，2015）。具体而言，本节采用了CGSS2013 问卷中关于公共服务充足程度（*disequil*）和公共服务分布均衡度（*dissuffi*）所设置的两个问题，利用该数据除以家庭规模得到该地区居民的公共服务覆盖率和均衡程度。显然，社会保障支出与人均 GDP 直接相关，由于社会保障支出的刚性和增长惯性，它与人均 GDP 具有较强的相关性；公共服务充足程度和公共服务分布均衡度反映了社会保障支出的普及程度和资源分配的均衡程度。另外，受限于个体的认知能力和有限理性等因素，居民关注更多的是便于参照的、生活周围更小的互动空间（Clark et al.，2008；陈钊等，2012），而不是时间轴和空间位置更远的距离。因此，1997 年人均 GDP 与 2013 年的幸福感不存在显著的双向因果关系，不会直接影响居民主观幸福感；并且地区参保率与模型设定中的扰动项不直接相关（Lei and Lin，2009）。

表 5.11 和表 5.12 报告了 Bioprobit 的估计结果①。表 5.11 中，模型 1 ~ 4 显示了 CGSS2013 数据中提供的各地区公共服务资源充足程度的均值作为工具变量所得的估计结果。模型 5 ~ 7 则展示了以各地区公共服务分布均衡度的均值作为工具变量所得的估计结果②。表 5.12 的模型 1 ~ 7 展示了以 1997 年人均 GDP 作为工具变量所得到的结果。综合上述模型的估计结果可以发现，本章所选取的工具变量的系数值在大多数情况下显著，而且相应的内生性检验辅助参数 *atanhrho_* 12 在 10% 的统计水平上显著。因此，大部分结果拒绝社会保障支出及其地区差异为外生变量的假设，接受原假设的方程则转向上文中 Ordered Probit 的结果分析。比较后可以发现，各变量的估计系数符号并未发生变化，这表明本章所得结论是稳健的和可靠的。

---

① 控制变量回归系数的符号与前文基本一致，为了节省篇幅，以上内容并未列入正文中，具体结果详见附录 B6 和附录 B7。

② 模型 5 和模型 7 中的一元三次方程的实根解分别为 -0.06881523 和 0.03028933，与前文结果相近。

表 5.11　人均社会保障支出及地区差异的 Bioprobit 回归结果

变量	模型 1	模型 2	模型 3	模型 4	模型 5	模型 6	模型 7
rass	2.7e-5** (7.3e-5)						
rfss		3.4e-4* (1.9e-4)					
rhss			-3.1e-4*** (1.1e-4)				
riss				7.0e-5** (3.9e-5)			
r-theil					88.70*** (25.94)		
$r\text{-}theil^2$					-3840.61** (1120.69)		
$r\text{-}theil^3$					96996.77** (26903.26)		
r-theil3						200.89* (102.78)	
$r\text{-}theil3^2$						-2641.42** (1349.09)	

（续）

变量	模型 1	模型 2	模型 3	模型 4	模型 5	模型 6	模型 7
r-theil7							-116.23**
							(56.06)
r-theil7^2							5030.12**
							(2134.55)
r-theil7^3							-55347.94**
							(22962.82)
dissuffi	-0.21***	1.58***	-0.57**	3.32***			
	(0.03)	(0.23)	(0.23)	(0.26)			
disequil					-47.53***	-11.55***	-60.33***
					(3.27)	(1.83)	(5.43)
disequil^2					69.73***	9.88***	57.04***
					(4.45)	(1.19)	(7.01)
disequil^3					-31.46***		-14.96***
					(1.88)		(2.93)
Obs	2365	2365	2365	2365	2365	2365	2365
*atanhrho_* 12	0.3657**	-0.4066**	1.1210**	0.0797*	-0.1302**	0.2047**	0.1147**
	(0.1490)	(0.1656)	(0.4183)	(-1.66)	(0.0631)	(0.0677)	(0.0379)
Log-likelihood	-7476.68	-8909.88	-8483.63	-7240.35	-7995.66	-3272.17	-5152.22

注：***、**、*分别表示在1%、5%及10%统计水平下显著，括号内为标准差。

表 5.12　社会保障水平及地区差异的 Bioprobit 回归结果

变量	模型 1	模型 2	模型 3	模型 4	模型 5	模型 6	模型 7①
gass	−20.93***						
	(5.89)						
gass^2	71.44**						
	(22.42)						
gfss		9.67*					
		(5.56)					
ghss			−151.48**				
			(65.23)				
ghss^2			3214.17*				
			(1285.29)				
giss				−27.33**			
				(11.32)			
giss^2				372.46***			
				(103.97)			
g-theil					−41.68***		
					(10.43)		

① 七区域社会保障水平地区差异的 Bioprobit 的三次项模型的内生性辅助参数及关键变量参数系数并不显著（0.1167［0.0829］，6.34［4.71］，0.61［38.08］，−32.30［73.88］），虽然二次项所涉及变量的统计值均显著，但其内生性参数并不显著，因此笔者认为其并不存在内生性问题，进而转向 Ordered Probit 模型的结果分析。

（续）

变量	模型 1	模型 2	模型 3	模型 4	模型 5	模型 6	模型 7
g-theil^2					310.74** (131.78)		
g-theil3						1.26** (0.60)	
g-theil7							8.28*** (1.59)
g-theil7^2							−15.98*** (3.02)
rgdp97	−6.91*** (0.44)	−1.18*** (0.09)	−18.42*** (0.51)	−18.41*** (0.51)	−10.58*** (0.44)	9.08*** (0.55)	−7.10*** (0.54)
rgdp97^2	4.67*** (0.19)		4.12*** (0.12)	4.11*** (0.12)	2.82*** (0.10)		10.03*** (0.59)
Obs	2365	2365	2365	2365	2365	2365	2365
atanhrho_12	0.1487** (0.0479)	0.4537*** (0.0884)	−0.0248 (0.0358)	−0.0223 (0.0342)	0.0460* (0.0815)	0.0627** (0.0313)	0.0785 (1.3400)
Log-likelihood	−8148.74	−8755.82	−7811.29	−7792.93	−8466.49	−3202.17	−6236.47

注：***、**、*分别表示在1%、5%及10%统计水平下显著，括号内为标准差。

5.5.4 稳健性检验

为检验所得结论的稳健性，本节在前文采用多种计量方法的基础上，利用 CGSS2013 问卷中所涉及的相关问题，来置换核心解释变量的方法做进一步的稳健性检验。CGSS2013 中提供了包含劳动就业，社会保障，低保、灾害、流浪乞讨、残疾、孤儿救助、基本养老、婚姻登记、殡葬等基本社会服务，医疗卫生，住房保障等在内的公共服务的充足程度、分布均衡程度等调查数据。其中涉及本章所定义的宽口径社会保障支出 55.56% 的内容。因此，它可视为本章社会保障支出及其地区差异的替代指标。

具体而言，该问卷对公共服务资源充足程度和分布均衡程度的问题提供了非常不满意/非常不均衡（=1）、不太满意/不太均衡（=2）、说不清楚满意不满意/不太均衡（=3）、比较满意/比较均衡（=4）和非常满意/非常均衡（=5）五个选项。医疗卫生支出的问题为："您觉得目前医疗卫生公共服务提供的服务资源是否充足（在不同地域间的分配是否均衡）?"选项为：非常充足（非常均衡）=1，比较充足（比较均衡）=2，一般=3，不太充足（不太均衡）=4，非常不充足（非常不均衡）=5。关于社会保险有如下问题："您目前是否参加了一下社会保障项目?"回答选项为：城市基本医疗保险/新型农村合作医疗保险/公费医疗=1，城市/农村基本养老保险=2，商业性医疗保险=3，商业性养老保险=4。其直接显示了各地区社会保险的覆盖面，可作为核心解释变量的置换指标。根据研究需要，本节按照定序原则赋值如下：非常满意（非常充足、非常均衡）/比较满意（比较充足、比较均衡）/说不清楚满意不满意（一般）/参加城市基本医疗保险（新型农村合作医疗保险、公费医疗、城市及农村基本养老保险）=1，不太满意（不太充足、不太均衡）/非常不满意（非常不充足、非常不均衡）/其他=0。表 5.13 给出了 Ordered Probit 的稳健性估计结果。

表 5. 13　稳健性检验的估计结果

变量	模型 1	模型 2	模型 3	模型 4
公共服务充足程度	0. 1104** (0. 0405)			
医疗卫生充足程度		0. 0765* (0. 0424)	0. 0730* (0. 0422)	
基本养老保险参与率		0. 1964** (0. 0874)	0. 1761* (0. 1006)	
基本医疗保险参与率			0. 1434*** (0. 0336)	
公共服务分布均衡度				0. 0615* (0. 0359)
gender	-0. 105 (0. 068)	-0. 113 (0. 068)	-0. 111 (0. 068)	-0. 105 (0. 068)
age	-0. 055** (0. 023)	-0. 059** (0. 023)	-0. 059** (0. 022)	-0. 054** (0. 022)
age^2	0. 001** (2. 5e-4)	6. 4e-4** (2. 5e-4)	5. 9e-4** (2. 5e-4)	5. 5e-4** (2. 5e-4)
health	0. 185*** (0. 045)	0. 201*** (0. 044)	0. 194*** (0. 044)	0. 192*** (0. 044)
nation	-0. 029 (0. 175)	-0. 057 (0. 174)	-0. 062 (0. 172)	-0. 038 (0. 174)
religion	-0. 199 (0. 130)	-0. 225* (0. 131)	-0. 216 (0. 132)	-0. 211 (0. 131)
politic	0. 332*** (0. 093)	0. 328*** (0. 093)	0. 330*** (0. 093)	0. 338*** (0. 093)
houkou	-0. 003 (0. 080)	-0. 054 (0. 081)	-0. 048 (0. 081)	-0. 014 (0. 080)
marriage	0. 359*** (0. 104)	0. 366*** (0. 104)	0. 355*** (0. 104)	0. 354** (0. 103)
education	-0. 035 (0. 083)	-0. 049 (0. 084)	-0. 040 (0. 084)	-0. 049 (0. 084)

（续）

变量	模型 1	模型 2	模型 3	模型 4
owner	0.038（0.072）	0.024（0.072）	0.026（0.072）	0.032（0.072）
abincome	0.042（0.109）	0.025（0.109）	0.039（0.108）	0.034（0.109）
reincome	0.310***（0.062）	0.320***（0.062）	0.306***（0.063）	0.311***（0.062）
rgdp	1.6e-5**（6.3e-6）	1.5 e-5**（6.3e-6）	1.5e-5**（6.4e-6）	1.6e-5**（6.4e-6）
houpric	4.4e-5**（7.3e-6）	4.4e-5**（7.3e-6）	4.4e-5（3.5e-5）	4.5e-5**（6.8e-6）
urban	-0.037**（0.016）	-0.034**（0.016）	-0.034**（0.016）	-0.038**（0.016）
Obs	1162	1162	1162	1162
Pseudo-R^2	0.0534	0.0523	0.0538	0.0512
LR chi^2	128.49	132.15	134.08	126.47
Log-likelihood	-1220.73	-1222.14	-1220.26	-1223.54

注：***、**、*分别表示在 1%、5%及 10%统计水平下显著，括号内为标准差。

从表5.13可以发现，在模型1~5中，公共服务充足程度、医疗卫生充足程度、基本养老保险参与率和基本医疗保险参与率等对居民幸福感影响的估计系数在1%的显著水平上均显著为正，这表明当前的社会保障支出显著地提升了居民主观幸福感。能够反映社会保障支出的地区差异的公共服务分布均衡度的估计系数在10%的显著水平上也显著为正，这说明当前的社会保障支出的地区差异在合理的区间内，对居民心理和认知上起到了正面的激励作用，进而提升了居民主观幸福感。此外，个体特征变量和宏观变量的估计系数的符号未发生明显变化，这表明本章所得结论是稳健可靠的。

第六节　本章小结

本章从人均社会保障支出和社会保障水平两方面测算了社会保障支出的地区差异的泰尔指数，并且运用CGSS2013数据实证分析了，社会保障支出及其地区差异对居民幸福感的影响。研究发现：①中国社会保障支出的总体地区差异呈现出了逐渐缩小的趋势，但社会保障水平的泰尔指数要明显高于人均社会保障支出的泰尔指数。也就是说，社会保障资源的配置与经济发展的匹配程度要低于它和人口数量的匹配程度。从三区域的泰尔指数分解结果来看，自2008年以来，中国社会保障支出的总体地区差异主要来自地区内差异，而且东部地区内差异较为严重。②人均社会保障支出、人均财政社会保障支出和人均社会保险基金支出明显提升了居民幸福感，但人均财政医疗卫生支出却不利于居民主观幸福感的提升。进一步研究发现，城镇居民基本医疗及新型农村合作医疗覆盖率的提高有助于提升居民的主观幸福感。因此，原因主要在于医疗保障供求结构间的矛盾以及医生职业环境的恶化。然而，社会保障水平有着不同的影响路径，除财政社会保障水平外，其他各项社会保障水平均与幸福感存在“U”形关系。③两种指标表征的社会保障支出的地区差异对居民幸福感存在着迥异不同的影响机制。省际人均社会保障支出的地区差异与居民幸福感之间表现为三次非线性关系，三区域地区差异则呈现出了倒“U”形关系；省际社会保障水平的地区差异与居民幸福感之间存在“U”形关系，三区域的地区差异则直接促进了居民幸福感的有效提升。显然，这种错综复杂的影响路径给政府相关政策的制定和执行带来了一定的难度。

第六章　环境保护支出、地方政府与居民幸福感

本章在中国式财政分权的框架下，构建中国地方政府在环境治理和提升居民幸福感层面的行为分析框架，并利用 CGSS2003—2013 的微观数据匹配地级市政府的环境保护支出等宏观数据，实证分析地方政府的环境污染行为和环境保护支出对居民主观幸福感的影响机理，为有效解决环境问题和提高居民幸福感提供一个可能的分析视角。

第一节　问题提出

当前中国的经济总量已经超过日本成为世界第二经济大国，但是依靠高投入、高消耗、高污染、低效率的粗放型增长方式支撑的增长速度是以环境污染为代价的（张军等，2009；彭宜钟等，2014；潘敏杰等，2017）。环境污染已经成为中国每个大城市面临的严重问题。中国以 PM 和 SO_2 衡量的空气质量在世界上是比较差的，仅有 1% 的城市居民呼吸到符合欧盟标准的空气（Jia，2012）。2001—2010 年中国 31 个省份中多达 20 个省份雾霾污染较为严重，集中于中部地区以及偏北的东部地区，该区域的 PM2.5 浓度均在 30 $\mu g/m^3$ 以上，远超世界卫生组织 10 $\mu g/m^3$ 的指导水平值（马丽梅和张晓，2014）。更严重的是，北京中心城区每年大约有 5100 人死于 PM2.5（Zheng et al.，2015）。相关研究指出，1998—2010 年，中国环境污染成本约占人均实际 GDP 的 8% ~10%，2012 年中

国的悬浮颗粒造成的消费损失和经济损失分别为160亿～690亿美元及220亿～1120亿美元（杨继生等，2013；Matus et al.，2012）。环境问题已经造成了中国巨大的社会经济成本和福利损失。

然而，环境资源的公共产品属性和自由取用的性质，意味着其不能通过自发的市场价格机制发挥有效的调节作用，导致该资源不合理地配置和使用。因此，政府有必要介入并干预环境问题。各国在经济社会的发展实践中也逐渐承担起了保护生态环境的责任，成为环境保护支出的责任主体。就具体情境而言，中国独特的“中国式分权”衍生出了政治晋升和财政压力的双重行为激励机制（荀丽丽和包智明，2007；Xu，2011；Jing et al.，2013；祁毓等，2014；赵霄伟，2014；贾俊雪等，2017），随之也塑造出了不同的中央政府与地方政府的环境责任及其公共财政支出格局。基于以上考虑，本章在中国式财政分权的框架下，讨论地方政府的环境行及其对居民主观幸福感的影响，这对于中国经济结构的调整，生态文明建设的加快推进，新常态下的经济社会发展的快速适应具有重要意义。

第二节 相关文献回顾及研究假设

本节主要围绕财政（环境）分权、财政支出、环境规制及生态转移支付等政府体制及其行为，对环境污染及居民幸福感的影响为主题进行文献回顾，并提出本章的研究假设。

6.2.1 环境分权与环境污染

现有关于地方政府与环境问题的研究大多在财政分权体制的背景下展开（Oates and Portney，2003；Banzhaf and Chupp，2010；谢波和项成，

2016；宋英杰和刘俊现，2019）。其中，讨论最多的是环境分权引起的逐底竞争（Race to the Bottom）[①]及污染避难所（Pollution Haven Effect）命题。Wheeler（2000）发现，在发展中国家（中国、墨西哥和巴西）并不存在竞争到底的现象。一方面，因为地方政府并非一个仅仅考虑物质收益的、消极被动的代理机构，它们会充分利用信息优势来权衡经济增长和环境保护。另一方面，消费者和投资者都将从良好的环境绩效中收益，并且随着经济收入和教育程度的提高，该地区的环境污染将执行更为严格的治理措施。但随后的实证检验并未发现切实的经验证据。Wheeler（2001）、Fredriksson 和 Millimet（2002）、Wood（2006）、Konisky（2007）、杨海生等（2008）、朱平芳等（2011）、张华（2014）等利用不同样本发现了，地方政府之间的环境规制存在普遍的逐底竞争行为。但 Levinson（2003）指出了竞争到顶的邻避现象（Not In My Backyard），当地居民环保偏好及官员的正向反馈使得环境规制措施更加严格，迫使相应企业和产业转移至其他地区。

Dasgupta 等（1997）认为，长远来看，竞争到底模型在中国是不成立的。因为政府环保代理机构并不总是短视和仅追求物质利益的，而且消费者和投资者重视环境绩效的价值取向也将起到重要作用（Wheeler，2010）。张文彬等（2010）和李胜兰等（2014）分别以 1998—2008 年和 1999—2010 年的不同数据样本独立地发现，地方政府的环境规制行为在 2003 年后由相互“模仿”转向“独立”施行，竞争行为趋向标尺效应，即地方政府的环境规制竞争行为由“逐底竞争”向“逐顶竞争”的方向转变。朱平芳等（2011）认为环境规制的“逐底竞争效应”在 FDI 处于

---

① 竞争到底模型是指，在高收入国家，严格的环境管制加大了污染型企业的污染成本，它为了保持原有的盈利模式和竞争力，转移至那些亟须工作机会和提高收入而环境标准较低的低收入国家或地区（Wheeler，2010）。

中高水平的城市之间较为显著，而在低水平 FDI 的城市间明显弱化。王文普（2013）也发现，由于环境规制具有较高的正向空间溢出效应，可能引发地区间环境“逐底竞争”行为。赵霄伟（2014）运用中国 2004—2009 年地级市以上城市的工业面板数据，通过空间 Durbin 面板模型发现，中国仅有中部地区的城际地方政府存在显著的竞争到底现象，东部和东北地区则表现出了环境规制的“差异化竞争”。祁毓等（2014）利用 1992—2010 年中国的环保机构及其人员的相关数据，构建了契合中国环境管理实际的分权指标，发现环境行政服务与管理、环境监测权、环境监管权，都和环境污染呈现出了稳定的显著的正向关系。宋英杰和刘俊现（2019）进一步分析了条块并存的环境分权对环境规制的作用机制。

综上所述，由于样本和衡量指标[①]选取的不同，大多数文献并未得到统一的实证结论。与此同时，竞争引致的相对宽松的环境规制地区必然成为污染型企业的优先选择地，从而形成污染避难所（Copeland and Taylor，2004；Cole，2006）。就国内研究而言，傅京燕和李丽莎（2010）、侯伟丽等（2013）及张友国（2015）分别利用 1998—2007 年、1999—2010 年和 2002—2010 年等不同时间段的中国省级数据，发现了污染避难所效应的存在。

6.2.2 环境保护支出、环境规制及转移支付与环境绩效

讨论地方政府的环境保护支出对环境污染影响的文献相对较少，而且结论有所差别。López 等（2011）通过 1980—2005 年 120 个国家及地

① 祁毓等（2014）指出中国实际上施行的是一种倾向于分权的环境管理体制，其通过环保机构及其人员的变迁来刻画环境行政服务与管理、环境监测权、环境监管权。即便如此，他指出环境分权依然根源于中国式财政分权，因此本章并未区分。关于财政分权与环境质量更为翔实的文献综述可参见张欣怡（2013）和 Sigman（2014）。

区的城市数据发现，环境保护支出显著减少了空气污染物（BOD及SO_2）和水污染物的排放，但总的公共支出规模的影响是中性的。Halkos和Paizanos（2013）则通过1980—2000年77个国家及地区的数据发现，环境保护支出对SO_2有显著的负向影响，但对CO_2的影响并不显著。李凯杰（2014）发现环境保护支出具有改善环境质量和推动经济增长的双重效用。陈思霞和卢洪友（2014）发现提高非经济性公共支出显著减少了污染排放，改善了环境质量，而且该影响具有一定的持续性。冯海波和方元子（2014）利用2003—2011年的中国286个城市数据发现，地方公共支出并未直接改善环境质量，而环境质量的改善主要通过经济增长的间接影响路径来实现。

适当的政府环境管制将带来企业的技术创新补偿效应，实现环境绩效和经济绩效共赢的“波特假说”（Porter and Linde，1995；李树和翁卫国，2014；陈思霞和卢洪友，2014）。[①]但大部分研究均证实了，政府环境管制的成本并未带来这种双赢效应（Domazlicky and Weber，2004；Färe et al.，2007；陈诗一，2010；李小胜和安庆贤，2012；薛钢和陈思霞，2014）。Zhang等（2011）利用1989—2008年的数据发现，严格的环境规制将有利于Malmquist-Luenberger表征的经济增长。当然也有学者发现二者存在“U”形关系（Lanoie et al.，2008；张成等，2011），一些学者则发现了环境规制的负面效应，在考虑隐形经济活动[②]的情况下，余长林和高宏建（2015）利用1998—2012年的中国省级层面数据发现，环境管制加剧了环境污染，不利于环境质量的改善（Elgin and Oztunali，2014）。环境管制强度每提高一个百分点，中国隐性经济规模将提高

① “波特假说”是指适当的环境管制将诱致技术创新，从而减少成本，提升企业竞争力或促进经济增长，并改善环境质量。

② 隐形经济活动（The Shadow Economy，影子经济），不受政府管制或监测的经济活动，如无营业执照的黑煤窑、制砖厂等（余长林和高宏建，2015）。

4.3%～10.9%。Albarran 和 Peralta（2011）以印度环境规制政策为研究对象，收集并构建了1986—2007年的城市面板数据，其中空气污染数据涵盖了140个城市，水污染数据涵盖424个城市的162条河流。该研究发现，由于人们对环境质量的不同需求，导致了空气污染规制与污染排放物和婴幼儿死亡率存在显著的反向关联关系，而水污染规制措施并不明显。即便是交通车辆的规制措施的作用也莫衷一是。Hasheminassab等（2014）分析指出，经过车辆排放管制，2008—2012年洛杉矶和鲁比杜的PM2.5较2002—2006年分别下降了24%和21%。Viard 和 Fu（2015）认为北京的车辆限行措施虽然降低了环境污染，但也降低了劳动力供给水平。

政府生态转移支付对环境治理绩效的研究同样相对较少。Ring（2004）发现德国各城市政府将生态转移支付主要用于容易被观测的环境治理方面。李国平等（2013）以国家重点生态功能区为研究对象，考察了转移支付的生态改善效果。吕凯波（2014）发现国家重点生态功能区生态环境绩效对县委书记的晋升起到了重要的影响，而经济增长绩效影响并不显著。孙开和孙琳（2015）利用灰色系统理论研究了中国的流域生态补偿标准与财政转移支付相结合的制度设计问题。刘炯（2015）选取2005—2010年中国东部六省46个地级市为研究样本，构建地方政府环境决策响应函数，并利用空间计量分析了生态转移支付对地方环境治理的激励效应。该研究发现，目前的生态转移支付对环境治理效果并不显著，且奖励型激励推动了环境规制行为，而惩罚型激励提升了财政性投入水平。但省级层面的财政转移支付的资金分配则根据自身情况设计，尚未形成统一的、规范的制度体系（伏润民和缪小林，2015）。在中国，虽然环境治理绩效已经成为中央政府对地方政府的显性制度激励，地方政府为了迎合中央政府关于节能降耗的目标任务，积极推行一些在考核体系中被计入的项目，如加大环境治理投资、出台各种环保制度和规定、发表重视环境的言论等，但实践中的环境治理绩效并未对官员起到有效的政治激励作用（冉冉，2013；Wang，2013；Wang and Alexander，2013；任丙强，2018）。

6.2.3 环境污染和治理与居民幸福感

国内外的相关研究主要集中于环境污染与居民主观幸福感的关系。Van Praag 和 Baarsma（2004）发现由于机场噪声的影响，生活在阿姆斯特丹机场 50 千米内的居民的幸福感显著低于其他地区。Welsch（2006）发现空气质量在跨地区和跨时期的幸福感变迁中起着重要的作用，而且 1990—1997 年西欧地区的居民愿意以每年人均 900～1400 美元来换取二氧化氮的减少。Welsch（2007）基于生活满意度的环境价值评估方法，利用 20 世纪 90 年代 54 个国家的面板数据计算出了人们的空气环境质量意愿支付边际货币价值，收入对污染的边际替代率介于［-0.06，-0.03］（美元/吨）的区间。Mansur（2007）发现，相对于庇古税（Pigouvian Tax），交易许可证（Tradable Permits）在不完全市场将更有利于福利的提高。Rehdanz 和 Maddison（2008）利用德国社会经济调查数据库（German Socio-economic Panel，SOEP）中 SOEP1994、SOEP1999 及 SOEP2004 发现，噪声和空气污染都显著降低了居民的自陈主观幸福感。Weinhold（2008）利用欧洲生活质量调查数据库（European Quality of Life Survey，EQLS）发现，被感知到的噪声污染对居民幸福造成了严重的负向影响，人们愿意每月支付 106 欧元来补偿这种影响。Ferreira 和 Moro（2009）基于主观幸福感的评估方法发现，良好的空气质量（PM10）和温暖的气候有利于爱尔兰居民幸福感的提升；但基于特征定价方法得到的估计结果并不稳健。Mackerron 和 Mourato（2009）以 2001—2010（预测）年英国 400 个调查者为样本得出，主观感知和客观测量的空气污染水平（NO_2和 PM10）与生活满意度均呈现出了显著的负向关联。Luechinger（2010）使用1979—1994年13个欧洲国家的数据发现，SO_2浓度对个体幸福感具有稳健的负向影响。Menz（2011）通过分析1990—2006年48个国家及地区的生活满意度数据发现，个体并不存在对空气污染（PM10）的习惯性适应效应（Habituation Effect Influences），并且当前的效用明显地受到了前期污染水平的影响。Tiwari（2011）利用1970—2005年21个国家的数据发现，环境恶化与居民幸福感之间存在显著的稳健的负向关系。Levinson（2012）利用美国的数据研究了1984—1996年美国空气污染和居民幸福感之间的关系，发现空气污染降低了美国居民的幸福感。Cuñado和Gracia（2013）利用欧洲调查数据库（European Social Survey，EES）发现气候变化和空气污染在西班牙不同地区的居民幸福感差异中起着重要的作用。Ferreira等（2013）使用2002—2007年的23个欧洲国家数据发现，SO_2浓度的增加会导致居民幸福感下降，Cuftado和Gracia（2013）在英国及西班牙也发现了类似结论。

就中国的环境污染及其治理对居民主观幸福感的影响而言，Smyth等（2008）利用2007年中国6个城市的数据构造了个人幸福指标（PWI），并发现空气污染、水污染和交通拥挤显著降低了居民幸福感。陈永伟和史宇鹏（2013）利用CFPS2010数据研究了PM10、SO_2、NO_2三类污染物对居民主观幸福的影响。其发现，三种污染物浓度平均各减少1 $\mu g/m^3$相当于给消费者分别带来343.602元、45.197元及232.443元的经济价值，它们分别相当于其年均收入的2.7%、0.4%以及1.8%。黄永明和何凌云（2013）指出空气污染对东部地区居民幸福感的影响较为显著。杨继东和章逸然（2014）利用CGSS2010并结合地级市数据研究发现，环境污染与幸福感之间存在显著的负向关联性，居民对下降1微克每立方米NO_2浓度的支付意愿是1144元；并且空气污染对低收入群体、农民和男性的影响更为显著。戴红军等（2015）以NO_2和颗粒物浓度为环境质量衡量指标，利用 CGSS2006 调查数据研究得出，环境质量的改善会提高居民的幸福感水平，且在影响程度上女性大于男性。李梦洁（2015）利用 CGSS2008 数据发现，环境污染通过影响居民的身体健康、生活质量和社会活动产生了幸福绝对剥夺效应，同时产生了群组异质性的相对剥夺效应。Liao 等（2015）辨识了环境质量的主观和客观测算方法对经验研究的影响，并利用 2010 年台湾社会变迁调查（Taiwan Social Change Survey）数据和月度污染物标准指数（Pollutant Standards Index，PSI）均值研究了个体福利与空气质量的关系。研究发现，客观指标 PSI 分别与主观感知空气质量水平和生活满意度显著相关；但当主观感知的空气质量水平视为内生于客观水平和生活满意度时，主观指标与生活满意度之间呈现出了显著的负向关系，而与客观指标并不相关。总体而言，客观空气质量对生活满意度存在间接作用，而非直接作用。Zhang 等（2015）利用中国 CFPS2010 和 CFPS2012 数据库中的 25 个省份的 162 个县市区的数据发现，糟糕的空气质量（SO_2等污染物浓度及能见度）将显著降低居民短期的主观快乐感知，增加抑郁症发病概率，而生活满意度将在很大程度上消解这种负面影响；并且 1 单位能见度的下降将带来 0. 043 单位主观幸福感的下降，人们愿意以 2. 9 元/人价格来购买这一单位空气质量的提高。

基于以上分析，本章提出研究假设 H1 和 H2 和 H3。

H1：财政（环境）分权导致环境恶化而降低了辖区居民幸福感。

H2：地方政府的环境保护支出规模的增加将通过环境质量优化而有效提升辖区内居民的主观幸福感。

H3：各种环境污染物对居民主观幸福感有着不同的影响方式。

第三节　模型设定、变量选择与数据

本节主要介绍本章所使用的计量方法、模型设定及变量选择等内容。

6.3.1　计量方法及模型设定

由于被解释变量自陈主观幸福感是有序分类变量，因而模型选择上需要采用离散型计量方法。鉴于混合 Logit 模型（Mixed Multinomial Logit Model，MMNL）能够同时克服多项 Logit 模型（MNL）关于个体同质性偏好和无关方案独立性（IIA）的假设，在模型设定上具有高度的灵活性，涵盖了大部分的离散随机效用模型（鲜文铎和向锐，2007；Oh and Shah，2014），因此，本章主要采用面板数据混合 Logit 模型进行实证分析。

借鉴 Welsch（2009）和 Connolly（2013）等已有的研究，本章设定具体模型的函数方程形式如公式（6.1）所示：

$$H_{ijt} = \alpha + \eta LEB_{jt}^{'} + \gamma Indu_{ijt}^{'} + \lambda Maro_{jt}^{'} + \zeta_j + \xi_t + \varepsilon_{ijt} \tag{6.1}$$

其中，H_{ijt}表示 t 年度地级市 j 第 i 个居民的自陈主观幸福感，$LEB_{jt}^{'}$、$Indu_{ijt}^{'}$和 $Maro_{jt}^{'}$分别表示 t 年度地方政府环境行为向量、人口学和社会学特征向量以及相关宏观控制向量，ζ_j 和 ξ_t 分别表示地区和时间固定效应，ε_{ijt}为随机扰动项。本章选用软件 Stata12.0 对上述模型进行估计。

6.3.2　变量选取

本节分别从因变量、自变量和控制向量等来具体说明变量的选取及其定义。

1. 因变量。本章选取了自陈主观幸福感作为因变量。中国综合社会调查项目组在 CGSS2003—2013 问卷中将该问题设置为“总体而言，您对自己所过的生活的感觉怎么样?”或“总的来说，您觉得您的生活是否幸福?”或“整体来说，您觉得您快不快乐”相应的选项为“非常不幸福（=1)，不幸福（=2)，一般（或说不上幸福不幸福=3)，幸福（=4）和非常幸福（=5)”。主观幸福感能够实际反映居民的身心一致的幸福评价，可视为客观测量方法的代理变量（Schimmack et al.，2002；Deaton，2012)。[①②]近年来，利用主观幸福感来统计分析公共产品和服务的价值，尤其是环境价值，已经成了较为流行和成熟的方法（Di Tella et al.，2001；Frey et al.，2004；Welsch，2007；Dolan and White，2010)。基于以上考虑，本章沿袭已有文献的研究进路，借助主观幸福感的微观数据匹配环境及相关宏观数据，分析地方政府的环境污染行为和环境保护支出对居民幸福感的影响机制。

2. 核心自变量。地方政府的环境行为难以概念化并使用唯一的指标来衡量，但主要包含环境污染和环境治理两个方面。其中，环境污染然易于理解和量化，学者通常采用工业废水、工业废气及工业固体废物排

---

① 本章忽略了问卷中由于环境污染与天气的交互影响而带来的问卷偏误。虽然有证据表明降水、温度、云层、气压、风速及相对湿度等天气与气候变量对居民主观幸福感有显著的影响（Frijters and van Praag，1998；Denissen et al.，2008；Maddison and Rehdanz，2011)，但在控制了个体固定效应后，这种关系便不再显著（Feddersen et al.，2012；Lucas and Lawless，2012)。这表明适应性理论在天气的幸福效应中起到了作用，即天气及气候只是瞬时作用于情绪层面，在长期中对人们的主观幸福感影响并不会完全显示在问卷中（Brereton et al.，2006；Graham，2009；Deaton，2012；Connolly，2013；Zhang et al.，2015)。此外，相关研究指出，人们认知幸福的能力要胜过个体本身对天气及自然环境的性格喜好（Schimmack et al.，2008)。由此，本章假设居民可识别出天气和环境污染对自身主观幸福感的影响。

② 在主流的环境福利分析中，大多数研究者认为自陈主观幸福感（Self-Rated Subjective Well-being)、生活满意度（Life Satisfaction）及幸福（Happiness）等概念等价，并不加以区分（Welsch，2007，2009；Menz and Welsch，2010)。

放量等指标来衡量环境污染程度。因此，本部分分别选取了工业废水排放量（万吨）、工业二氧化硫排放量（吨）、工业烟（粉）尘排放量（吨）三种污染物的人均值作为环境污染程度的衡量指标。环境治理包含的内容相对宽泛一些，如前文综述中所涉及的环境规制和生态转移支付等。但是限于本书的主题，该部分主要选取了地方政府的环境保护支出来衡量政府的环境治理努力和能力。具体而言，主要借鉴张征宇和朱平芳（2010）的研究思路，以人均污染治理投资额表征地方政府的环境保护支出。

3. 控制变量。现实中的地方政府并非同质。各地区的资源禀赋条件、文化习俗及居民需求极其偏好也各不相同，除了分权体制影响政府行为外，各地的经济社会环境的异质性都会对地方政府的行为演变和辖区居民幸福感产生重要的影响。因此，在实证过程中选择了财政分权、实际使用外资金额、人均 GDP、产业结构、人口密度、城市化率、失业率等宏观变量作为控制变量（Dasgupta and Wheeler，1997；Wang and Wheeler，2005；王文剑等 2007；Luechinger，2010；Levinson，2012；Ferreira et al.，2013；张华，2014）。此外，居民自陈幸福感和环境行为与个体的年龄结构、受教育程度、性别、自评健康、收入、婚姻、户籍、政治面貌及工作性质等因素休戚相关（Dolan et al.，2008；Deaton and Stone，2013；Ferreira et al.，2013；Zhang et al.，2015；Kimball et al.，2015）。因此，本章在以上宏观变量的基础上加入了 CGSS 所提供的个体人口学和社会学特征向量。变量的具体定义如表 6.1 所示。

表 6.1 相关变量定义

类别	变量定义	计算公式与处理方式
因变量		
幸福感	自称主观幸福感（*H*，总的来说，您觉得您的生活是否幸福?）	非常不幸福 =1，不幸福 =2，一般（或说不上幸福不幸福）=3，幸福 =4，非常幸福 =5
核心自变量		
环境污染	人均工业废水排放量（*rwast*）	工业废水排放量/年末总人口
	人均工业二氧化硫排放量（rso_2）	工业二氧化硫排放量/年末总人口
	人均工业烟（粉）尘排放量（*rdust*）	工业烟（粉）尘排放量/年末总人口
环境支出	人均污染治理投资额（*eep*）	环境污染治理投资/年末总人口
控制变量		
个体变量	性别（*gender*）	男 =1，女 =0
	年龄（*age*，您的出生日期——年）	2016 – 个体所报告的出生年份
	民族（*ethnic*，您的民族是）	汉族 =1，蒙古族/满族/回族/藏族/其他等 =0
	宗教信仰（*relife*，您的宗教信仰）	信仰宗教 =1，不信仰宗教 =0
	受教育程度（*educ*，您目前的最高教育程度）	低等教育（小学教育及以下）=1，中等教育（初中、高中、高职等）=2，高等教育（专科及以上）=3
	户籍（*hukou*，您目前的户口登记状况）	非农业户口/蓝印户口/居民户口/军籍 =1，农业户口/没有户口/其他 =0

（续）

类别	变量定义	计算公式与处理方式
控制变量		
个体变量	政治面貌（*party*，您目前的政治面貌是）	共产党员 =1，民主党派/共青团员/群众 =0
	自评健康（*health*，您觉得您目前的身体健康状况）	很不健康/比较不健康 =1，一般 =2，比较健康/很健康 =3
	绝对收入（*abincome*，您去年的全年家庭总收入是多少?）	全年家庭总收入/家庭人口数
	相对收入（*reincome*，您家的家庭经济状况在所在地属于哪一档?）	远低于平均水平 =1，低于平均水平 =2，平均水平 =3，高于平均水平 =4，远高于平均水平 =5
	婚姻（*marital*，您目前的婚姻状况）	初婚有配偶/再婚有配偶 =1，分居未离婚/离婚/丧偶/同居/未婚等 =0
宏观变量	人均 GDP（*rgdp*）	GDP/年末总人口
	财政分权（*rfd*）	地级市人均财政一般预算内支出/省人均财政一般预算内支出
	人均实际使用外资金额（*rfdi*）	实际使用外资金额/年末总人口
	产业结构（*indus*）	第二产业总产值/GDP
	人口密度（*popden*）	年末总人口/行政区域土地面积
	失业率（*unemploy*）	年末城镇登记失业人数/年末单位从业人数

6.3.3 样本选择及数据说明

本章采用的自陈主观幸福感的数据来自中国人民大学社会学系和香港科技大学社会调查中心合作的“中国综合社会调查项目”（CGSS），包括第一期项目中2003年度、2005年度、2006年度和2008年度的四次调查以及始于2010年的第二期调查（已发布了2010年度、2011年度、2012年度和2013年度四个年度）。2006年问卷未涉及主观幸福感的相关调研，因此放弃该年度问卷及其数据，进入样本分析的CGSS分别为2003年、2005年、2008年、2010年、2011年、2012年和2013年7年的数据集合。第一期以全国28个省、自治区、直辖市（不含港澳台）的1万个家庭中的一人作为随机抽样调查对象，第二期则以全国31个省、自治区、直辖市（不含港澳台）的1.2万户为对象，其中必选层4000个，抽选层13664个[①]。在剔除幸福有关问题中的“无填答/?”“拒绝回答”“不知道”“不适合”等缺失值后，进入有效考察样本的幸福分布情况如表6.2所示。表6.2显示，无论哪一年份，居民的主观幸福感在“一般”以上的选项占比均超过88.41%。不同的是，2003年与2005年的占比结构与其他年份有较大的变动。因此，本章在经验研究中分时间段进行了实证分析，并以CGSS 2010—2013的调研数据为基准样本进行分析。

---

① 虽然调查并非是精确到同一个个体的追踪调查，但是在地级市及以上更为宏观的层面可视为人格化的个体，即为“地级市个体”的追踪调查，这符合公共选择学方法论上的个体主义及逻辑分析的自洽性。布坎南曾指出集体行动必由个体行动组成，而帕累托福利经济学本身的假设前提或立论基础就是个人福利的偏好和关注（Sugden，2011；Infante et al.，2015），即使涉及集体，也是个体垂直加总而非水平加总的福利分析。相对于庞大的抽查人口和繁杂的调查任务，这种处理在统计上并不影响结果。

表 6.2　自陈主观幸福感的分布情况

原始数据		2003 年	2005 年	2008 年	2010 年	2011 年	2012 年	2013 年
非常幸福	样本容量	299	589	1262	1881	1142	1879	1572
	所占比重%	5.09	5.68	21.03	15.99	20.34	16.03	13.81
幸福	样本容量	1896	4162	2577	6652	3346	6938	6653
	所占比重	32.28	40.13	42.95	56.53	59.60	59.18	58.46
一般	样本容量	2926	4674	1466	2081	641	1864	2130
	所占比重	49.81	45.06	24.43	17.69	11.42	15.90	18.72
不幸福	样本容量	619	802	556	905	373	866	847
	所占比重	10.54	7.73	9.27	7.69	6.64	7.39	7.44
非常不幸福	样本容量	134	145	139	248	112	177	178
	所占比重	2.28	1.40	2.32	2.11	2.00	1.51	1.56
样本总计		5874	10372	6000	11768	5615	11724	11380
匹配数据		**2003 年**	**2005 年**	**2008 年**	**2010 年**	**2011 年**	**2012 年**	**2013 年**
非常幸福	样本容量	277	557	1190	1621	1003	1695	1337
	所占比重	5.43	5.75	21.13	16.02	20.64	16.61	13.79
幸福	样本容量	1663	3928	2417	5742	2912	6086	5761
	所占比重	32.58	40.57	42.91	56.74	59.92	59.63	59.42
一般	样本容量	2520	4312	1377	1767	536	1543	1749
	所占比重	49.36	44.54	24.45	17.46	11.03	15.12	18.04
不幸福	样本容量	539	747	521	775	312	725	701
	所占比重	10.56	7.72	9.25	7.66	6.42	7.10	7.23
非常不幸福	样本容量	106	138	128	214	97	157	148
	所占比重	2.08	1.43	2.27	2.11	2.00	1.54	1.53
样本总计		5105	9682	5633	10119	4860	10206	9696

数据来源：作者计算编制。

限于数据的可得性及可靠性，本章节以地级市政府为研究样本。相对于国家和省级环保机构，地级市环保局可视为管理层级的最小单位。

所涉及的宏观数据来源于《中国城市统计年鉴》《中国环境统计年鉴》《中国统计年鉴》《地方统计年鉴》及相关统计公报等。其中，本章节将北京市、天津市、上海市和重庆市4个直辖市等同一般地级市单元来分析。此外，2012—2014年的《中国城市统计年鉴》并未公布工业废水排放达标量或工业废水排放达标率和环境治理投资额或三废综合利用产品产值，对此，本章除了比对《中国环境统计年鉴》及相关公报外，主要利用多重填补方法及均值替代法等进行了缺失值的填补。

通过CGSS2003—2013年的微观数据与宏观数据的匹配，最终筛选出了中国138个地级市的55301个个体作为实际分析样本。该混合样本中2003—2013年的样本容量分别为5105个、9682个、5633个、10119个、4860个、10206个和9696个。表6.2显示匹配后的样本结构与原始样本基本一致。这也在数据处理层面保证了经验研究结论的可信性和可靠性。由于环境污染及其治理绩效的滞后性，本章选取了当期环境污染和环境治理的滞后一期进行估计。其他相关宏观变量也均取滞后一期。本章节对所涉及的连续变量取对数，并在1%和99%分位上进行了缩尾处理（Winsorize），以消除异方差和异常值的影响。

第四节　实证结果分析与讨论

本节在以上模型设定和数据准备的基础上，通过实证分析来验证前文提出的研究假说。

6.4.1　描述性统计及相关性分析

6.4.1.1　描述性统计

表6.3（及附录C1）报告了各变量分时段的描述性统计特征。可以

发现，由于时间段较长，2010—2013 年环境保护支出水平（Panel A）相对于其他两个时段（Panel B 和 Panel C，详见附表 C1）较高，期间的各种污染物排放量也较少。从个人特征来看，各时段在年龄结构、教育程度、政治面貌以及户籍状态等的构成上较为相近，实证分析需要的数据结构较为一致。

表 6.3　变量的描述性统计

变量	样本数	均值	标准差	最小值	最大值
Panel A：2003—2013 年					
h	55300	3.6794	0.8712	1	5
eep	38604	2.0772	0.9563	0.5500	5.0990
rwast	55025	1.2433	0.4144	0.0919	2.4394
rso_2	55233	2.0859	0.3701	0.9219	2.8010
rdust	54205	1.7338	0.3696	0.9802	2.5374
gender	55105	0.5033	0.5000	0	1
age	55300	53.5056	15.1629	20	106
age^2	55300	3092.7550	1685.2310	400	11236
ethnic	55300	0.9259	0.2619	0	1
relife	40513	0.4887	0.4999	0	1
educ	55300	1.8057	0.6697	1	3
hukou	55300	0.5269	0.4993	0	1
party	55300	0.1236	0.3291	0	1
health	50195	2.4569	0.7582	1	3
abincome	55300	3.9076	0.5117	1.3980	6.4470
reincome	55300	2.5206	0.8048	1	5
marital	55300	0.8261	0.3791	0	1
rgdp	55300	4.4629	0.2801	3.7770	4.9670
indus	55300	1.6809	0.0949	1.3560	1.8710
unemploy	55164	0.7120	0.2439	-0.0050	1.2330

（续）

变量	样本数	均值	标准差	最小值	最大值
popden	55300	2.5956	0.3727	1.7570	3.3520
fd	55300	0.9434	0.3848	0.2570	2.0000
rfdi	54692	1.9079	0.7122	0.2360	3.1800
Panel B：2003—2005 年					
h	14787	3.3709	0.7868	1	5
eep	14787	1.6847	0.5266	0.3750	2.7490
rwast	14787	1.2896	0.3398	0.5816	2.1133
rso_2	14787	2.2083	0.3160	1.3254	2.9490
rdust	14787	1.7937	0.3286	0.9802	2.5469
Panel C：2010—2013 年					
h	34880	3.8046	0.8553	1	5
eep	18299	2.4634	1.1637	1.1070	5.1840
rwast	34605	1.2385	0.4785	-0.0180	3.1914
rso_2	34813	2.0288	0.3770	0.9219	2.7285
rdust	33785	1.7215	0.3800	1.0678	2.5374

为了较为直观地辨识地方政府的环境行为与居民主观幸福感的关系，本节绘制了主要变量之间的散点图，拟合了工业废水排放量、工业二氧化硫排放量、工业烟（粉）尘排放量和环境保护支出与居民主观幸福感之间的关系曲线。具体如图 6.1 所示。在实际操作过程中，本章在线性关系不显著的情况下，尝试加入高次项来识别变量之间可能存在的非线性关系。在此基础上，同时采用了 2003—2013 年、2003—2005 年和 2010—2013 年等不同时间段重复了同样的操作，得到的结果相似，表明了图 6.1 所显示关系的稳健性。

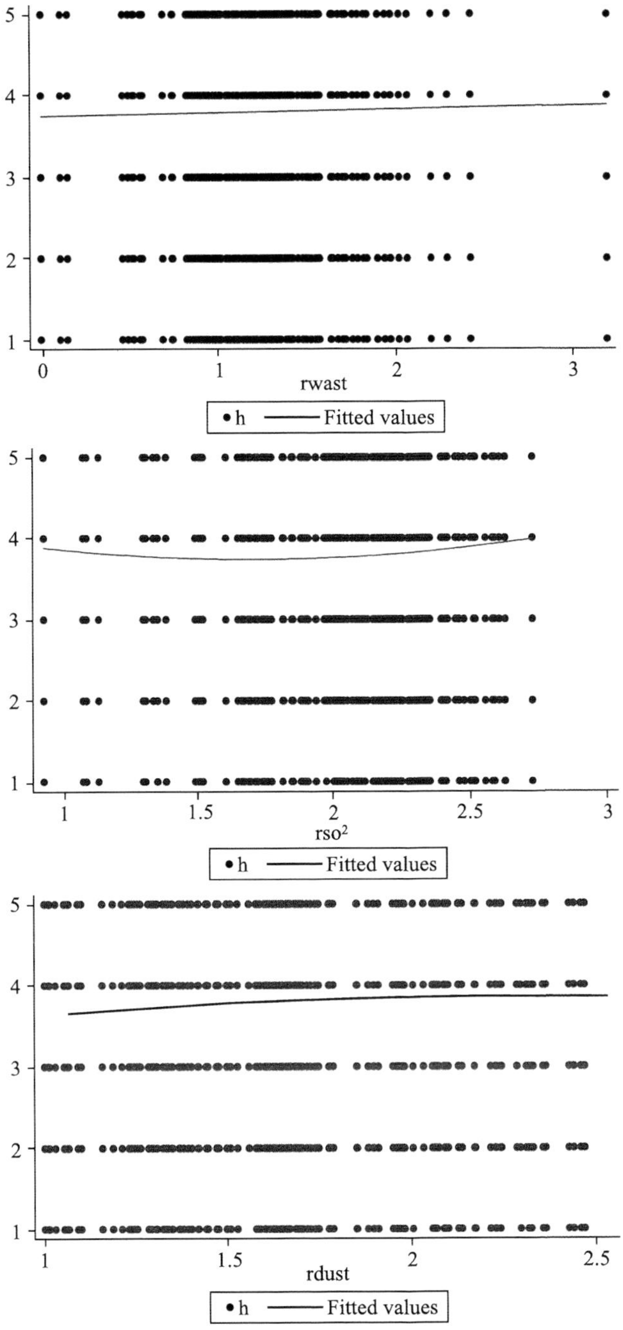

图 6.1 环境污染和环保支出与居民幸福感的拟合曲线

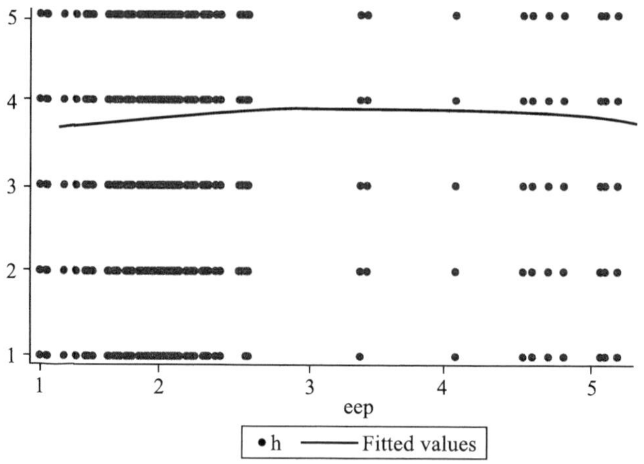

图 6.1　环境污染和环保支出与居民幸福感的拟合曲线（续）

从图 6.1 可以大致看出，人均工业废水排放量、工业二氧化硫排放量、工业烟（粉）尘排放量与居民幸福感之间分别存在线性、“U”形和倒“U”形关系，环境保护支出与主观幸福感之间存在显著的倒“U”形的函数关系。当然，更为严格的影响机制还需要进一步的实证检验来论证。

6.4.1.2　Pearson 相关系数和 Spearman 秩相关分析

表 6.4 汇报了本章主要变量之间的 Pearson 相关系数和 Spearman 秩相关系数。从 Pearson 相关系数可以看出，居民自评主观幸福感与环境保护支出在 1% 的显著水平上呈现显著的正相关关系，人均工业废水排放量、工业烟（粉）尘排放量呈现显著的负向关系，但工业二氧化硫排放量并不显著。此外，居民幸福感与财政分权和人均实际使用外资金额在 1% 的显著水平上表现出了截然相反的相关关系。相对应的 Spearman 秩相关系数也印证了以上关系的稳定性。从相关系数符号上来看，主要变量与主观幸福感之间的关系基本符合本章的预期。

表 6.4　主要变量的相关系数矩阵

变量	***h***	***eep***	***fer***	***rwast***	***rso₂***	***rdust***	***fd***	***rfdi***
h	1	0. 120*** (0. 000)	0. 160*** (0. 000)	-0. 020*** (0. 000)	0. 005 (0. 380)	-0. 023*** (0. 000)	-0. 067*** (0. 000)	0. 080*** (0. 000)
eep	0. 094*** (0. 000)	1	0. 394*** (0. 000)	0. 285*** (0. 000)	0. 179*** (0. 000)	0. 004 (0. 399)	-0. 219*** (0. 000)	0. 479*** (0. 000)
rwast	0. 007* (0. 085)	0. 231*** (0. 000)	0. 083* (0. 000)	1	0. 453*** (0. 000)	0. 283*** (0. 000)	-0. 047*** (0. 000)	0. 214*** (0. 000)
rso_2	-0. 007 (0. 102)	-0. 008 (0. 138)	-0. 188* (0. 000)	0. 272*** (0. 000)	1	0. 638*** (0. 000)	-0. 015*** (0. 006)	-0. 033*** (0. 000)
rdust	-0. 022*** (0. 000)	-0. 014*** (0. 005)	-0. 147*** (0. 000)	0. 228*** (0. 000)	0. 495*** (0. 000)	1	0. 041 (0. 000)	-0. 165 (0. 000)
fd	-0. 025*** (0. 000)	-0. 306*** (0. 000)	-0. 030*** (0. 000)	0. 009*** (0. 043)	0. 050*** (0. 000)	-0. 028*** (0. 000)	1	-0. 223*** (0. 000)
rfdi	0. 053*** (0. 000)	0. 518*** (0. 000)	0. 255*** (0. 000)	0. 359*** (0. 000)	0. 017*** (0. 000)	-0. 122*** (0. 000)	-0. 048*** (0. 000)	1

注：①***、**、*分别表示在 1%、5% 和 10% 的显著水平上拒绝原假设；②左下角为 Peasron 检验的相关系数，右上角为 Spearman 检验的相关系数。

6.4.2 基本回归结果

表6.5报告了各时段OLS和MMNL的基本回归结果。结果显示，环境保护支出与居民的自陈主观幸福感在不同的时间段表现出了不同的作用机制：在10%的显著水平上，2003—2005年二者呈现“U”形关系，2010—2013年和2003—2013年两者则表现为倒“U”形关系。在样本区间内，2003—2005年环境保护支出达到6.0885元/人的拐点才有利于居民幸福感的提升，而在2010—2013年环境保护支出超过18.4436元/人时，将显著降低居民幸福感。比照现实数据，2003—2005年的实际环境支出为6.1836元/人，高于拐点值，已经转到了促进地区居民幸福感的右侧区间；2010—2013年的实际支出为15.1702元/人，还未达到拐点值，也处于增加环境保护支出便会提升幸福感的区间内；整体来看，2003—2013年的实际环境保护支出为11.9415元/人，亦低于拐点值12.6594元/人。因此，无论处于哪一阶段，增加环境保护支出都将显著提升居民幸福感。

此外，表6.5显示面板数据Probit模型的结果均不显著，这根源于该方法要求随机误差服从正态分布函数。本章绘制了随机误差项的核密度函数，如图6.2所示。显然，随机误差的数据分布特征并不是正态分布。因此，在后续的研究中放弃了这种估计方法。

表 6.5 模型的基本回归结果

变量	2003—2013 年			2003—2005 年		2010—2013 年	
	OLS	MMNL	MProbit	OLS	MMNL	OLS	MMNL
eep	0.206***	0.347*	0.196	-0.234***	-1.633***	0.408***	0.585**
	(0.040)	(0.188)	(3.549)	(0.074)	(0.602)	(0.052)	(0.280)
eep^2	-0.041***	-0.066**	-0.037	0.066***	0.444**	-0.071***	-0.099**
	(0.006)	(0.030)	(0.668)	(0.021)	(0.178)	(0.008)	(0.043)
rwast	-0.080***	-0.092	-0.039	-0.122***	-0.273*	-0.073***	-0.267***
	(0.018)	(0.092)	(0.708)	(0.030)	(0.156)	(0.015)	(0.047)
rso_2	-0.385***	-1.030***	-0.133	-1.422***	-7.826***	-0.930***	-0.179***
	(0.089)	(0.314)	(2.428)	(0.320)	(2.181)	(0.166)	(0.060)
rso_2^2	0.122***	0.262***	0.031	0.323***	1.808***	0.245***	
	(0.024)	(0.080)	(0.568)	(0.072)	(0.492)	(0.043)	
rdust	0.573***	1.607**	0.779	-0.475**	-3.551***	1.357***	2.209**
	(0.155)	(0.723)	(14.105)	(0.242)	(0.907)	(0.185)	(1.046)
$rdust^2$	-0.117**	-0.389*	-0.183	0.156**	0.974***	-0.316***	-0.481
	(0.045)	(0.209)	(3.317)	(0.068)	(0.251)	(0.053)	(0.300)
gender	-0.051***	-0.168***	-0.093	-0.023	-0.082	-0.046***	-0.162**
	(0.011)	(0.054)	(1.676)	(0.015)	(0.082)	(0.012)	(0.064)
age	-0.038***	-0.099***	-0.051	-0.044***	-0.128***	-0.034***	-0.092***
	(0.003)	(0.015)	(0.923)	(0.004)	(0.022)	(0.003)	(0.017)

（续）

变量	2003—2013 年			2003—2005 年		2010—2013 年	
	OLS	MMNL	MProbit	OLS	MMNL	OLS	MMNL
age^2	0.000***	0.001***	0.001	0.000***	0.001***	0.000***	0.001***
	(0.000)	(0.000)	(0.010)	(0.000)	(0.000)	(0.000)	(0.000)
ethnic	-0.040*	-0.002	-0.012	-0.043	-0.013	-0.099***	-0.263*
	(0.023)	(0.107)	(0.224)	(0.032)	(0.163)	(0.026)	(0.145)
relife	0.016	-0.016	-0.008			0.005	-0.067
	(0.018)	(0.082)	(0.157)			(0.019)	(0.096)
educ	0.030**	0.195***	0.103	0.028*	0.073	0.010	0.211***
	(0.011)	(0.056)	(1.869)	(0.015)	(0.087)	(0.012)	(0.069)
hukou	-0.026*	-0.049	-0.023	-0.023	-0.173	-0.020	-0.116
	(0.014)	(0.066)	(0.420)	(0.020)	(0.107)	(0.016)	(0.080)
party	0.067***	0.325***	0.154	0.094***	0.510**	0.073***	0.458***
	(0.018)	(0.109)	(2.794)	(0.025)	(0.181)	(0.020)	(0.136)
health	0.192***	0.573***	0.306	0.084***	0.715***	0.183***	0.586***
	(0.008)	(0.055)	(5.534)	(0.010)	(0.047)	(0.009)	(0.068)
abincome	0.115***	0.417***	0.224	0.243***	0.793***	0.101***	0.385***
	(0.015)	(0.077)	(4.051)	(0.022)	(0.116)	(0.017)	(0.093)
reincome	0.288***	0.957***	0.492	0.223***	0.783***	0.271***	0.959***
	(0.008)	(0.076)	(8.898)	(0.009)	(0.051)	(0.009)	(0.091)

（续）

变量	2003—2013 年			2003—2005 年		2010—2013 年	
	OLS	MMNL	MProbit	OLS	MMNL	OLS	MMNL
marital	0.237***	0.790***	0.425	0.333***	1.164***	0.253***	0.854***
	(0.016)	(0.093)	(7.696)	(0.023)	(0.107)	(0.017)	(0.114)
rgdp	0.279***	0.284	0.125	−0.016	−0.335	0.147***	0.559***
	(0.047)	(0.219)	(2.264)	(0.073)	(0.236)	(0.054)	(0.124)
indus	−0.464***	−1.238***	−0.605	0.492***	1.363***	−0.782***	−1.180***
	(0.081)	(0.386)	(10.955)	(0.133)	(0.421)	(0.085)	(0.218)
unemploy	0.337**	−0.167	−0.112	0.133	−1.235***	0.085**	0.014
	(0.126)	(0.626)	(2.045)	(0.112)	(0.404)	(0.034)	(0.101)
unemploy^2	−0.249**	0.016	0.026	−0.031	0.883***	−0.093***	
	(0.093)	(0.448)	(0.523)	(0.081)	(0.303)	(0.026)	
popden	−0.080***	−0.117	−0.060	−0.068**	−0.556***	−0.162*	−0.084
	(0.022)	(0.101)	(1.087)	(0.034)	(0.184)	(0.087)	(0.063)
fd	0.172**	0.423	0.218	−0.133***	−0.467***	−0.074*	−0.286***
	(0.078)	(0.353)	(3.955)	(0.023)	(0.135)	(0.042)	(0.052)
fd^2	−0.088**	−0.297*	−0.154				
	(0.035)	(0.160)	(2.791)				
rfdi	−0.053***	−0.043	−0.020	0.046*	0.164*	−0.041**	0.029
	(0.015)	(0.066)	(0.366)	(0.026)	(0.086)	(0.016)	(0.043)

（续）

变量	2003—2013 年			2003—2005 年		2010—2013 年	
	OLS	MMNL	MProbit	OLS	MMNL	OLS	MMNL
cons	0.977*** （0.312）	-3.994*** （1.434）	-1.961 （35.492）	2.377*** （0.518）	6.175* （3.175）	0.284 （0.373）	-2.956 （2.118）
地区效应	Yes	Yes	Yes	Yes	Yes	Yes	Yes
年度效应	Yes	Yes	Yes	Yes	Yes	Yes	Yes
Obs	22542	22542	22542	9270	9270	17315	17315
Log-likehood		-5913.05	-5919.48		-2248.88		-4327.93
Wald chi^2		187.36 （0.000）	0.01 （1.000）		895.10 （0.000）		126.59 （0.000）
Adj-R^2	0.1515			0.1851		0.1525	

注：***、**、*分别表示1%、5%及10%的显著性统计水平，括号内为标准误。

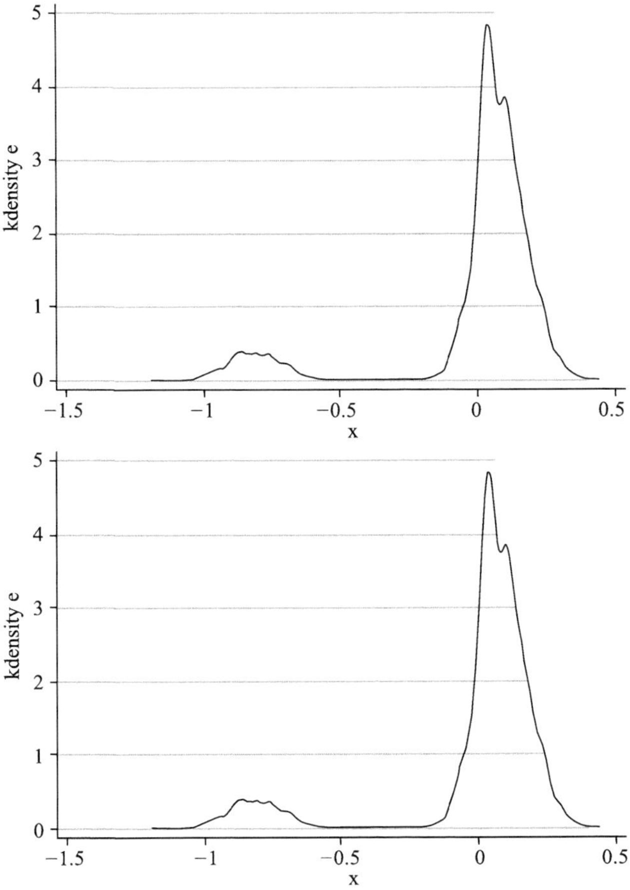

图 6.2　模型随机误差的核密度函数（CGSS2003—2013 及 CGSS2010—2013）

单纯地根据数据和计量经济模型可能得到反直觉的结论。比如，上文实证所得结论，工业二氧化硫和工业烟（粉）尘并未直接降低幸福感，而是分别呈现出了“U”形和倒“U”形的非线性影响方式。工业废水的表现较为符合我们的经验直觉，在10%的统计水平上显著为负。其实，相较而言，工业废水对于居民生活及身体健康的影响更为直接，居民对洁净水源的需求更高（Albarran and Peralta，2011）。其次，二氧化硫对主观幸福感具有显著的短期降低效应，增加抑郁症发病率

(Luechinger, 2009; Zhang et al., 2015)。实证中“U”形曲线的左侧部分证实了该观点，而曲线右侧以及工业烟（粉）尘的倒“U”形曲线则表明了人们对空气污染的习惯性适应效应（Habituation Effect Influences），人们为了收入的增长而忽略空气质量的不断恶化，逐渐适应这种空气质量。2010—2013 年工业 SO_2由非线性函数关系直接转变为斜率为负的线性关系，这主要由于近年来雾霾天气引起的居民对空气质量的空前关注而发生了改变。[①]这显然与 Menz（2011）的结论不一致。以上结果与统计意义上的拟合曲线形状相符，表明了结论的可靠性。而这也部分支持了前文提出的假说 H2 和 H3。

与此同时，表 6.5 所表征的解释变量与居民主观幸福感之间的非线性关系，以及少数变量（失业率、财政分权等）在方程中所表现出来的不稳定性，可能受到各变量之间交互路径的影响（Luechinger, 2010; Levinson, 2012）。例如，Menz 和 Welsch（2010）发现年龄结构与空气环境质量之间存在符合流行病学的“U”形关系[②]；Bezdek 等（2008）及赵连阁等（2014）等指出，环境保护支出通过增加就业及改变要素流动方向而影响居民幸福感；朱平芳等（2011）与 Sigman（2014）等发现财政分权显著加剧了环境污染。这些变量可能因多重共线性或内生于环境污染及治理行为而改变影响居民幸福感的方向。因此，本部分以 2010—2013 年为基准样本，进一步检验了变量间可能的交互影响途径，

① 这一点可以从近年来关于中国空气污染与患病率及死亡率的大量文献爆发式增长得到（Matus et al., 2012; Ebenstein, 2012; Zhang et al., 2015; 陈硕和陈婷, 2014; Viard and Fu, 2015; 祁毓等, 2015）。

② 这里的病理学分析仅限于空气污染方面的流行病理分析上。流行病学（Epidemiological Evidence）认为，空气污染对孩童和老年人的危害要重于中年人（Fischer et al., 2003; Bayer et al., 2009）。本节构造了二氧化硫与年龄的交乘项，实证发现二氧化硫通过年龄结构进一步恶化了居民幸福感（方程估计中对应的系数值及统计量为 -0.0049 [0.0009], *Log-likehood* = -10132.22, Wald chi2 = 49.84）。

并以此来降低模型的变量遗漏偏差及内生性的影响。

6.4.3 进一步分析

交互影响路径的实证分析结果如表 6.6 所示。表 6.6 第 1 列的人口密度与各污染物的交乘项的估计结果显示，人口的集聚使得居民生活的自然互动空间收窄，并加剧了空气污染以及水污染，这明显不利于居民自身的生物免疫系统和健康水平（Wilson，1993；Guillen et al.，2013；Desmet and Rossi-Hansberg，2013），进而降低了居民主观幸福感水平。这与表 6.5 中户籍所表现出的负向影响相呼应。表 6.5 第 1 列城市户籍（统计性描述显示全样本中城镇居民占比达到了 53%）对幸福感的负向作用显著。第 2 列显示，实际使用外资金额加重了环境污染，进而降低了居民主观幸福感。实际使用外资金额显著的经济效应、溢出效应及流动性充分彰显了政府间对流动性要素的竞争行为（王文剑等，2007；张华，2014；邓慧慧和桑百川，2015）。外商投资企业大多分布于污染密集型行业（陈凌佳，2008），但地方政府在晋升和财政税收激励机制的诱导下倾向于引进这些产业或企业，以促进该地区的经济增长而忽视了辖区内居民福利的最大化。

表 6.6 交叉路径的 MMNL 回归结果

变量	路径 1	路径 2	路径 3	路径 4
popden_ rwast	-0.1180 *** (0.0175)			
popden_ rso$_2$	-0.0434 * (0.0220)			
popden_ rdust	-0.0996 *** (0.0248)			
rfdi_ rwast		-0.1238 *** (0.0212)		

（续）

变量	路径 1	路径 2	路径 3	路径 4
rfdi_ rso$_2$		-0.0709 *** (0.0260)		
rfdi_ rdust		-0.1025 *** (0.0301)		
eep_ unemploy			0.1392 *** (0.0372)	
eep_ fd				0.1837 *** (0.0417)
Obs	33535	33440	17938	17938
Log-likehood	-10114.06	-10054.43	-5350.14	-5346.82
Wald chi^2	84.76 (0.000)	92.38 (0.000)	28.94 (0.000)	35.82 (0.000)

注：***、**、*分别表示1%、5%及10%的显著性统计水平，括号内为标准误。

环境保护支出与失业率交乘项（第4列）的正值系数表明，环境保护支出对就业的负面冲击较小，更多的是造成了劳动要素在不同部门和企业间的流动配置，而且在环保部门创造了新的就业岗位（Tombe and Winter，2015；林伯强和李江龙，2015；Viard and Fu，2015）。在第5列，环境保护支出与财政分权的交乘项在1%的显著水平上显著为正，表明环境保护支出更多的是对辖区居民环境偏好及需求的回应，以提供完善的环境设施，这与地方市长的晋升有着较大关联（陈硕和高琳，2012；Jing et al.，2013；Cai，2015），显然这能够正面促进居民幸福感的提升。这与表6.5显示出的环境保护支出与居民幸福感的非线性关系相互印证。

在各个模型中，个体的人口学与社会学特征向量与大多数的研究结论基本一致。在1%的统计水平上，年龄与主观幸福感之间存在显著的

"U"形关系。教育与婚姻将带来更高的生活满意度和幸福感的认知，因此二者对居民幸福感的正向作用也越明显。中共党员带来的正向效应与先前的研究相似，这与党员获得较高社会地位与收入，以及优质社会网络的较高可能性及良好预期相关（Appleton et al.，2005；Jiang et al.，2012；Jia and Lan，2013）。健康状况作为生物本性、人力资本及环境保护的重要变量之一，显然对居民幸福感具有正向促进作用（Zivin and Neidell，2013）。对于收入而言，相对收入和绝对收入均在1%的显著水平上促进了居民幸福感的提升（Diener et al.，2012；Easterlin，2013）。

然而，表6.5中宏观变量的系数值符号变化并不一致。同样地，本部分认为这可能主要是由变量之间的交叉路径引致。此外，本部分借鉴包群和彭水军（2006）、王敏和黄滢（2015）等所构建的模型，在所得的138个地级市数据的基础上，进一步验证了环境污染与人均GDP之间的关系。由于人均GDP等水平值一般是非平稳的，因此，首先应对基础数据进行一阶差分以保证数据的平稳性，其次运用最小二乘估计来验证中国环境库兹涅茨曲线的存在性①，具体结果如表6.7所示。结果显示，2010—2013年中国地级市层面的环境污染与人均GDP存在显著"U"形关系，这与王敏和黄滢（2015）的结论相一致。通过简易计算可知，人均工业废水排放量、人均工业二氧化硫排放量和人均工业烟（粉）尘排放量对应的人均收入的拐点值分别为57.2419元、33.9331元和98.5017元；但这期间实际人均GDP已经达到了97.3597元。该结果意味着，现阶段工业废水和工业二氧化硫排放量均处于"U"形曲线的左侧，即人们对于二者的敏感性更强；而工业烟（粉）尘排放量处于"U"形曲线的右侧，即居民愿意牺牲环境质量来换取经济的增长，以提高社会福利

① 环境污染与经济增长（或人均收入）之间的倒"U"形或"N"形函数关系称为环境库兹涅茨曲线（Grossman and Krueger，1995）。

水平。这个结论在一定程度上支持了前文关于各环境污染物对居民主观幸福感的不同影响方式的结论。

表 6.7 环境库兹涅茨曲线的检验结果

变量	工业废水	工业二氧化硫	工业烟（粉）尘
rgdp	-4.622 *** (0.177)	-0.289 ** (0.141)	2.497 *** (0.140)
$rgdp^2$	0.571 *** (0.020)	0.041 ** (0.016)	-0.272 *** (0.016)
indus	1.091 *** (0.024)	1.514 *** (0.015)	1.332 *** (0.015)
popdew	-0.035 *** (0.005)	-0.018 *** (0.005)	-0.261 *** (0.005)
fd	0.058 *** (0.004)	0.053 *** (0.004)	-0.019 *** (0.004)
rfdi	0.098 *** (0.004)	0.007 ** (0.003)	0.006 (0.004)
cons	8.475 *** (0.384)	-6.170 *** (0.295)	0.653 ** (0.300)
$Adj\text{-}R^2$	0.2238	0.1839	0.1976

注：***、**、* 分别表示 1%、5% 及 10% 的显著性统计水平，括号内为标准误。

第五节 本章小结

本章利用 2003—2013 年中国综合社会调查组提供的微观数据，匹配环境污染及治理等宏观数据，进而构造了 138 个地级市的数据样本；并应用混合 Logit 模型及有序 Logit 等估计方法研究了地方政府环境污染和环境保护支出对居民主观幸福感的影响。结果表明：①地方政府的工业废水排放量显著降低了居民幸福感；虽然工业二氧化硫和工业烟（粉）尘排放量与幸福感之间分别呈现“U”形和倒“U”形的函数关系，居民对以上污染物存在习惯性适应效应，短期内不会对幸福感造成较大的影响，但 2010—2013 年工业二氧化硫排放量与幸福感间的非线性关系直接转化为斜率为负的线性关系，这表明当前二氧化硫的排放量已经超出了居民的容忍范围。②地方政府的环境保护支出在不同的时间段表现出了不同的影响路径。在实际使用的样本内，2003—2005 年环境保护支出人均达到 6.0885 元才能够发挥提升幸福感的作用，而在 2010—2013 年支出超过 18.4436 元/人则会降低居民幸福感。但比照实际环境支出，当前地方政府只要增加该项支出，就能够有效地提升居民幸福感。

第七章　研究结论与展望

幸福不仅是个体不懈努力的终极追求，还是政府行为的至善选择。本书以财政民生支出为切入点，基于不同的数据库，采用多种计量方法，考察了财政教育支出、社会保障支出（包含医疗卫生支出）和环境保护支出等对居民幸福感的影响机理，并得到了较为丰富的结论。本章首先对前文的主要研究进行总结，并提出相应的政策建议；其次分析了本书研究的不足并对进一步的研究方向进行了展望。

第一节　研究结论

7.1.1　主要研究结论

首先，相关统计分析结果显示：第一，就财政民生性支出而言，自2002年以来，中国财政教育支出总体规模较低，而且基础教育支出相对于中高等教育支出过少；医疗卫生支出低于世界平均水平，社会保障支出与就业投入资金得到了较好的保证；环境保护支出较之于前几项支出过少。第二，就居民的主观幸福感而言，总体上，中国自感幸福的人群占比由2003年的37.24%上升至2013年的71.91%，但以2011年为节点转向下降态势，及至2013年已下降近8个百分点；不同群体的幸福感存在一定的差异。

其次，财政教育支出对社会阶层和居民幸福感的实证结果显示：第一，当前财政教育总体支出水平和各层次教育支出水平，均对居民幸福感具有显著的促进作用，但均不利于社会阶层认同和代际流动。这表明公共教育支出并未有效缓解现实中存在的“二代”“寒门难出贵子”等阶层固化现象。第二，社会阶层在财政教育支出促进幸福感的链条中起到了中介作用。其中，主观阶层认同在高等教育支出的幸福效用中扮演了完全中介的角色，阶层认同和代际流动在其他层次的教育支出中起到了部分中介的作用。第三，财政教育支出的地区差异伴生了负向隧道效应，对居民幸福感、阶层认同和代际流动均产生了负向影响。

再次，社会保障支出及其地区差异对居民幸福感的实证结果显示：第一，总体社会保障支出、财政社会保障支出和社会保险基金支出的人均值显著提升了居民幸福感，但财政医疗卫生人均支出损害了居民幸福感。第二，进一步的经验研究表明，城镇居民基本医疗及新型农村合作医疗覆盖率的提高有效促进了居民主观幸福感。而导致医疗卫生支出不利影响的可能原因在于，医疗保障供求结构间的矛盾以及医生职业环境的恶化。第三，社会保障水平对居民幸福感的影响路径与人均支出不一致，各分项社会保障水平与幸福感均存在倒“U”形关系；第四，社会保障支出的地区差异对居民幸福感产生了显著的影响。省际人均社会保障支出的地区差异与幸福感之间呈现三次非线性关系，省际社会保障水平的地区差异与幸福感之间存在“U”形关系；社会保障人均支出的三区域地区差异与幸福感之间呈现倒“U”形关系，社会保障水平的地区差异则促进了幸福感的提升。

最后，地方政府的环境行为对居民幸福感的实证结果显示：第一，中国地方政府之间存在环境污染的“竞争到底”现象，进而导致工业废水排放损害了居民幸福感，2010—2013 年工业二氧化硫排放量与幸福感之间的非线性关系直接转化为斜率为负的线性关系；长期来看，工业二氧化硫和工业烟（粉）尘排放量与居民主观幸福感之间分别呈现“U”形和倒“U”形的函数关系。第二，地方政府的环境保护支出在不同时期表现出了不同的作用路径。2003—2005 年环境保护支出和居民幸福感之间呈现出了“U”形关系，而 2010—2013 年和 2003—2013 年两者则表现为倒“U”形关系；但无论处于哪一阶段，当前增加环境保护支出都将显著提升居民幸福感。此外，本书还发现中国的地级市层面并不存在环境库兹涅茨曲线，人均 GDP 与环境质量呈现出了显著的“U”形关系。

7.1.2 政策启示

根据上述主要结论，本书有如下政策启示和建议：

第一，就财政教育支出而言，政府在继续增加财政教育支出的同时，应该合理地配置各层次的教育资源，完善相应的财政资源配置体制和配套措施。首先，学前教育应坚持以政府为主导，引导社会资本参与，建立严格完善的准入机制，保证财政性教育支出的逐年增加，并有意识地向农村及偏远地区倾斜。而义务教育支出需要更多地关注校际与地区间的均衡性和农民工子女入学问题。其次，保证高中教育经费支出较快的稳定增长。其中，中等职业教育公共投入不可盲目发展，应注重教学质量的提升。中等职业教育的根本是培养工作技能、提升劳动者素质。一方面需要教学师资队伍水平的整体提升，另一方面更要以社会需求和实际工作为导向来优化财政相关支出方向，改进具体的教学内容，进而促进教育与职业阶层获得的良性互动，有效提升社会阶层流动和居民幸福感。再次，在本科教育大众化的过程中，单纯依靠规模的扩张并不能实现人力资本的有效积累，反而加剧了教育不平等和就业压力等问题。政府应该优化高等教育支出结构，有意识地向农村及农民工子女教育倾斜，减少其费用负担；在新一轮的高校改革中，发展本科层次的职业教育，细化为学术性和职业技术性人才培养模式，做好中等职业教育与高等职业教育的衔接，弱化人们的主观惯性偏见，以达到真正与劳动力市场的匹配；加快产业结构转型与升级，为毕业生提供优质的就业岗位和更多的职业选择，使其有更多的机会进入更高社会阶层，以实现促进合理社会流动和提升居民幸福感的双赢。

第二，就社会保障支出而言，社会保障支出水平应与当地的经济发展水平相匹配，经济资源应更多地倾斜于社会保障。首先，政府继续坚持和完善社会保障支出政策，以居民幸福感和满意度作为社会保障支出的重要依据。值得一提的是，随着近年来中国基本医疗社会保障覆盖面的提高及制度完善，医疗保障供求间的矛盾以及多发的医疗纠纷、紧张的医患关系逐渐成为当前居民幸福感下降的主要原因。这意味着政府应该继续加大医疗卫生投入，鼓励并引导市场参与，有效解决医疗资源需求与供给矛盾，加强医疗卫生领域的法治建设并完善相关监督机制，构建和谐的医患关系，同步提升医护人员和患者的幸福感。其次，应关注社会保障支出的地区差异的合理区间。若越过临界点，认知和心理上的偏差会造成居民追求更高但无效的福利水平，落入福利陷阱。因此，各地区应合理安排社会保障资源，切实有效地提升居民主观幸福感。

第三，就环境保护支出而言，当前的环境污染问题已经严重威胁到居民日常生活和幸福感知，而环境保护支出并未超出合理的阈值。因此，地方政府首先应该继续加大环境治理力度，制定严格的规制标准，淘汰高耗能、高污染企业，加快产业结构转型，并通过增加环境公共支出提供良好的环境基础设施，创造就业。其次，切实推进并完善生态文明绩效评价考核和责任追究制度。弱化地方政府官员唯 GDP 发展的晋升观念，落实减少环境污染物的排放量任务，制定严格的跨区域污染责任追究标准。此外，当前地方政府通过环境条例及规定构成了一个相对封闭的行动结构，政府既是裁判员也是运动员，公众及新闻媒体极难参与其中，公民的主观评价也被有意忽略和淡化。因此，地方政府还应进一步规范环境监督体系，及时适当地反馈居民的投诉事件，健全环境信息公开制度，定期向社会发布环境质量信息。

第二节　研究不足与展望

尽管本书在每个章节都力求规范和严谨，并有一定的创新，但限于作者的能力和时间，仍旧存在许多不足和值得进一步研究的地方，主要体现在：

首先，在理论研究层面上，本研究未能如愿以偿地就幸福与财政支出的理论进行系统有序的梳理，理论基础稍显薄弱。这也为进一步的研究留下了挖掘空间。国内外关于幸福议题研究的一个共同不足，就在于缺乏坚实的理论支撑，尤其是经济学，因此从哲学和社会学视角建立幸福与公共经济学的理论链接可谓理论上的一个创新。另外，本书未能构建一个一以贯之的数理分析模型，将可能涉及的财政民生支出均纳入其中，因此每一部分的实证研究均未能在一个较为统一的分析框架下进行，这造成了本书在行文结构上略显不连续的遗憾。因此，构建基于居民幸福的财政支出数理模型，并利用数学学科中的优化算法（如蚁群算法和遗传算法）求解居民幸福最大化的财政支出结构，是今后努力的方向之一。

其次，在实证研究层面上，本书主要使用了国内发展较为成熟的CGSS和CLDS两个数据库，但它们仅提供了截面数据，并未进行独立的个体跟踪调查，无法提供匹配精确的面板数据，限制了研究的可挖掘深度。与此同时，幸福数据质量有赖于其指定的使用目的，应根据研究对象做出相应的调整（van Praag，2008）。囿于笔者的时间和精力，本书未能有针对性地设计相关问卷，选择了以上通用问卷的数据作为基础样本。以上所述问题，在短期内，依靠个人的力量是无法完成的，因此需要更多地学者和机构参与其中，共同构筑精确可靠的数据源。此外，鉴于现有调查数据的截面特征以及被解释变量幸福感的特殊性，本书在研究进程中尽量回避了动态性和内生性问题。因此，在跟踪数据中构造有效的工具变量，并运用合理的计量工具或许将是一个方法上的创新。

附录 A　中国财政支出规模与结构的变化情况

附录 A1　中国财政支出规模的变化情况（1950—2013 年）

年份	绝对规模			相对规模		
	总量	中央	地方	比重 1	比重 2	比重 3
1950	68. 05	-5. 88	—	—	—	—
1951	122. 07	2. 89	101	—	2. 37	82. 74
1952	172. 07	1. 87	39. 2	25. 34	1. 09	22. 78
1953	219. 21	162. 05	57. 16	26. 6	73. 92	26. 08
1954	244. 11	183. 70	60. 41	28. 41	75. 25	24. 75
1955	262. 73	201. 05	61. 68	28. 85	76. 52	23. 48
1956	298. 52	210. 02	88. 50	29. 01	70. 35	29. 65
1957	295. 95	210. 03	85. 92	27. 68	70. 97	29. 03
1958	400. 36	177. 22	223. 14	30. 6	44. 27	55. 73
1959	543. 17	249. 34	293. 83	37. 71	45. 9	54. 10
1960	643. 68	278. 63	365. 05	44. 16	43. 29	56. 71
1961	356. 09	160. 32	195. 77	29. 17	45. 02	54. 98
1962	294. 88	181. 64	113. 24	25. 61	61. 60	38. 40
1963	332. 05	192. 31	139. 74	26. 86	57. 92	42. 08
1964	393. 79	224. 86	168. 93	27. 05	57. 10	42. 90
1965	459. 97	284. 17	175. 80	26. 79	61. 78	38. 22
1966	537. 65	339. 11	198. 54	28. 70	63. 07	36. 93
1967	439. 84	269. 94	169. 90	24. 71	61. 37	38. 63
1968	357. 84	219. 49	138. 35	20. 68	61. 34	38. 66
1969	525. 86	319. 16	206. 70	27. 03	60. 69	39. 31
1970	649. 41	382. 37	267. 04	28. 72	58. 88	41. 12
1971	732. 17	435. 67	296. 50	30. 07	59. 50	40. 50

（续）

年份	绝对规模			相对规模		
	总量	中央	地方	比重1	比重2	比重3
1972	765.86	431.4	334.46	30.27	56.33	43.67
1973	808.78	449.33	359.45	29.59	55.56	44.44
1974	790.25	397.84	392.41	28.19	50.34	49.66
1975	820.88	409.4	411.48	27.24	49.87	50.13
1976	806.20	377.63	428.57	27.22	46.84	53.16
1977	843.53	393.70	449.83	26.19	46.67	53.33
1978	1122.09	532.12	589.97	30.78	47.42	52.58
1979	1281.79	655.08	626.71	31.55	51.11	48.89
1980	1228.83	666.81	562.02	27.03	54.26	45.74
1981	1138.41	625.65	512.76	23.27	54.96	45.04
1982	1229.98	651.81	578.17	23.11	52.99	47.01
1983	1409.52	759.6	649.92	23.64	53.89	46.11
1984	1701.02	893.33	807.69	23.6	52.52	47.48
1985	2004.25	795.25	1209.00	22.23	39.68	60.32
1986	2204.91	836.36	1368.55	21.46	37.93	62.07
1987	2262.18	845.63	1416.55	18.76	37.38	62.62
1988	2491.21	845.04	1646.17	16.56	33.92	66.08
1989	2823.78	888.77	1935.01	16.62	31.47	68.53
1990	3083.59	1004.47	2079.12	16.52	32.57	67.43
1991	3386.62	1090.81	2295.81	15.55	32.21	67.79
1992	3742.2	1170.44	2571.76	13.9	31.28	68.72
1993	4642.3	1312.06	3330.24	13.14	28.26	71.74
1994	5792.62	1754.43	4038.19	12.02	30.29	69.71
1995	6823.72	1995.39	4828.33	11.22	29.24	70.76
1996	7937.55	2151.27	5786.28	11.15	27.1	72.90
1997	9233.56	2532.5	6701.06	11.69	27.43	72.57
1998	10798.18	3125.6	7672.58	12.79	28.95	71.05

（续）

年份	绝对规模			相对规模		
	总量	中央	地方	比重 1	比重 2	比重 3
1999	13187.67	4152.33	9035.34	14.71	31.49	68.51
2000	15886.5	5519.85	10366.65	16.01	34.75	65.25
2001	18902.58	5768.02	13134.56	17.24	30.51	69.49
2002	22053.15	6771.7	15281.45	18.33	30.71	69.29
2003	24649.95	7420.1	17229.85	18.15	30.1	69.9
2004	28486.89	7894.08	20592.81	17.82	27.71	72.29
2005	33930.28	8775.97	25154.31	18.52	25.86	74.14
2006	40422.73	9991.4	30431.33	18.69	24.72	75.28
2007	49781.35	11442.06	38339.29	18.73	22.98	77.02
2008	62592.66	13344.17	49248.49	19.93	21.32	78.68
2009	76299.93	15255.79	61044.14	22.38	19.99	80.01
2010	89874.16	15989.73	73884.43	22.38	17.79	82.21
2011	109247.79	16514.11	92733.68	23.09	15.12	84.88
2012	125952.97	18764.63	107188.34	24.25	14.9	85.10
2013	140212.1	20471.76	119740.34	24.65	14.6	85.40

注：比重 1 为财政支出总量占 GDP 的比重，比重 2 和比重 3 分别为中央和地方财政支出占财政支出总量的比重；绝对规模与相对规模的单位为亿元，相对规模以百分比计。

数据来源：《中国统计年鉴》（1997—2014）。

附录 A2 按照政府职能分类的财政支出情况

年份	经济建设性支出	社会服务性支持	维持性支出	年份	经济建设性支出	社会服务性支持	维持性支出
1950	17.36	7.55	43.14	1982	675.37	242.98	311.63
1951	35.11	13.44	73.52	1983	794.75	282.51	332.26
1952	73.23	21.11	77.73	1984	968.18	332.06	400.78
1953	87.43	32.44	99.34	1985	1127.55	408.43	468.27
1954	123.58	34.61	85.92	1986	1158.97	485.09	560.85

（续）

年份	经济建设性支出	社会服务性支持	维持性支出	年份	经济建设性支出	社会服务性支持	维持性支出
1955	137.62	31.89	93.22	1987	1153.47	505.83	602.88
1956	159.14	45.96	93.42	1988	1258.39	581.18	651.64
1957	163.04	46.42	86.49	1989	1291.19	668.44	864.15
1958	278.86	43.54	77.96	1990	1397.88	672.33	977.97
1959	389.33	58.6	95.24	1991	1443.68	765.87	1108.5
1960	460.71	86.95	96.02	1992	1489.48	859.41	1159.27
1961	210.01	61.25	84.83	1993	1779.79	1033.04	1629.24
1962	152.64	51.73	90.51	1994	1951.25	1373.32	1897.4
1963	174.12	51.45	106.48	1995	2282.66	1582.52	2211.22
1964	209.99	66.09	117.71	1996	2626.34	1886.93	2623.21
1965	254.11	62.7	143.16	1997	3120.225	2318.47	3116.85
1966	309.43	67.06	161.16	1998	3614.11	2750.01	3687.89
1967	244.03	60.83	134.98	1999	4525.89	3605.5	4487.47
1968	166.03	47.88	143.93	2000	5078.55	4254.45	5753.63
1969	295.52	49.77	180.57	2001	5483.51	5348.42	3639.56
1970	392.61	52.22	204.58	2002	6213.37	6615.3	4687.2
1971	418.3	63.8	250.07	2003	6940.25	7437.515	5473.56
1972	431.96	75.31	258.59	2004	7667.13	8259.73	6259.92
1973	468.27	88.57	251.94	2005	8921.82	9803.04	7310.39
1974	460.93	95.02	234.3	2006	10423.46	11787.76	8618.43
1975	481.66	103.55	235.67	2007	13875.16	45987.26	17669.25
1976	466.22	120.06	219.92	2008	19433.95	62115.75	19910.86
1977	493.73	119.43	230.37	2009	25150.33	79136.67	22313.59
1978	718.98	146.96	256.15	2010	30619.77	97336.1	23157.83
1979	769.89	175.18	336.72	2011	36487.73	119194.8	26540.78
1980	715.46	199.01	314.36	2012	41269.43	137775.7	29446.75
1981	630.76	211.46	296.19	2013	47156.89	154630.4	32738.62

注：数据单位为亿元。

数据来源：1950—1989 年数据源自《中国统计年鉴》（2001），1990—2013 年数据源自《中国统计年鉴》（2000—2013）。

附录 B　中国社会保障支出及其泰尔指数的变化情况

附表 B1　中国社会保障支出及各项支出规模（1990—2013 年）

年份	社会保障支出规模				占财政支出比重		占 GDP 比重	
	财政社会保障支出	财政医疗卫生支出	社会保险基金支出	总计	规模	比重	规模	比重
1990	—	—	151.88	932.49	3083.59	30.24	18667.82	5.00
1991	66.81	—	—	1158.05	3386.62	34.19	21781.50	5.32
1992	64.25	—	—	1372.72	3742.20	36.68	26923.48	5.10
1993	74.60	—	—	1746.53	4642.30	37.62	35333.92	4.94
1994	94.15	—	—	2061.29	5792.62	35.58	48197.86	4.28
1995	112.65	—	877.15	2944.68	6823.72	43.15	60793.73	4.84
1996	180.83	345.63	752.44	1685.71	7937.55	21.24	71176.59	2.37
1997	565.14	382.88	958.69	2482.52	9233.56	26.89	78973.03	3.14
1998	570.56	406.23	1155.59	2881.75	10798.18	26.69	84402.28	3.41
1999	863.18	438.49	2078.42	5020.01	13187.67	38.07	89677.05	5.60
2000	1199.06	482.39	2240.01	5679.08	15886.50	35.75	99214.55	5.72
2001	1581.22	557.54	2610.87	6802.97	18902.58	35.99	109655.17	6.20

（续）

年份	社会保障支出规模				占财政支出比重		占 GDP 比重	
	财政社会保障支出	财政医疗卫生支出	社会保险基金支出	总计	规模	比重	规模	比重
2002	2037. 28	617. 79	3485. 56	9008. 41	22053. 15	40. 85	120332. 69	7. 49
2003	2417. 04	755. 98	4497. 41	11411. 87	24649. 95	46. 30	135822. 76	8. 40
2004	2817. 04	832. 25	4553. 10	11923. 23	28486. 89	41. 86	159878. 34	7. 46
2005	3357. 96	1015. 55	5509. 66	14377. 29	33930. 28	42. 37	184937. 37	7. 77
2006	4005. 57	1296. 00	6575. 04	17155. 66	40422. 73	42. 44	216314. 43	7. 93
2007	5104. 53	1955. 75	7909. 37	20923. 26	49781. 35	42. 03	265810. 31	7. 87
2008	6460. 01	2710. 26	9923. 70	26307. 41	62592. 66	42. 03	314045. 43	8. 38
2009	7851. 85	3930. 69	12432. 65	32717. 15	76299. 93	42. 88	340902. 81	9. 60
2010	8680. 32	4730. 62	15017. 30	38714. 92	89874. 16	43. 08	401512. 80	9. 64
2011	10606. 92	6358. 20	18639. 90	47886. 71	109247. 79	43. 83	473104. 05	10. 12
2012	11999. 85	7170. 82	23327. 71	58655. 27	125952. 97	46. 57	519470. 10	11. 29
2013	13849. 72	8203. 20	27910. 04	69669. 81	140212. 10	49. 69	568845. 21	12. 25

注：① 1990—1995 年保险福利费用构成为离休金 + 退休金 + 退职生活费 + 医疗卫生费 + 计划生育补贴 + 丧葬抚恤救济费 + 生活困难补助 + 交通费补贴 + 冬季取暖补贴 + 其他等；② 2007 年及以后城镇基本医疗保险基金中包括城镇职工基本医疗保险和城镇居民基本医疗保险；③ 2010 年及以后基本养老保险基金中包括城镇职工基本养老保险和城乡居民基本养老保险；④ 规模和比重的单位分别为亿元。

数据来源：财政社会保障支出和财政医疗卫生支出源自《中国统计年鉴》《中国财政年鉴》及各省统计年鉴，社会保险基金支出源于《中国劳动统计年鉴》。

附表 B2　按照三区域划分的社会保障支出地区差异的泰尔指数（1990—2013 年）

年份	总体	地区差异		贡献率（%）	
		地区内	地区间	地区内	地区间
1990	0. 0987 （0. 2445）	0. 0281 （0. 1929）	0. 0706 （0. 0517）	28. 470 （78. 875）	71. 530 （21. 125）
1991	0. 0946 （0. 2436）	0. 0274 （0. 1929）	0. 0672 （0. 0506）	28. 964 （79. 221）	71. 036 （20. 779）
1992	0. 0971 （0. 2595）	0. 0264 （0. 2065）	0. 0708 （0. 053）	27. 188 （79. 568）	72. 915 （20. 432）
1993	0. 1038 （0. 2815）	0. 0286 （0. 2242）	0. 0753 （0. 0573）	27. 553 （79. 657）	72. 543 （20. 343）
1994	0. 0993 （0. 2788）	0. 0270 （0. 2209）	0. 0723 （0. 0579）	27. 190 （79. 227）	72. 810 （20. 773）
1995	0. 1025 （0. 2682）	0. 0271 （0. 2119）	0. 0753 （0. 0563）	26. 439 （79. 003）	73. 463 （20. 997）
1996	0. 1361 （0. 3129）	0. 0412 （0. 2594）	0. 0949 （0. 0534）	30. 272 （82. 928）	69. 728 （17. 072）
1997	0. 1144 （0. 2926）	0. 0329 （0. 2329）	0. 0816 （0. 0597）	28. 759 （79. 604）	71. 329 （20. 396）
1998	0. 1154 （0. 2936）	0. 0329 （0. 2325）	0. 0824 （0. 0611）	28. 510 （79. 175）	71. 404 （20. 825）
1999	0. 1108 （0. 2867）	0. 0447 （0. 2262）	0. 0661 （0. 0605）	40. 343 （78. 885）	59. 657 （21. 115）
2000	0. 1024 （0. 2564）	0. 0347 （0. 1998）	0. 0677 （0. 0566）	33. 887 （77. 912）	66. 113 （22. 088）
2001	0. 1224 （0. 2659）	0. 0553 （0. 2062）	0. 0671 （0. 0597）	45. 180 （77. 548）	54. 820 （22. 452）

（续）

年份	总体	地区差异		贡献率（%）	
		地区内	地区间	地区内	地区间
2002	0.0970 （0.2451）	0.0257 （0.1857）	0.0714 （0.0594）	26.495 （75.771）	73.608 （24.229）
2003	0.1196 （0.2698）	0.0596 （0.1879）	0.0600 （0.082）	49.833 （69.62）	50.167 （30.38）
2004	0.0981 （0.2375）	0.0267 （0.1828）	0.0714 （0.0548）	27.217 （76.951）	72.783 （23.049）
2005	0.0969 （0.2334）	0.0192 （0.1756）	0.0776 （0.0578）	19.814 （75.225）	80.083 （24.775）
2006	0.0920 （0.2282）	0.0197 （0.172）	0.0723 （0.0562）	21.413 （75.369）	78.587 （24.631）
2007	0.0911 （0.2333）	0.0222 （0.1776）	0.0689 （0.0556）	24.369 （76.147）	75.631 （23.853）
2008	0.0730 （0.2281）	0.0550 （0.1978）	0.0180 （0.0303）	75.342 （86.725）	24.658 （13.275）
2009	0.0651 （0.2249）	0.0506 （0.1934）	0.0145 （0.0315）	77.727 （86.012）	22.273 （13.988）
2010	0.0614 （0.23）	0.0490 （0.197）	0.0123 （0.033）	79.805 （85.645）	20.033 （14.355）
2011	0.0560 （0.229）	0.0447 （0.1946）	0.0114 （0.0344）	79.821 （84.978）	20.357 （15.022）
2012	0.0514 （0.2165）	0.0405 （0.1846）	0.0109 （0.0319）	78.794 （85.25）	21.206 （14.75）
2013	0.0490 （0.2021）	0.0384 （0.1742）	0.0106 （0.0279）	78.367 （86.212）	21.633 （13.788）

注：括号内数值为社会保障水平的泰尔指数。

附表 B3　按照三区域划分的社会保障支出地区内与地区间的泰尔指数分解

年份	地区内差距				地区间差距			
	东部	中部	西部	区域内	东中	东西	中西	区域间
1990	0.012	0.0314	0.0641	0.0281	0.0989	0.0961	-0.0537	0.0706
	(0.1757)	(0.0620)	(0.2904)	(0.1929)	(-0.0008)	(0.0871)	(0.0171)	(0.0517)
1991	0.0110	0.0334	0.0589	0.0274	0.0932	0.0916	-0.0503	0.0672
	(0.1762)	(0.0596)	(0.2910)	(0.1929)	(-0.0086)	(0.0833)	(0.0265)	(0.0506)
1992	0.0123	0.0269	0.0603	0.0264	0.0974	0.0977	-0.0535	0.0708
	(0.1864)	(0.0607)	(0.3099)	(0.2065)	(-0.0132)	(0.0873)	(0.0320)	(0.0530)
1993	0.0185	0.0281	0.0545	0.0286	0.1020	0.1060	-0.0575	0.0753
	(0.2010)	(0.0594)	(0.3321)	(0.2242)	(-0.0204)	(0.0942)	(0.0407)	(0.0573)
1994	0.0116	0.0275	0.0636	0.0270	0.0971	0.1030	-0.0554	0.0723
	(0.2014)	(0.0590)	(0.3220)	(0.2209)	(-0.0249)	(0.0945)	(0.0462)	(0.0579)
1995	0.0151	0.0240	0.0616	0.0271	0.1024	0.1070	-0.0587	0.0753
	(0.1914)	(0.0632)	(0.3086)	(0.2119)	(-0.0222)	(0.0930)	(0.0418)	(0.0563)
1996	0.0388	0.0301	0.0651	0.0412	0.1314	0.1284	-0.0701	0.0949
	(0.2682)	(0.0794)	(0.3619)	(0.2594)	(0.0066)	(0.0902)	(0.0101)	(0.0534)
1997	0.0365	0.0260	0.0313	0.0329	0.1110	0.1139	-0.0617	0.0816
	(0.243)	(0.0763)	(0.3066)	(0.2329)	(-0.0154)	(0.0992)	(0.0356)	(0.0597)

（续）

年份	地区内差距				地区间差距			
	东部	中部	西部	区域内	东中	东西	中西	区域间
1998	0. 0291 (0. 22)	0. 0333 (0. 0876)	0. 0430 (0. 3163)	0. 0329 (0. 2325)	0. 1114 (-0. 0221)	0. 1155 (0. 1000)	-0. 0620 (0. 0445)	0. 0824 (0. 0611)
1999	0. 0363 (0. 2076)	0. 0611 (0. 1238)	0. 0441 (0. 2939)	0. 0447 (0. 2262)	0. 0889 (-0. 0357)	0. 0911 (0. 0921)	-0. 0478 (0. 0647)	0. 0661 (0. 0605)
2000	0. 0370 (0. 1993)	0. 0323 (0. 0757)	0. 0321 (0. 2677)	0. 0347 (0. 1998)	0. 0949 (-0. 0341)	0. 0937 (0. 0892)	-0. 0533 (0. 0581)	0. 0677 (0. 0566)
2001	0. 0755 (0. 2274)	0. 0317 (0. 0782)	0. 0350 (0. 2583)	0. 0553 (0. 2062)	0. 0909 (-0. 036)	0. 0957 (0. 0943)	-0. 0523 (0. 0611)	0. 0671 (0. 0597)
2002	0. 0235 (0. 1815)	0. 0248 (0. 0665)	0. 0321 (0. 2506)	0. 0257 (0. 1857)	0. 0970 (-0. 0352)	0. 1019 (0. 0940)	-0. 0561 (0. 0600)	0. 0714 (0. 0594)
2003	0. 0275 (0. 1915)	0. 0234 (0. 0631)	0. 1416 (0. 2354)	0. 0596 (0. 1879)	0. 0567 (-0. 0587)	0. 0976 (0. 1241)	-0. 0344 (0. 0985)	0. 0600 (0. 0820)
2004	0. 0243 (0. 1972)	0. 0292 (0. 0726)	0. 0300 (0. 2334)	0. 0267 (0. 1828)	0. 0985 (-0. 0292)	0. 1009 (0. 0873)	-0. 0567 (0. 0514)	0. 0714 (0. 0548)
2005	0. 0135 (0. 1844)	0. 0276 (0. 0737)	0. 0247 (0. 2264)	0. 0192 (0. 1756)	0. 1046 (-0. 0272)	0. 1090 (0. 0900)	-0. 0584 (0. 0529)	0. 0776 (0. 0578)

（续）

年份	地区内差距				地区间差距			
	东部	中部	西部	区域内	东中	东西	中西	区域间
2006	0.0144 (0.1934)	0.0252 (0.0657)	0.0268 (0.2168)	0.0197 (0.1720)	0.0979 (−0.0274)	0.1019 (0.0876)	−0.0551 (0.0523)	0.0723 (0.0562)
2007	0.0201 (0.2069)	0.0229 (0.0658)	0.0264 (0.2196)	0.0222 (0.1776)	0.0932 (−0.0286)	0.0980 (0.0872)	−0.0533 (0.0527)	0.0689 (0.0556)
2008	0.0852 (0.2670)	0.0195 (0.0604)	0.0229 (0.2225)	0.0550 (0.1978)	0.0391 (−0.0588)	0.0426 (0.0588)	−0.0456 (0.0606)	0.0180 (0.0303)
2009	0.0775 (0.2583)	0.0217 (0.0675)	0.0216 (0.2159)	0.0506 (0.1934)	0.0321 (−0.0621)	0.0391 (0.0597)	−0.0422 (0.0654)	0.0145 (0.0315)
2010	0.0741 (0.2511)	0.0203 (0.0653)	0.0239 (0.2282)	0.0490 (0.1970)	0.0277 (−0.0650)	0.0373 (0.0626)	−0.0404 (0.0684)	0.0123 (0.0330)
2011	0.0663 (0.2436)	0.0203 (0.0638)	0.0236 (0.2267)	0.0447 (0.1946)	0.0240 (−0.0662)	0.0367 (0.0655)	−0.0380 (0.0695)	0.0114 (0.0344)
2012	0.0592 (0.2274)	0.0182 (0.0619)	0.0236 (0.2178)	0.0405 (0.1846)	0.0231 (−0.0643)	0.0363 (0.0621)	−0.0376 (0.0661)	0.0109 (0.0319)
2013	0.0543 (0.2113)	0.0205 (0.0690)	0.0227 (0.2053)	0.0384 (0.1742)	0.0239 (−0.0607)	0.0353 (0.0550)	−0.0379 (0.0614)	0.0106 (0.0279)

注：括号内数值为社会保障水平的泰尔指数。

附表 **B4** 中国七区域人均社会保障支出的泰尔指数及其分解（**1990—2013** 年）

年份	总体差距	地区内差距								地区间差距	贡献度	
		东北地区	华北地区	华中地区	华东地区	华南地区	西北地区	西南地区	区域内		地区内	地区间
1990	0.099	0.013	−0.132	0.010	0.144	0.032	0.018	0.093	0.020	0.078	20.68	79.36
1991	0.095	0.012	−0.143	0.009	0.152	0.024	0.015	0.088	0.018	0.077	18.65	81.40
1992	0.097	0.015	−0.136	0.007	0.149	0.028	0.016	0.087	0.019	0.079	19.20	80.85
1993	0.104	0.015	−0.133	0.011	0.164	0.024	0.014	0.084	0.025	0.079	23.84	76.18
1994	0.099	0.009	−0.137	0.012	0.154	0.027	0.029	0.089	0.024	0.076	23.98	76.04
1995	0.103	0.007	−0.143	0.011	0.155	0.027	0.022	0.091	0.024	0.078	23.76	76.21
1996	0.136	0.025	−0.138	0.010	0.155	0.041	0.027	0.090	0.030	0.106	22.08	77.91
1997	0.114	0.023	−0.143	0.006	0.234	0.031	0.029	0.023	0.030	0.084	26.35	73.69
1998	0.115	0.017	−0.114	0.006	0.157	0.025	0.041	0.026	0.027	0.089	23.11	76.87
1999	0.111	0.005	−0.136	0.005	0.183	0.024	0.032	0.015	0.019	0.091	17.51	82.52
2000	0.102	0.015	−0.159	0.007	0.201	0.022	0.007	0.024	0.016	0.086	16.01	83.96
2001	0.122	0.015	−0.155	0.004	0.328	0.025	0.021	0.015	0.039	0.084	31.57	68.45
2002	0.097	0.013	−0.148	0.004	0.159	0.021	0.020	0.015	0.014	0.083	14.39	85.65
2003	0.120	0.015	−0.140	0.005	0.168	0.024	0.017	0.177	0.048	0.071	40.34	59.66
2004	0.098	0.011	−0.131	0.007	0.156	0.027	0.016	0.015	0.016	0.082	15.96	84.04
2005	0.097	0.012	−0.147	0.007	0.161	0.033	0.013	0.012	0.014	0.083	14.56	85.40

（续）

年份	总体差距	地区内差距								地区间差距	贡献度	
		东北地区	华北地区	华中地区	华东地区	华南地区	西北地区	西南地区	区域内		地区内	地区间
2006	0. 092	0. 014	-0. 149	0. 008	0. 137	0. 021	0. 014	0. 015	0. 008	0. 084	8. 92	91. 11
2007	0. 091	0. 016	-0. 159	0. 006	0. 167	0. 021	0. 014	0. 016	0. 010	0. 081	11. 21	88. 77
2008	0. 073	0. 015	0. 071	0. 008	0. 114	0. 018	0. 007	0. 016	0. 046	0. 027	62. 45	37. 52
2009	0. 065	0. 012	0. 072	0. 006	0. 098	0. 013	0. 008	0. 017	0. 041	0. 024	62. 81	37. 21
2010	0. 061	0. 012	0. 070	0. 006	0. 089	0. 008	0. 013	0. 020	0. 039	0. 022	63. 79	36. 13
2011	0. 056	0. 010	0. 067	0. 006	0. 076	0. 008	0. 010	0. 024	0. 036	0. 020	63. 68	36. 40
2012	0. 051	0. 010	0. 062	0. 006	0. 061	0. 007	0. 010	0. 024	0. 032	0. 020	61. 65	38. 35
2013	0. 049	0. 009	0. 058	0. 007	0. 054	0. 008	0. 008	0. 023	0. 029	0. 020	59. 86	40. 16

注：作者计算编制。

附表 B5 中国七区域社会保障水平泰尔指数及其分解（1990—2013 年）

年份	总体差距	地区内差距								区域间	贡献度	
		东北地区	华北地区	华中地区	华东地区	华南地区	西北地区	西南地区	区域内		区域内	区域间
1990	0. 245	0. 005	0. 074	0. 019	0. 195	0. 242	0. 170	0. 334	0. 144	0. 101	58. 93	41. 46
1991	0. 244	0. 004	0. 057	0. 023	0. 208	0. 241	0. 166	0. 363	0. 147	0. 097	60. 50	39. 74
1992	0. 260	0. 007	0. 064	0. 020	0. 214	0. 243	0. 179	0. 380	0. 156	0. 104	60. 12	39. 92
1993	0. 282	0. 007	0. 070	0. 023	0. 240	0. 242	0. 178	0. 459	0. 179	0. 102	63. 54	36. 39
1994	0. 279	0. 008	0. 057	0. 025	0. 242	0. 261	0. 171	0. 430	0. 173	0. 105	62. 13	37. 69
1995	0. 268	0. 010	0. 041	0. 027	0. 249	0. 260	0. 154	0. 423	0. 169	0. 099	62. 86	37. 03
1996	0. 313	0. 084	0. 076	0. 035	0. 247	0. 438	0. 133	0. 597	0. 221	0. 092	70. 48	29. 48
1997	0. 293	0. 021	0. 057	0. 028	0. 322	0. 391	0. 175	0. 399	0. 193	0. 099	66. 06	33. 84
1998	0. 294	0. 022	0. 094	0. 029	0. 235	0. 344	0. 180	0. 406	0. 187	0. 107	63. 64	36. 31
1999	0. 287	0. 017	0. 043	0. 030	0. 262	0. 313	0. 206	0. 221	0. 149	0. 137	52. 01	47. 93
2000	0. 256	0. 005	0. 001	0. 027	0. 277	0. 344	0. 194	0. 218	0. 140	0. 116	54. 67	45. 10
2001	0. 266	0. 007	−0. 014	0. 023	0. 394	0. 341	0. 185	0. 206	0. 147	0. 118	55. 41	44. 38
2002	0. 245	0. 007	−0. 004	0. 022	0. 235	0. 335	0. 175	0. 215	0. 134	0. 111	54. 57	45. 19
2003	0. 270	0. 006	0. 009	0. 023	0. 247	0. 332	0. 157	0. 263	0. 157	0. 113	58. 14	41. 77
2004	0. 238	0. 005	0. 023	0. 023	0. 230	0. 360	0. 158	0. 218	0. 134	0. 103	56. 44	43. 34
2005	0. 233	0. 007	0. 006	0. 027	0. 246	0. 318	0. 163	0. 206	0. 131	0. 102	56. 16	43. 56

（续）

年份	总体差距	地区内差距								区域间	贡献度	
		东北地区	华北地区	华中地区	华东地区	华南地区	西北地区	西南地区	区域内		区域内	区域间
2006	0. 228	0. 002	0. 009	0. 027	0. 224	0. 387	0. 173	0. 166	0. 128	0. 100	55. 97	43. 68
2007	0. 233	0. 001	-0. 001	0. 026	0. 268	0. 398	0. 158	0. 207	0. 135	0. 097	57. 92	41. 69
2008	0. 228	0. 001	0. 220	0. 028	0. 204	0. 400	0. 158	0. 220	0. 166	0. 062	72. 67	26. 94
2009	0. 225	0. 002	0. 206	0. 023	0. 184	0. 389	0. 162	0. 212	0. 161	0. 063	71. 40	28. 21
2010	0. 230	0. 002	0. 196	0. 020	0. 184	0. 378	0. 194	0. 197	0. 164	0. 066	71. 13	28. 54
2011	0. 229	0. 003	0. 188	0. 018	0. 174	0. 375	0. 167	0. 243	0. 165	0. 063	72. 15	27. 61
2012	0. 217	0. 004	0. 175	0. 018	0. 155	0. 363	0. 166	0. 224	0. 156	0. 060	72. 13	27. 58
2013	0. 202	0. 006	0. 168	0. 018	0. 145	0. 333	0. 152	0. 210	0. 144	0. 058	71. 28	28. 44

注：作者计算编制。

表 B6　人均社会保障支出及地区差异的 Bioprobit 回归结果

变量	模型 1	模型 2	模型 3	模型 4	模型 5	模型 6	模型 7
rass	2.7e−5** (7.3e−5)						
rfss		3.4e−4* (1.9e−4)					
rhss			−3.1e−4*** (1.1e−4)				
riss				7.0e−5** (3.9e−5)			
r-theil					88.70*** (25.94)		
$r\text{-}theil^2$					−3840.61** (1120.69)		
$r\text{-}theil^3$					96996.77** (26903.26)		
r-theil3						200.89* (102.78)	
$r\text{-}theil3^2$						−2641.42** (1349.09)	

（续）

变量	模型 1	模型 2	模型 3	模型 4	模型 5	模型 6	模型 7
r-theil7							−116.23** (56.06)
r-theil7^2							5030.12** (2134.55)
r-theil7^3							−55347.94** (22962.82)
dissuffi	−0.21*** (0.03)	1.58*** (0.23)	−0.57** (0.23)	3.32*** (0.26)			
disequil					−47.53*** (3.27)	−11.55*** (1.83)	−60.33*** (5.43)
disequil^2					69.73*** (4.45)	9.88*** (1.19)	57.04*** (7.01)
disequil^3					−31.46*** (1.88)		−14.96*** (2.93)
gender	−0.12*** (0.05)	−0.08 (0.05)	−0.06 (0.05)	−0.08 (0.05)	−0.08* (0.05)	−0.09** (0.05)	−0.08* (0.05)
age	−0.07*** (0.01)	−0.06*** (0.01)	−0.02 (0.02)	−0.05*** (0.02)	−0.06*** (0.02)	−0.07*** (0.02)	−0.07*** (0.01)

（续）

变量	模型 1	模型 2	模型 3	模型 4	模型 5	模型 6	模型 7
age^2	0.00***	0.00***	0.00	0.00***	0.00***	0.00***	0.00***
	(0.00)	(0.00)	(0.00)	(0.00)	(0.00)	(0.00)	(0.00)
health	0.20***	0.17***	0.10***	0.19***	0.20***	0.19***	0.21***
	(0.03)	(0.03)	(0.05)	(0.03)	(0.03)	(0.03)	(0.03)
nation	-0.23***	0.03	-0.57***	-0.13	-0.12	-0.31***	-0.26***
	(0.11)	(0.14)	(0.11)	(0.11)	(0.11)	(0.11)	(0.11)
religion	-0.10	-0.37***	-0.03	-0.38***	-0.35***	-0.25***	-0.21***
	(0.12)	(0.09)	(0.10)	(0.09)	(0.09)	(0.09)	(0.09)
politi	0.23***	0.27***	0.02	0.21***	0.19***	0.23***	0.20***
	(0.07)	(0.07)	(0.09)	(0.07)	(0.07)	(0.07)	(0.07)
hukou	0.02	-0.02	0.15***	0.03	0.03	0.00	0.02
	(0.06)	(0.06)	(0.06)	(0.06)	(0.06)	(0.06)	(0.06)
marriage	0.47***	0.44***	0.21*	0.44***	0.46***	0.46***	0.46***
	(0.07)	(0.07)	(0.12)	(0.07)	(0.07)	(0.07)	(0.07)
education	-0.03	-0.14***	0.02	-0.12***	-0.12**	-0.02	-0.06
	(0.06)	(0.06)	(0.06)	(0.06)	(0.06)	(0.06)	(0.06)
owener	0.11***	0.05	0.17***	0.10**	0.13***	0.12***	0.14***
	(0.05)	(0.05)	(0.05)	(0.05)	(0.05)	(0.05)	(0.05)

（续）

变量	模型1	模型2	模型3	模型4	模型5	模型6	模型7
abincome	0.14 (0.09)	0.33*** (0.09)	-0.05 (0.10)	0.27*** (0.08)	0.16** (0.08)	0.17** (0.08)	0.12 (0.08)
reincome	0.34*** (0.04)	0.34*** (0.04)	0.16* (0.09)	0.35*** (0.04)	0.38*** (0.04)	0.35*** (0.04)	0.37*** (0.04)
rgdp	0.00 (0.00)	0.00*** (0.00)	0.00*** (0.00)	0.00*** (0.00)	0.00*** (0.00)	0.00*** (0.00)	0.00 (0.00)
houpric	0.00*** (0.00)	0.00 (0.00)	0.00*** (0.00)	0.00 (0.00)	0.00 (0.00)	0.00*** (0.00)	0.00** (0.00)
urban	0.03 (0.03)	-0.07*** (0.02)	-0.05*** (0.01)	-0.07*** (0.02)	-0.06*** (0.01)	-0.05*** (0.01)	-0.01* (0.01)
Obs	2365	2365	2365	2365	2365	2365	2365
*atanhrho*_ 12	0.3657** (0.1490)	-0.4066** (0.1656)	1.1210** (0.4183)	0.0797* (-1.66)	-0.1302** (0.0631)	0.2047** (0.0677)	0.1147** (0.0379)
Log likelihood	-7476.68	-8909.88	-8483.63	-7240.35	-7995.66	-3272.17	-5152.22

注：***、**、*分别表示在1%、5%及10%统计水平下显著，括号内为标准差。

表 B7　社会保障水平及地区差异的 Bioprobit 回归结果

变量	模型 1	模型 2	模型 3	模型 4	模型 5	模型 6	模型 7
gass	−20.93*** (5.89)						
$gass^2$	71.44** (22.42)						
gfss		9.67* (5.56)					
ghss			−151.48** (65.23)				
$ghss^2$			3214.17* (1285.29)				
giss				−27.33** (11.32)			
$giss^2$				372.46*** (103.97)			
g-theil					−41.68*** (10.43)		
$g\text{-}theil^2$					310.74** (131.78)		

（续）

变量	模型 1	模型 2	模型 3	模型 4	模型 5	模型 6	模型 7
g-theil3						1. 26** (0. 60)	
g-theil7							8. 28*** (1. 59)
g-theil7^2							-15. 98*** (3. 02)
rgdp97	-6. 91*** (0. 44)	-1. 18*** (0. 09)	-18. 42*** (0. 51)	-18. 41*** (0. 51)	-10. 58*** (0. 44)	9. 08*** (0. 55)	-7. 10*** (0. 54)
rgdp97^2	4. 67*** (0. 19)		4. 12*** (0. 12)	4. 11*** (0. 12)	2. 82*** (0. 10)		10. 03*** (0. 59)
gender	-0. 09** (0. 05)	-0. 07 (0. 05)	-0. 10*** (0. 05)	-0. 09** (0. 05)	-0. 09* (0. 05)	-0. 09* (0. 05)	-0. 07 (0. 05)
age	-0. 06*** (0. 01)	-0. 06*** (0. 01)	-0. 07*** (0. 01)	-0. 06*** (0. 01)	-0. 06*** (0. 01)	-0. 06*** (0. 02)	-0. 07*** (0. 02)
age^2	0. 00*** (0. 00)	0. 00*** (0. 00)	0. 00*** (0. 00)	0. 00*** (0. 00)	0. 00*** (0. 00)	0. 00*** (0. 00)	0. 00*** (0. 00)
health	0. 21*** (0. 03)	0. 20*** (0. 03)	0. 20*** (0. 03)	0. 20*** (0. 03)	0. 21*** (0. 03)	0. 21*** (0. 03)	0. 20*** (0. 03)

（续）

变量	模型 1	模型 2	模型 3	模型 4	模型 5	模型 6	模型 7
nation	-0.26^{***} (0.11)	-0.45^{***} (0.11)	-0.23^{***} (0.11)	-0.20^{**} (0.11)	-0.20^{*} (0.11)	-0.19^{*} (0.11)	-0.24^{***} (0.11)
religion	-0.22^{***} (0.09)	-0.09 (0.09)	-0.21^{***} (0.09)	-0.28^{***} (0.09)	-0.25^{***} (0.09)	-0.25^{***} (0.09)	-0.27^{***} (0.09)
politi	0.20^{***} (0.07)	0.15^{**} (0.07)	0.22^{***} (0.07)	0.21^{***} (0.07)	0.21^{***} (0.07)	0.20^{***} (0.07)	0.20^{***} (0.07)
hukou	0.03 (0.06)	0.07 (0.06)	0.03 (0.06)	0.03 (0.06)	0.02 (0.06)	0.03 (0.06)	0.01 (0.06)
marriage	0.47^{***} (0.07)	0.41^{***} (0.07)	0.46^{***} (0.07)	0.47^{***} (0.07)	0.47^{***} (0.07)	0.48^{***} (0.07)	0.44^{***} (0.07)
education	-0.07 (0.06)	0.03^{***} (0.06)	-0.07 (0.06)	-0.10^{*} (0.06)	-0.08 (0.06)	-0.10 (0.06)	-0.10 (0.06)
owener	0.12^{***} (0.05)	0.18^{***} (0.05)	0.11^{***} (0.05)	0.11^{***} (0.05)	0.13^{***} (0.05)	0.12^{***} (0.05)	0.14^{***} (0.05)
abincome	0.13 (0.08)	-0.03 (0.09)	0.14^{*} (0.08)	0.20^{***} (0.08)	0.19^{***} (0.08)	0.14^{*} (0.08)	0.19^{***} (0.08)
reincome	0.36^{***} (0.04)	0.32^{***} (0.04)	0.36^{***} (0.04)	0.36^{***} (0.04)	0.36^{***} (0.04)	0.37^{***} (0.04)	0.36^{***} (0.04)

（续）

变量	模型1	模型2	模型3	模型4	模型5	模型6	模型7
rgdp	0.00**	0.00***	0.00	0.00***	0.00***	0.00***	0.00
	(0.00)	(0.00)	(0.00)	(0.00)	(0.00)	(0.00)	(0.00)
houpric	0.00***	0.00	0.00***	0.00	0.00**	0.00***	0.00***
	(0.00)	(0.00)	(0.00)	(0.00)	(0.00)	(0.00)	(0.00)
urban	-0.03***	0.05***	-0.02***	-0.05***	-0.02*	-0.02***	-0.02*
	(0.01)	(0.01)	(0.01)	(0.01)	(0.01)	(0.01)	(0.01)
Obs	2365	2365	2365	2365	2365	2365	2365
atanhrho_12	0.1487**	0.4537***	-0.0248	-0.0223	0.0460*	0.0627**	0.0785
	(0.0479)	(0.0884)	(0.0358)	(0.0342)	(0.0815)	(0.0313)	(1.3400)
Log likelihood	-8148.74	-8755.82	-7811.29	-7792.93	-8466.49	-3202.17	-6236.47

注：***、**、*分别表示在1%、5%及10%统计水平下显著，括号内为标准差。

附录 C　地方政府环境行为的描述性统计特征

附表 C1　变量的描述性统计特征

变量	样本数	均值	标准差	最小值	最大值
Panel A：2003—2013 年					
h	55300	3.6794	0.8712	1	5
eep	38604	2.0772	0.9563	0.5500	5.0990
rwast	55025	1.2433	0.4144	0.0919	2.4394
rso_2	55233	2.0859	0.3701	0.9219	2.8010
rdust	54205	1.7338	0.3696	0.9802	2.5374
gender	55105	0.5033	0.5000	0	1
age	55300	53.5056	15.1629	20	106
age^2	55300	3092.7550	1685.2310	400	11236
ethnic	55300	0.9259	0.2619	0	1
relife	40513	0.4887	0.4999	0	1
educ	55300	1.8057	0.6697	1	3
hukou	55300	0.5269	0.4993	0	1
party	55300	0.1236	0.3291	0	1
health	50195	2.4569	0.7582	1	3
abincome	55300	3.9076	0.5117	1.3980	6.4470
reincome	55300	2.5206	0.8048	1	5
marital	55300	0.8261	0.3791	0	1
rgdp	55300	4.4629	0.2801	3.7770	4.9670
indus	55300	1.6809	0.0949	1.3560	1.8710
unemploy	55164	0.7120	0.2439	-0.0050	1.2330
popden	55300	2.5956	0.3727	1.7570	3.3520
fd	55300	0.9434	0.3848	0.2570	2.0000

（续）

变量	样本数	均值	标准差	最小值	最大值
Panel A：2003—2013 年					
rfdi	54692	1. 9079	0. 7122	0. 2360	3. 1800
Panel B：2003—2005 年					
h	14787	3. 3709	0. 7868	1	5
eep	14787	1. 6847	0. 5266	0. 3750	2. 7490
rwast	14787	1. 2896	0. 3398	0. 5816	2. 1133
rso_2	14787	2. 2083	0. 3160	1. 3254	2. 9490
rdust	14787	1. 7937	0. 3286	0. 9802	2. 5469
gender	14787	0. 4827	0. 4997	0	1
age	14787	56. 0215	14. 0518	29	105
age^2	14787	3335. 8480	1642. 1090	841	11025
ethnic	14787	0. 9423	0. 2332	0	1
educ	14787	1. 8351	0. 6379	1	3
hukou	14787	0. 6871	0. 4637	0	1
party	14787	0. 1395	0. 3465	0	1
health	9682	2. 5904	0. 7413	1	3
abincome	14787	3. 5849	0. 4653	1. 3980	6. 0000
reincome	14787	2. 2849	0. 9153	1	5
marital	14787	0. 8545	0. 3526	0	1
rgdp	14787	4. 2697	0. 2724	3. 6660	4. 7730
indus	14787	1. 6878	0. 0774	1. 4970	1. 9070
unemploy	14651	0. 7501	0. 2603	−0. 1210	1. 2140
popden	14787	2. 6962	0. 3034	1. 9350	3. 3290
fd	14787	1. 0022	0. 3875	0. 2570	1. 8500
rfdi	14392	1. 7645	0. 7358	−0. 4890	3. 0600
Panel C：2010—2013 年					
h	34880	3. 8046	0. 8553	1	5
eep	18299	2. 4634	1. 1637	1. 1070	5. 1840

（续）

变量	样本数	均值	标准差	最小值	最大值
Panel C：2010—2013 年					
rwast	34605	1. 2385	0. 4785	-0. 0180	3. 1914
rso_2	34813	2. 0288	0. 3770	0. 9219	2. 7285
rdust	33785	1. 7215	0. 3800	1. 0678	2. 5374
gender	34685	0. 5153	0. 4998	0	1
age	34880	52. 7801	15. 6845	20	102
age^2	34880	3031. 7390	1721. 7800	400	10404
ethnic	34880	0. 9186	0. 2734	0	1
relife	34880	0. 5528	0. 4972	0	1
educ	34880	1. 7918	0. 6833	1	3
hukou	34880	0. 4624	0. 4986	0	1
party	34880	0. 1184	0. 3231	0	1
health	34880	2. 4190	0. 7633	1	3
abincome	34880	4. 0609	0. 4730	1. 6990	6. 4470
reincome	34880	2. 6219	0. 7395	1	5
marital	34880	0. 8116	0. 3911	0	1
rgdp	34880	4. 5506	0. 2385	4. 0150	4. 9690
indus	34880	1. 6783	0. 1017	1. 3560	1. 8710
unemploy	34880	0. 6852	0. 2482	0. 0010	1. 3290
popden	34880	2. 5521	0. 3875	1. 8120	3. 3520
fd	34880	0. 9097	0. 3776	0. 2650	2. 0000
rfdi	34785	1. 9648	0. 7104	0. 2770	3. 1800

参考文献

[1] Acemoglu D. Politics and Economics in Weak and Strong States[J]. Journal of Monetary Economics,2005,52(7):1199 - 1226.

[2] Acemoglu D. ,Johnson S. ,Robinson J. A. ,et al. Institutional Causes,Macroeconomic Symptoms:Volatility,Crises and Growth[J]. Journal of Monetary Economics,2002,50(1):49 - 123.

[3] Afridi F. ,Li S. X. and Ren Y. Social Identity and Inequality:The Impact of China's Hukou System[J]. Journal of Public Economics,2015,123:17 - 29.

[4] Albarran S. F. D. and Peralta P. R. Environmental Regulations,Air and Water Pollution,and Infant Mortality in India[J]. American Economic Review,2011,104(10):1573 - 1576.

[5] Andersen R. and Werfhorst H. G. V. D. Education and Occupational Status in 14 Countries:The Role of Educational Institutions and Labour Market Coordination[J]. British Journal of Sociology,2010,61(2):336 - 355.

[6] Angner E. ,Ghandhi J. and Purvis K. W. ,et al. Daily Functioning,Health Status,and Happiness in Older Adults [J]. Journal of Happiness Studies, 2012, 14 (5): 1563 - 1574.

[7] Angrist J. D. and Krueger A. B. Does Compulsory School Attendance Affect Schooling and Earnings? [J]. Quarterly Journal of Economics,1991,106(4):979 - 1014.

[8] Appleton S. and Song L. Life Satisfaction in Urban China:Components and Determinants[J]. World Development,2008,36(11):2325 - 2340.

[9] Babula E. and Mrzygłód U. Economic Determinants of Happiness among European Nations[J]. International Journal of Academic Research,2013,5(3):519 - 524.

[10] Baron R. M. ,Kenny D. A. The Moderator - Mediator Variable Distinction in Social Psychological Research: Conceptual, Strategic, and Statistical Considerations [J]. Journal of Personality and Social Psychology,1986,51(6):1173 - 1182.

[11] Benjamin D. J. ,Heffetz O. and Kimball M. S. ,et al. Do People Seek to Maximize Happiness? Evidence from New Surveys[J]. Social Science Electronic Publishing,2010,52(6):2555 - 2568.

[12] Besley T. and Coate S. Centralized versus Decentralized Provision of Local Public Goods: A Political Economy Approach[J]. Journal of Public Economics, 2003, 87 (2): 2611 - 2637.

[13] Bjørnskov C., Dreher A. and Fischer J. A. V. The Bigger the Better? Evidence of the Effect of Government Size on Life Satisfaction around the World[J]. Public Choice, 2007, 130(3 - 4): 267 - 292.

[14] Blanchflower D. G. and Oswald A. J. Happiness and the Human Development Index: The Paradox of Australia[J]. Australian Economic Review, 2005, 38(3): 307 - 318.

[15] Bo R. The Chinese Paradox of High Growth and Low Quality of Government: The Cadre Organization Meets Max Weber[J]. Governance, 2014, 28(4): 533 - 548.

[16] Boarini R., Comola M. and Smith C., et al. What Makes for a Better Life? The Determinants of Subjective Well - being in OECD Countries - Evidence from the Gallup World Poll[R]. Oecd Statistics Working Paper, No. 47, 2012.

[17] Boarini R., Comola M. and de Keulenaer F., et al. Can Governments Boost People's Sense of Well - being? The Impact of Selected Labour Market and Health Policies on Life Satisfaction[J]. Soc Indic Res, 2013, 114: 105 - 120.

[18] Bourdieu P., Passeron J. C., and Nice R. Reproduction in Education, Society and Culture[J]. British Journal of Sociology, 1990, 30(1): 75 - 82.

[19] Börsch - Supan A. and Hendrik Jürges. Early Retirement, Social Security and Well - being in Germany[R]. NBER Working Paper, No. 12303, 2006.

[20] Bowen A. and Stern N. Environmental Policy and the Economic Downturn[J]. Grantham Research Institute on Climate Change and the Environment Working Papers, 2010, 26(2): 137 - 163.

[21] Breen R. and Jonsson J. O. Explaining Change in Social Fluidity: Educational Equalization and Educational Expansion in Twentieth - Century Sweden[J]. American Journal of Sociology, 2007, 112(6): 1775 - 1810.

[22] Brereton F., Clinch J. P. and Ferreira S. Happiness, Geography and the Environment [J]. Ecological Economics, 2008, 65(2): 386 - 396.

[23] Brickman P. and Campbell D. T. Hedonic Relativism and Planning the Good Society [J]. in Apley M. H. ed., Adaptation Level Theory: A Symposium[M]. New York: Academic Press, 1971, 287 - 302.

[24] Cai H., Chen Y. and Gong Q. Polluting Thy Neighbor: Unintended Consequences of China's Pollution Reduction Mandates[J]. Journal of Environmental Economics and

Management,2015.

[25] Cantoni D. and Yuchtman N. The Political Economy of Educational Content and Development:Lessons from History[J]. Journal of Development Economics,2013,104(3):233 - 244.

[26] Case A. and Deaton A. Suicide,Age,and Well - being:An Empirical Investigation[J]. NBER Chapters,2015.

[27] Chan T. W. and Goldthorpe J. H. Class and Status:The Conceptual Distinction and Its Empirical Relevance [J]. American Sociological Review, 2007, 72 (72): 512 - 532.

[28] Cheng Z. and Smyth R. Sex and Happiness[J]. Journal of Economic Behavior and Organization,2015,112:26 - 32.

[29] Clark A. E. and Oswald A. J. Satisfaction and Comparison Income[J]. Journal of Public Economics,1996,61(95):359 - 381.

[30] Clark A. E. ,Frijters P. and Shields M. A. Relative Income,Happiness,and Utility:An Explanation for the Easterlin Paradox and other Puzzles[J]. Journal of Economic Literature,2008,46(1):95 - 144.

[31] Clark A. E. and D'Angelo E. Upward Social Mobility,Well - being and Political Preferences:Evidence from the BHPS[R]. Working Paper,2010.

[32] Connolly M. Some Like It Mild and Not Too Wet:The Influence of Weather on Subjective Well - Being[J]. Journal of Happiness Studies,2013,14(2):457 - 473.

[33] Cuñado J. and Gracia F. P. D. Environment and Happiness:New Evidence for Spain[J]. Social Indicators Research,2013,112(3):549 - 567.

[34] D'Amato A. and Valentini E. Enforcement and Environmental Quality in a Decentralized Emission Trading System[J]. Journal of Regulatory Economics,2011,40(2):141 - 159.

[35] Deaton A. and Stone A. A. Two Happiness Puzzles[J]. American Economic Review,2013,103(3):591 - 597.

[36] Desmet K. and Rossi - Hansberg E. Urban Accounting and Welfare[J]. American Economic Review,2013,103(6):2296 - 2327.

[37] Di Tella R. and R. MacCulloch. Some Uses of Happiness Data in Economics[J]. Journal of Economic Perspectives,2006,20(1):25 - 46.

[38] Diener E. ,Larsen R. J. and Emmons R. A. Person X Situation Interactions:Choice of Situations and Congruence Response Models[J]. Journal of Personality and Social Psychology,1984,47(3):580 - 592.

[39] Diener E. Subjective Well - being[J]. Psychological Bulletin, 2009, 95(1): 11 - 58.

[40] Diener E. ,Suh E. M. and Lucas R. E. ,et al. Subjective Well - being:Three Decades of Progress[J]. Psychological Bulletin,1999,125(2):276 - 302.

[41] Dinner E. and Seligman M. Beyond Money:Toward an Economy of Well - being[J]. Psychological Science in the Public Interest,2004,5(1):1 - 31.

[42] Dolan P. and Metcalfe R. Measuring Subjective Well - being:Recommendations on Measures for use by National Governments[J]. Journal of Social Policy,2012,41(4):409 - 427.

[43] Dolan P. ,Peasgood T. and White M. Do We Really Know What Makes Us Happy? A Review of the Economic Literature on the Factors Associated with Subjective Well - being[J]. Journal of Economic Psychology,2008,29(1):94 - 122.

[44] Dolan P. and White M. P. How Can Measures of Subjective Well - being Be Used to Inform Public Policy? [J]. Perspectives on Psychological Science,2007,2(1):71 - 85.

[45] Dolan P. and Peasgood T. Measuring Well - being for Public Policy:Preferences or Experiences? [J]. The Journal of Legal Studies,2008,37(S2):5 - 31.

[46] Duncan G. Should Happiness - Maximization be the Goal of Government? [J]. Journal of Happiness Studies,2010,11(2):163 - 178.

[47] Easterlin R. A. ,Angelescu L. M. and Malgorzata S. ,et al. The Happiness - income Paradox Revisited[J]. Proceedings of the National Academy of Sciences,2010,107(52):22463 - 22468.

[48] Easterlin R. A. Does Economic Growth Improve the Human Lot? Some Empirical Evidence[J]. Nations and Households in Economic Growth,1974:89 - 125.

[49] Easterlin R. A. Happiness,Growth,and Public Policy[J]. Economic Inquiry,2013,51(1):1 - 15.

[50] Easterlin R. A. Will Raising the Incomes of All Increase the Happiness of All? [J]. Journal of Economic Behavior and Organization,1995,27(1):35 - 47.

[51] Ehrlich I. and Kim J. Social Security,Demographic Trends,and Economic Growth:Theory and Evidence from the International Experience[R]. NBER Working Paper,No. 11121,2005.

[52] Elgin C. and Oztunali O. Pollution and Informal Economy[J]. Economic Systems,2014,38(3):333 - 349.

[53] Ferreira S. and Moro M. On the Use of Subjective Well - being Data for Environmen-

tal Valuation[J]. Stirling Economics Discussion Papers,2009,46(3):249 - 273.

[54] Ferreira S. ,Akay A. F. and Brereton,J. ,et al. Life Satisfaction and Air Quality in Europe[J]Ecological Economics,2013,88:1 - 10.

[55] Ferrer - I - Carbonell A. and Frijters P. How Important is Methodology for the Estimates of the Determinants of Happiness? [J]. Economic Journal,2002,24(497): 641 - 659.

[56] Ferrer - I - Carbonell A. and Gowdy J. M. Environmental Degradation and Happiness[J]. Ecological Economics,2007,60(3):509 - 516.

[57] Fischer J. A. The Welfare Effects of Social Mobility:An Analysis for OECD Countries [J]. Mpra Paper,2009.

[58] Flavin P. and Radcliff B. Public Policies and Suicide Rates in the American States [J]. Social Indicators Research,2009,90(2):195 - 209.

[59] Franz B. and Anna C. The Impact of Truancy on Educational Attainment during Compulsory Schooling:A Bivariate Ordered Probit Estimator with Mixed Effects[J]. Manchester School,2014,82(1):103 - 127.

[60] Frey B. Happiness Surveys and Public Policy:What's the Use? [J]. Social Science Electronic Publishing,2013,62:1509 - 1512.

[61] Frey B. S. and Gallus J. Political Economy of Happiness[J]. Applied Economics, 2013,45(30):4205 - 4211.

[62] Frey B. S. and Stutzer A. Economics and Psychology:A Promising New Cross - disciplinary Field[M]. Cambridge MA:MIT Press,2007.

[63] Frey B. S. and Stutzer A. Happiness, Economy and Institutions[J]. The Economic Journal,2000,110(466):918 - 938.

[64] Frey B. and Stutzer A. What Can Economists Learn from Happiness Research? [J]. Journal of Economic Literature,2002,40(2):402 - 435.

[65] Fuster L. ,Imrohorglu A. Imrohorglu,S. A Welfare Analysis of Social Security in a Dynastic Framework [J]. International Economic Review, 2003, 44 (4): 1247 - 1274.

[66] Graham C. and Pettinato S. Happiness,Markets,and Democracy:Latin America in Comparative Perspective[J]. Journal of Happiness Studies,2001,2(3):237 - 268.

[67] Guillen M. ,Verdú F. and Portolés O. ,et al. Happiness is Greater in Natural Environments[J]. Global Environmental Change,2013,23(5):992 - 1000.

[68] Zhong H. Does Education Expansion Increase Intergenerational Mobility? [J]. Economica,2013,80(320):1 - 37.

[69] Halkos G. E. and Paizanos E. A. The Effect of Government Expenditure on the Environment: An Empirical Investigation[J]. Ecological Economics, 2013, 91(6): 48-56.

[70] Halkos G. E. Exploring the Effect of Economic Growth and Government Expenditure on the Environment[J]. Mpra Paper, No. 56084, 2014.

[71] Hayward R. D. and Elliott M. Cross-national Analysis of the Influence of Cultural Norms and Government Restrictions on the Relationship between Religion and Well-being[J]. Rev Relig Res, 2014, 56: 23-43.

[72] Helliwell J. F., Huang H. and Grover S., et al. Empirical Linkages between Good Government and National Well-being[R]. NBER Working Paper, No. 20686, 2014.

[73] Helliwell J. F., Layard R. and Sachs J. World Happiness Report 2013[M]. Earth Institute Columbia University, 2013.

[74] Helliwell J. F. How's Life? Combining Individual and National Variables to Explain Subjective Well-being[J]. Economic Modelling, 2003, 20(2): 331-360.

[75] Helliwell J. F. and Huang H. How's Your Government? International Evidence Linking Good Government and Well-being[J]. British Journal of Political Science, 2008, 38: 595-619.

[76] Helliwell J. F., Layard R. and Sachs J. World Happiness Report 2015[M]. New York: Sustainable Development Solutions Network, 2015.

[77] Hessami Z. The Size and Composition of Government Spending in Europe and Its Impact on Well-being[J]. Kyklos, 2010, 63(3): 346-382.

[78] Howell R. T. and Howell C. J. The Relation of Economic Status to Subjective Well-being in Developing Countries: A Meta-Analysis[J]. Psychological Bulletin, 2008, 134(4): 536-60.

[79] Huang W. Understanding the Effects of Education on Health: Evidence from China[J]. IZA Discussion Papers, No. 9225, 2015.

[80] Huang X. Four Worlds of Welfare: Understanding Subnational Variation in Chinese Social Health Insurance[J]. The China Quarterly, 2015, 222: 449-474.

[81] Infante G., Lecouteux G. and Sugden R. Preference Purification and the Inner Rational Agent: A Critique of the Conventional Wisdom of Behavioural Welfare Economics[J]. Journal of Economic Methodology, 2015.

[82] Islam G., Eduardo W. and Hamilton M. Objective and Subjective Indicators of Happiness in Brazil: The Mediating Role of Social Class[J]. The Journal of Social Psy-

chology,2009,149(2):267 -271.

[83] Jackman M. R. and Jackman R. W. An Interpretation of the Relation between Objective and Subjective Social Status [J]. American Sociological Review, 1973, 38 (38):569 -82.

[84] Jackson C. K. ,Johnson R. and Persico C. The Effect of School Finance Reforms on the Distribution of Spending, Academic Achievement, and Adult Outcomes [R]. NBER Working Paper, No. 20118, 2014.

[85] Jan - Emmanuel De Neve, Nicholas A. C. and James H. ,et al. Genes, Economics and Happiness[J]. General Information,2012,5(2):1812 -1814.

[86] Jaeger M. M. ,Breen R. A. Dynamic Model of Cultural Reproduction[J]. American Journal of Sociology,2016,121(4):1079 -1115.

[87] Jerrim J. and Macmillan L. Income Inequality, Intergenerational Mobility, and the Great Gatsby Curve: Is Education the Key? [J]. Social Forces, 2014, 94 (2): 1 -29.

[88] Jia R. ,Burchardi K. and Ge J. ,et al. Pollution for Promotion[J]. Unpublished Paper, 2012.

[89] Jia,R. ,Masayuki K. and David S. Political Selection in China: The Complementary Roles of Connections and Performance[J]. Journal of the European Economic Association,2015,13:631 -668.

[90] Joshanloo M. ,Rizwan M. ,Khilji I. A. ,et al. Conceptions of Happiness and Life Satisfaction:An Exploratory Study in 14 National Groups[J]. Personality and Individual Differences,2016,102:145 -148.

[91] Wu J. ,Deng Y. H. and Huang J. ,et al. Incentives and Outcomes:China's Environmental Policy[R]. NBER Working Paper,No. 18754,2015.

[92] Kahn M. E. ,Li P. and Zhao D. Water Pollution Progress at Borders:The Role of Changes in China's Political Promotion Incentives[J]. American Economic Journal Economic Policy,2015,7(4):223 -242.

[93] Kahn M. E. Demographic Change and the Demand for Environmental Regulation [J]. Journal of Policy Analysis and Management,2002,21(1):45 -62.

[94] Kahneman D. and Krueger A. B. Developments in the Measurement of Subjective Well - Being[J]. Journal of Economic Perspectives,2006,20(1):3 -24.

[95] Kahneman D. and Tversky A. Prospect Theory:An Analysis of Decisions under Risk [J]. Econometrica,1979:263 -291.

[96] Kahneman D. ,Wakker P. P. and Sarin R. Back to Bentham? Explorations of Expe-

rienced Utility[J]. Quarterly Journal of Economics,1997,112(2):375 - 406.

[97] Kahneman D. New Challenges to the Rationality Assumption[J]. Legal Theory, 2000,3(2):105 - 124.

[98] Kimball M. Cognitive Economics[J]. Japanese Economic Review,2015,66(2): 167 - 181.

[99] Konisky D. M. Regulatory Competition and Environmental Enforcement: Is There a Race to the Bottom? [J]. American Journal of Political Science, 2007, 51 (4): 853 - 872.

[100] Kotakorpi K. and Laamanen J. P. Welfare State and Life Satisfaction: Evidence from Public Health Care[J]. Economica,2007,77(7 - 053/3):565 - 583(19).

[101] Kraus M. W. ,Horberg E. J. and Goetz J. L. ,et al. Social Class Rank, Threat Vigilance, and Hostile Reactivity[J]. Pers Soc Psychol Bull, 2011, 37 (10): 1376 - 1388.

[102] Layard R. Happiness and Public Policy: A Challenge to the Profession[J]. Lse Research Online Documents on Economics,2006,116(510):24 - 33.

[103] Layard R. Happiness: Lessons from a New Science[M]. The Penguin Press,2005.

[104] Levinson A. A Note on Environmental Federalism: Interpreting Some Contradictory Results[J]. Journal of Environmental Economics and Management, 1997, 33(3): 359 - 366.

[105] Levinson A. Valuing Public Goods Using Happiness Data: The Case of Air Quality [J]. Journal of Public Economics,2012,96(s9 - 10):869 - 880.

[106] Li H. and Kung K. S. Fiscal Incentives and Policy Choices of Local Governments: Evidence from China[J]. Journal of Development Economics,2015,116:89 - 104.

[107] Liang J. and Langbein L. Performance Management, High - Powered Incentives, and Environmental Policies in China[J]. International Public Management Journal, 2015,18:346 - 385.

[108] Liang J. Who Maximizes (or Satisfices) in Performance Management? An Empirical Study of the Effects of Motivation - Related Institutional Contexts on Energy Efficiency Policy in China[J]. Public Performance and Management Review,2015,38 (2):284 - 315.

[109] Liao P. S. ,Shaw D. and Lin Y. M. Environmental Quality and Life Satisfaction: Subjective Versus Objective Measures of Air Quality[J]. Social Indicators Research,2015,124(2):1 - 18.

[110] Liu L. ,Wagner W. and Sonnenberg B. ,et al. Independent Freshman Admission

and Educational Inequality in the Access to Elite Higher Education[J]. Chinese Sociological Review,2014,46(4):41 -67.

[111] López R., Galinato G. I. and Islam A. Fiscal Spending and the Environment: Theory and Empirics[J]. Journal of Environmental Economics and Management,2011,62(2):180 - 198.

[112] Lorentzen P., Landry P. and Yasuda J. Undermining Authoritarian Innovation: The Power of China's Industrial Giants[J]. Journal of Politics,2014,76(1):182 - 194.

[113] Loyalka P., Song Y. and Wei J. The Distribution of Financial Aid in China: Is Aid Reaching Poor Students? [J]. China Economic Review,2012,23(4):898 -917.

[114] Luechinger S. and Raschky P. A. Valuing Flood Disasters Using the Life Satisfaction Approach[J]. Journal of Public Economics,2009,93(s3 -4):620 -633.

[115] Luechinger S. Life Satisfaction and Transboundary Air Pollution[J]. Economics Letters,2010,107(1):4 -6.

[116] Luechinger S. Valuing Air Quality Using the Life Satisfaction Approach[J]. Economic Journal the Journal of the British Economic Association,2009,119(536):482 -515.

[117] Mackerron G. Happiness and Environmental Quality[J]. London School of Economics and Political Science,2011.

[118] MacKerron G. and Mourato S. Life Satisfaction and Air Quality in London[J]. Ecological Economics,2009,68(5):1441 - 1453.

[119] Malesevic Perovic L. and Golem S. Investigating Macroeconomic Determinants of Happiness in Transition Countries: How Important is Government Expenditure? [J]. Eastern European Economics,2010,48(4):59 -75.

[120] Mayer S. E. and Lopoo L. M. Government Spending and Intergenerational Mobility [J]. Journal of Public Economics,2008,92(s1 -2):139 - 158.

[121] McFadden D. and Train K. Mixed MNL Models for Discrete Response[J]. Journal of Applied Econometrics,2000,15(5):447 -470.

[122] Menz T. and Welsch H. Life - Cycle and Cohort Effects in the Valuation of Air Quality: Evidence from Subjective Well - being Data[J]. Land Economics,2012,88(2):300 -325.

[123] Menz T. and Welsch H. Population aging and Environmental Preferences in OECD Countries: The Case of Air Pollution[J]. Ecological Economics,2010,69(12):2582 -2589.

[124] Menz T. Do People Habituate to Air Pollution? Evidence from International Life Sat-

isfaction Data[J]. Ecological Economics,2011,71(1):211 –219.

[125] Mizobuchi H. Measuring Socio – economic Factors and Sensitivity of Happiness [J]. Journal of Happiness Studies,2017,18(2):463 –504.

[126] Moro M. ,Brereton F. and Ferreira S. ,et al. Ranking Quality of Life Using Subjective Well – being Data[J]. Ecological Economics,2008,65(3):448 –460.

[127] Ng Y. K. Environmentally Responsible Happy Nation Index:Towards an Internationally Acceptable National Success Indicator[J]. Social Indicators Research, 2008,85(3):425 –446.

[128] Ng Y. K. From Preference to Happiness:Towards a More Complete Welfare Economics[J]. Social Choice and Welfare,2003,20(2):307 –350.

[129] Oates W. E. and Portney P. R. The Political Economy of Environmental Policy [J]. Handbook of Environmental Economics,2003,1(2):325 –354.

[130] Oates W. E. and Schwab R. M. Economic Competition among Jurisdictions:Efficiency Enhancing or Distortion Inducing? [J]. Journal of Public Economics,1988, 35(88):333 –354.

[131] Oh S. and Shah D. Learning Mixed Multinomial Logit Model from Ordinal Data[J]. Eprint Arxiv,2014:595 –603.

[132] Ott J. C. Government and Happiness in 130 Nations:Good Governance Fosters Higher Level and More Equality of Happiness[J]. Soc Indic Res,2011,102(1): 3 –22.

[133] Ouweneel P. Social Security and Well – being of the Unemployed in 42 Nations[J]. Journal of Happiness Studies,2002(3):167 –192.

[134] Pérez J. L. D. G. and Bernardi F. Social Class and Happiness:A Cross – country Comparison[R]. Second ISA Forum of Sociology,2012.

[135] Piff P. K. ,Kraus M. W. and Stéphane C. ,et al. Having Less,Giving More:The Influence of Social Class on Prosocial Behavior[J]. Journal of Personality and Social Psychology,2010,99(5):771 –784.

[136] Qin X. ,Wang T. and Zhuang C. C. Intergenerational Transfer of Human Capital and Its Impact on Income Mobility:Evidence from China[J]. China Economic Review,2016,38:306 –321.

[137] Ram R. Government Spending and Happiness of the Population:Additional Evidence from Large Cross – country Samples [J]. Public Choice, 2009, 138: 483 –490.

[138] Ran R. Perverse Incentive Structure and Policy Implementation Gap in China's Lo-

cal Environmental Politics[J]. Journal of Environmental Policy and Planning, 2013, 15(1):17 -39.

[139] Rehdanz K. and Maddison D. Local Environmental Quality and Life - Satisfaction in Germany[R]. Working Papers,2008,64(4):787 -797.

[140] Remick E. J. Building Local States:China during the Republican and Post - Mao Eras[M]. Harvard University Asia Center, Distributed by Harvard University Press,2004:727 -729.

[141] Revesz R. L. Federalism and Environmental Regulation:A Public Choice Analysis [J]. Harvard Law Review,2001,115(2):553 -641.

[142] Ryan R. M. and Deci E. L. On Happiness and Human Potentials:A Review of Research on Hedonic and Eudaimonic Well - being[J]. Annual Review of Psychology,2001, 52(1):141 -166.

[143] Sajaia Z. Maximum Likelihood Estimation of a Bivariate Ordered Probit Model:Implementation and Monte Carlo Simulations[J]. The Stata Journal,2008,4(2): 1 -18.

[144] Schimmack U.,Schupp J. and Wagner G. G. The Influence of Environment and Personality on the Affective and Cognitive Component of Subjective Well - being [J]. Social Indicators Research,2008,89(1):41 -60.

[145] Sen A. Informational Bases of Alternative Welfare Approaches:Aggregation and Income Distribution[J]. Journal of Public Economics,1974,3(4):387 -403.

[146] Sigman H. Decentralization and Environmental Quality:An International Analysis of Water Pollution Levels and Variation[J]. Land Economics, 2014, 90(1): 114 -130.

[147] Smith D. M.,Langa K. M. and Kabeto M. U.,et al. Health,Wealth,and Happiness:Financial Resources Buffer Subjective Well - being after the onset of a Disability[J]. Psychological Science,2005,16(9):663 -666.

[148] Tiwari A. K. Happiness and Environmental Degradation:What Determines Happiness? [J]. Economics Bulletin,2011,31:3192 -3210.

[149] Treiman D. J. Trends in Educational Attainment in China[J]. Chinese Sociological Review,2013,45(3):3 -25.

[150] van Praag B. M. S. and Baarsma B. E. Using Happiness Surveys to Value Intangibles:The Case of Airport Noise[J]. Economic Journal, 2004, 115(500): 224 -246.

[151] Veenhoven R. Findings on Happiness and Socio - economic Status[J]. World Da-

tabase of Happiness,2009,46(1):1 -4.

[152] Veenhoven R. Well - being in the Welfare State:Level not Higher, Distribution not More Equitable[J]. Journal of Comparative Policy Analysis,2000,2:91 -112.

[153] Veenhoven R. Happiness as a Public Policy Aim:The Greatest Happiness Principle [C]. In Linley P. A. and Joseph S. (Eds), Positive psychology in practice. Hoboken:Wiley,2004:658 -678.

[154] Viard V. B, and Fu S. The Effect of Beijing's Driving Restrictions on Pollution and Economic Activity[J]. SSRN Electronic Journal,2015,125(8):98 -115.

[155] Walder A. G. and Hu S. H. Revolution, Reform, and Status Inheritance: Urban China, 1949 - 1996 [J]. American Journal of Sociology, 2009, 114 (5): 1395 -1427.

[156] Wang A. The Search for Sustainable Legitimacy:Environmental Law and Bureaucracy in China[J]. Harvard Environmental Law Review,2013,37(2):365 -440.

[157] Wang H. and Di W. The Determinants of Government Environmental Performance: An Empirical Analysis of Chinese Townships[R]. Policy Research Working Paper, 2002.

[158] Wang H. and Jin Y. Industrial Ownership and Environmental Performance: Evidence from China [J]. Environmental and Resource Economics, 2007, 36 (3): 255 -273.

[159] Welsch H. and Ferreira S. Environment, Well - Being, and Experienced Preference [J]. International Review of Environmental and Resource Economics,2014,7(3): 205 -239.

[160] Welsch H. and Kühling J. Determinants of Pro - environmental Consumption: The Role of Reference Groups and Routine Behavior[J]. Ecological Economics,2009, 69(69):166 -176.

[161] Welsch H. and Kühling J. Pro - environmental Behavior and Rational Consumer Choice:Evidence from Surveys of Life Satisfaction[J]. Journal of Economic Psychology,2010,31(3):405 -420.

[162] Welsch H. Environment and Happiness:Valuation of Air Pollution Using Life Satisfaction Data[J]. Ecological Economics,2006,58(4):801 -813.

[163] Welsch H. Environmental Welfare Analysis:A Life Satisfaction Approach[J]. Ecological Economics,2007,62(s3 -4):544 -551.

[164] Welsch H. Freedom and Rationality as Predictors of Cross - National Happiness Patterns: The Role of Income as a Mediating Variable[J]. Journal of Happiness

Studies,2003,4(3):295 - 321.

[165] Welsch H. Implications of Happiness Research for Environmental Economics[J]. Ecological Economics,2009,68(11):2735 - 2742.

[166] Welsch H. and Kühling J. Using Happiness Data for Environmental Valuation: Issues and Applications[J]. Food Research,2009,23(2):385 - 406.

[167] Wheeler D. Racing to the Bottom? Foreign Investment and Air Quality in Developing Countries[J]. New Ideas in Pollution Regulation World Bank,2010,10:225 - 245.

[168] Wu X. and Treiman D. J. The Household Registration System and Social Stratification in China:1955 - 1996[J]. Demography,2004,41(2):363 - 384.

[169] Xiong Y. The Broken Ladder:Why Education Provides No Upward Mobility for Migrant Children in China[J]. China Quarterly,2015,221:1 - 24.

[170] Xu C. The Fundamental Institutions of China's Reforms and Development[J]. Journal of Economic Literature,2011,49(4):1076 - 1151.

[171] Yeh H. J. ,Hsieh Y. S. and Tsay R. M. Self - evaluation Affects Subjective Well - being:The Effects of Socioeconomic Status and Personality in Taiwan[M]//A New Research Agenda for Improvements in Quality of Life. Springer International Publishing,2015:109 - 134.

[172] Zhao W. Economic Inequality, Status Perceptions, and Subjective Well - being in China's Transitional Economy[J]. Research in Social Stratification & Mobility, 2012,30(4):433 - 450.

[173] Zheng S. and Kahn M. E. Understanding China's Urban Pollution Dynamics[J]. Journal of Economic Literature,2013,51:731 - 772.

[174] Zheng S. ,Pozzer A. and Cao C. X. ,et al. Long - term (2001 - 2012) Fine Particulate Matter (PM2. 5) and the Impact on Human Health in Beijing, China[J]. Atmospheric Chemistry and Physics,2015,(15):5715 - 5725.

[175] Zivin G. J. and Neidell M. Environment, Health, and Human Capital[J]. Journal of Economic Literature,2013,51(3):689 - 730.

[176] 安体富. 民生财政:我国财政支出结构调整的历史性转折[J]. 地方财政研究,2008(5):4 - 8.

[177] 包群,彭水军. 经济增长与环境污染:基于面板数据的联立方程估计[J]. 世界经济,2006(11):48 - 58.

[178] 鲍吾刚. 中国人的幸福观[M]. 严蓓雯,译. 南京:江苏人民出版社,2004.

[179] 蔡昉. 劳动力迁移的两个过程及其制度障碍[J]. 社会学研究,2001

(4):44-51.

[180] 曹大宇. 阶层分化、社会地位与主观幸福感的实证考量[J]. 统计与决策,2009(10):89-91.

[181] 钞小静,任保平. 中国公共支出结构对经济增长影响的实证分析:1978—2004[J]. 经济评论,2007(5):33-41.

[182] 成刚,孙晓梁,孙宏业. 省内财政分权与"新机制"对城乡义务教育经费差距的影响——基于浙江省普通小学数据的分析[J]. 北京师范大学学报(社会科学版),2015(2):130-141.

[183] 陈刚,李树. 政府如何能够让人幸福?——政府质量影响居民幸福感的实证研究[J]. 管理世界,2012(8):55-67.

[184] 陈惠雄. 快乐理论的跨学科演绎:一个研究综述[J]. 财经论丛,2008(1):1-9.

[185] 陈抗,顾清扬. 财政集权与地方政府行为变化——从援助之手到攫取之手[J]. 经济学(季刊),2002(4):111-130.

[186] 陈那波,卢施羽. 场域转换中的默契互动——中国"城管"的自由裁量行为及其逻辑[J]. 管理世界,2013(10):62-80.

[187] 陈前恒,林海,郭沛. 贫困地区农村基础教育可及性与农民的主观幸福感[J]. 教育科学文摘,2011(5):71-72.

[188] 陈少明. 论乐:对儒道两家幸福观的反思[J]. 哲学研究,2008(9):44-51.

[189] 陈硕,陈婷. 空气质量与公共健康:以火电厂二氧化硫排放为例[J]. 经济研究,2014(8):158-169.

[190] 陈硕. 转型期中国的犯罪治理政策:堵还是疏?[J]. 经济学(季刊),2012(2):743-764.

[191] 陈思霞,卢盛峰. 分权增加了民生性财政支出吗?——来自中国"省直管县"的自然实验[J]. 经济学(季刊),2014(3):1261-1282.

[192] 陈炜,郭国庆,陈凤超. 消费类型影响幸福感的实验研究述评与启示[J]. 管理评论,2014,26(12):45-55.

[193] 陈永伟,史宇鹏. 幸福经济学视角下的空气质量定价——基于CFPS2010年数据的研究[J]. 经济科学,2013(6):77-88.

[194] 陈云松,张翼. 城镇化的不平等效应与社会融合[J]. 中国社会科学,2015(6):78-95.

[195] 陈钊,冯净冰. 应该在哪里接受职业教育:来自教育回报空间差异的证据[J]. 世界经济,2015(8):132-149.

[196] 陈治. 构建民生财政的法律思考[J]. 上海财经大学学报(哲学社会科学版),

2011,13(2):33 - 40.

[197] 陈治国. 布尔迪厄文化资本理论研究[D]. 北京:首都师范大学,2011.

[198] 仇立平,肖日葵. 文化资本与社会地位获得——基于上海市的实证研究[J]. 中国社会科学,2011(6):121 - 135.

[199] 储德银,闫伟. 财政支出的民生化进程与城乡居民消费——基于1995—2007年省级面板数据的经验分析[J]. 山西财经大学学报,2010(1):10 - 16.

[200] 戴红军,孙涛,张坤. 环境质量与居民主观幸福感关系的实证研究[J]. 统计与决策,2015(17):113 - 115.

[201] 邸玉娜. 代际流动、教育收益与机会平等——基于微观调查数据的研究[J]. 经济科学,2014(1):65 - 74.

[202] 董万好,刘兰娟,王军. 调整财政民生支出和行政管理支出对劳动报酬的影响——基于CGE模型的收入再分配研究[J]. 财经研究,2011(9):4 - 15.

[203] 范如国,张宏娟. 民生福祉评价模型及增进策略——基于信度、结构效度分析和结构方程模型[J]. 经济管理,2012(9):161 - 169.

[204] 范晓光,陈云松. 中国城乡居民的阶层地位认同偏差[J]. 社会学研究,2015(4):143 - 168.

[205] 冯海波,方元子. 地方财政支出的环境效应分析——来自中国城市的经验考察[J]. 财贸经济,2014(2):30 - 43.

[206] 冯俊科. 西方幸福论——从梭伦到费尔巴哈[M]. 北京:中华书局,2011.

[207] 冯友兰. 中国哲学简史[M]. 北京:北京大学出版社,2013.

[208] 付文林,沈坤荣. 我国公共支出的规模与结构及其增长效应[J]. 经济科学,2006(1):20 - 29.

[209] 傅京燕,李丽莎. 环境规制、要素禀赋与产业国际竞争力的实证研究——基于中国制造业的面板数据[J]. 管理世界,2010(10):87 - 98.

[210] 傅勇. 财政分权、政府治理与非经济性公共物品供给[J]. 经济研究,2010(8):4 - 15.

[211] 高培勇主编. 财政与民生:中国财政政策报告2007/2008[M]. 北京:中国财政经济出版社,2008.

[212] 宫晓霞. 财政支出结构的优化路径:以改善民生为基调[J]. 改革,2011(6):102 - 108.

[213] 龚锋,卢洪友. 公共支出结构、偏好匹配与财政分权[J]. 管理世界,2009(1):10 - 21.

[214] 国务院发展研究中心"中国民生指数研究"课题组. 我国民生发展状况及民生主要诉求研究——中国民生指数研究综合报告[J]. 管理世界,2015

(2):1 - 11.
[215] 韩志明. 街头行政:概念建构、理论维度与现实指向[J]. 武汉大学学报(哲学社会科学版),2013,66(3):35 - 40.
[216] 何立华,金江. 谁是幸福的?——个体特征、外部环境与主观幸福感[J]. 经济评论,2011(5):30 - 38.
[217] 何强. 攀比效应、棘轮效应和非物质因素:对幸福悖论的一种规范解释[J]. 世界经济,2011(7):148 - 160.
[218] 何艳玲,汪广龙. 不可退出的谈判:对中国科层组织"有效治理"现象的一种解释[J]. 管理世界,2012(12):61 - 72.
[219] 洪大用,范叶超,肖晨阳. 检验环境关心量表的中国版(CNEP)——基于CGSS2010数据的再分析[J]. 社会学研究,2014(4):49 - 72.
[220] 洪大用. 环境关心的测量:NEP量表在中国的应用评估[J]. 社会,2006,26(5):71 - 92.
[221] 洪岩璧,赵延东. 从资本到惯习:中国城市家庭教育模式的阶层分化[J]. 社会学研究,2014(4):73 - 93.
[222] 洪源,杨司键,秦玉奇. 民生财政能否有效缩小城乡居民收入差距?[J]. 数量经济技术经济研究,2014(7):3 - 20.
[223] 侯伟丽,方浪,刘硕. "污染避难所"在中国是否存在?——环境管制与污染密集型产业区际转移的实证研究[J]. 经济评论,2013(4):65 - 72.
[224] 胡安宁. 教育能否让我们更健康——基于2010年中国综合社会调查的城乡比较分析[J]. 中国社会科学,2014(5):116 - 130.
[225] 胡洪曙,鲁元平. 公共支出与农民主观幸福感——基于CGSS数据的实证分析[J]. 财贸经济,2012(10),23 - 33.
[226] 胡小勇,李静,芦学璋,等. 社会阶层的心理学研究:社会认知视角[J]. 心理科学,2014(6):1509 - 1517.
[227] 黄敏学,廖俊云,周南. 社区体验能提升消费者的品牌忠诚吗——不同体验成分的作用与影响机制研究[J]. 南开管理评论,2015(3):151 - 160.
[228] 黄嘉文. 流动人口主观幸福感及其代际差异[J]. 华南农业大学学报(社会科学版),2015,14(2):122 - 133.
[229] 贾俊雪,郭庆旺,赵旭杰. 地方政府支出行为的周期性特征及其制度根源[J]. 管理世界,2012,22:7 - 18.
[230] 贾俊雪,张晓颖,宁静. 多维晋升激励对地方政府举债行为的影响[J]. 中国工业经济,2017(7):5 - 23.
[231] 贾康,梁季,张立承. "民生财政"论析[J]. 中共中央党校学报,2011

(2):5－13.
[2321] 江华,吕学静,王延中. 中国省际社会保障经济公平非均衡发展评估[J]. 中国人口科学,2012(5):34－46.
[233] 姜永华,鲍曙光. 论民生财政[J]. 财政研究,2014(6):18－21.
[234] 金戈. 最优公共支出与经济增长:理论综述[J]. 经济社会体制比较,2014(1):219－230.
[235] 金江,何立华. 教育使人幸福吗？——基于武汉市城镇居民的实证分析[J]. 经济评论,2012(6):36－43.
[236] 景怀斌. 德性认知的心理机制与启示[J]. 中国社会科学,2015(9):182－202.
[237] 雷万鹏. 新生代农民工子女教育调查与思考[J]. 华中师范大学学报(人文社会科学版),2013(5):139－146.
[238] 李斌,李拓,朱业. 公共服务均等化、民生财政支出与城市化——基于中国286个城市面板数据的动态空间计量检验[J]. 中国软科学,2015(6):79－90.
[239] 李春玲. 高等教育扩张与教育机会不平等——高校扩招的平等化效应考查[J]. 社会学研究,2010(3):82－113.
[240] 李春玲. 社会政治变迁与教育机会不平等——家庭背景及制度因素对教育获得的影响(1940—2001)[J]. 中国社会科学,2003(3):86－98.
[241] 李国平,李潇,汪海洲. 国家重点生态功能区转移支付的生态补偿效果分析[J]. 当代经济科学,2013(5):58－64.
[242] 李怀,邓韬. 制度变迁的主体理论创新及其相关反应研究[J]. 经济学家,2013(9):34－42.
[243] 李俊斌,刘恒科. 地方政府环境责任论纲[J]. 社会科学研究. 2011(2):72－75.
[244] 李建伟. 普惠金融发展与城乡收入分配失衡调整——基于空间计量模型的实证研究[J]. 国际金融研究,2017(10):14－23.
[245] 李建军,黄健. 高等教育与幸福——基于中日两国微观数据的研究[J]. 北京大学教育评论,2015(1):96－107.
[246] 李力行,周广肃. 家庭借贷约束、公共教育支出与社会流动性[J]. 经济学(季刊),2014(4):65－82.
[247] 李路路,朱斌. 当代中国的代际流动模式及其变迁[J]. 文化纵横,2015(5):14－14.
[248] 李梦洁. 环境污染、政府规制与居民幸福感——基于CGSS(2008)微观调查数据的经验分析[J]. 当代经济科学,2015,37(5):59－68.
[249] 李胜兰,初善冰,申晨. 地方政府竞争、环境规制与区域生态效率[J]. 世界经

济,2014(4):88－110.
[250] 李树,翁卫国. 我国地方环境管制与全要素生产率增长——基于地方立法和行政规章实际效率的实证分析[J]. 财经研究,2014(2):19－29.
[251] 李树,陈刚. 幸福的就业效应——对幸福感、就业和隐性再就业的经验研究[J]. 经济研究,2015(3):62－74.
[252] 李炜光. 财政何以为国家治理的基础和支柱[J]. 法学评论,2014(2):54－60.
[253] 李永友,沈坤荣. 辖区间竞争、策略性财政政策与FDI增长绩效的区域特征[J]. 经济研究,2008(5):58－69.
[254] 李永友. 转移支付与地方政府间财政竞争[J]. 中国社会科学,2015(10):114－133.
[255] 李煜. 制度变迁与教育不平等的产生机制——中国城市子女的教育获得(1966—2003)[J]. 中国社会科学,2006(4):97－109.
[256] 梁平汉,高楠. 人事变更、法制环境和地方环境污染[J]. 管理世界,2014(6):65－78.
[257] 廖莉,袁爱玲. 农村学前教育财政投入的困境及其突破——基于广东省的实证调查[J]. 教育发展研究,2015(6):32－38.
[258] 林伯强,李江龙. 环境治理约束下的中国能源结构转变——基于煤炭和二氧化碳峰值的分析[J]. 中国社会科学,2015(9):84－107.
[259] 林江,周少君,魏万青. 城市房价、住房产权与主观幸福感[J]. 财贸经济,2012(5):114－120.
[260] 林治芬. 中国社会保障的地区差异及其转移支付[J]. 财经研究,2002(5):37－43.
[261] 刘长生,郭小东,简玉峰. 社会福利指数、政府支出规模及其结构优化[J]. 公共管理学报,2008,5(3):91－99.
[262] 刘成奎,柯勰. 纵向财政不平衡对中国省际基础教育服务绩效的影响[J]. 经济问题,2015(1):7－14.
[263] 刘炯. 生态转移支付对地方政府环境治理的激励效应——基于东部六省46个地级市的经验证据[J]. 财经研究,2015(2):54－65.
[264] 刘军强,熊谋林,苏阳. 经济增长时期的国民幸福感——基于CGSS数据的追踪研究[J]. 中国社会科学,2012(12):82－102.
[265] 刘美花,黄小平. 中国地方政府财政民生支出效率实证分析[J]. 经济数学,2015(3):41－47.
[266] 刘同山,孔祥智. 经济状况、社会阶层与居民幸福感——基于CGSS2010的实证分析[J]. 中国农业大学学报(社会科学版),2015,32(5):76－84.

[267] 刘生全. 论教育场域[J]. 北京大学教育评论,2006(1):78 - 91.
[268] 刘欣. 当前中国社会阶层分化的多元动力基础——一种权力衍生论的解释[J]. 中国社会科学,2005(4):101 - 114.
[269] 娄伶俐. 主观幸福感的经济学研究动态[J]. 经济学动态,2009(2):99 - 104.
[270] 鲁元平,王韬. 主观幸福感影响因素研究评述[J]. 经济学动态,2010(5):125 - 130.
[271] 鲁元平,王军鹏,王品超. 身份的幸福效应——基于党员的经验证据[J]. 经济学动态,2016(9):29 - 40.
[272] 鲁元平,张克中. 社会流动影响居民幸福感吗——来自中国转型期的经验证据[J]. 财经科学,2014(3):96 - 107.
[273] 鲁元平,张克中. 经济增长、亲贫式支出与国民幸福——基于中国幸福数据的实证研究[J]. 经济学家,2010(11):5 - 14.
[274] 陆益龙. 水环境问题、环保态度与居民的行动策略——2010CGSS 数据的分析[J]. 山东社会科学,2015(1):70 - 76.
[275] 吕凯波. 生态文明建设能够带来官员晋升吗?——来自国家重点生态功能区的证据[J]. 上海财经大学学报(哲学社会科学版),2014(2):67 - 74.
[276] 罗楚亮. 教育、收入与主观幸福感[J]. 理工高教研究,2006,25(1):1 - 5.
[277] 罗伟卿. 财政分权及纵向财政不平衡对中国基础教育质量的影响[J]. 清华大学学报(哲学社会科学版),2009(S1):13 - 20.
[278] 马海涛,和立道. 公共财政保障民生的次序研究——基于民生支出项目的“层级分布”要求[J]. 地方财政研究,2010(2):28 - 34.
[279] 马丽梅,张晓. 中国雾霾污染的空间效应及经济、能源结构影响[J]. 中国工业经济,2014(4):19 - 31.
[280] 麦马翁. 幸福的历史[M]. 施忠连,徐志跃,译. 上海:上海三联书店,2011.
[281] 倪志良. 把幸福作为公共政策的标准[N]. 人民日报,2013 - 6 - 25.
[282] 倪志良. 关于民生幸福的经济学思考[J]. 国际税收,2014(3):77 - 78.
[283] 倪志良. 民生幸福与财税责任[J]. 财政监督,2014(19):7 - 9.
[284] 倪志良. 幸福经济学[M]. 天津:南开大学出版社,2017.
[285] 彭海艳. 我国社会保障支出的地区差异分析[J]. 财经研究,2007(6):90 - 100.
[286] 潘敏杰,武舜臣,张继良. 中国式分权、环境规制与雾霾污染[J]. 产业经济评论,2017(1):5 - 19.
[287] 祁毓,卢洪友,张宁川. 环境质量、健康人力资本与经济增长[J]. 财贸经济,2015(6):124 - 135.

[288] 乔宝云,范剑勇,冯兴元. 中国的财政分权与小学义务教育[J]. 中国社会科学,2005(6):37－46.
[289] 任丙强. 地方政府环境政策执行的激励机制研究:基于中央与地方关系的视角[J]. 中国行政管理,2018(6):131－137.
[290] 师保国,邓小晴,刘霞. 公立学校流动儿童的幸福感、歧视知觉及其关系[J]. 首都师范大学学报(社会科学版),2013(3):143－149.
[291] 孙开,孙琳. 流域生态补偿机制的标准设计与转移支付安排——基于资金供给视角的分析[J]. 财贸经济,2015(12):118－128.
[292] 史耀疆,马跃,易红梅,等. 中国农村中学辍学调查[J]. 中国改革,2016(2). http://www.sohu.com/a/207893982－112404.
[293] 孙三百,白金兰. 迁移行为、户籍获取与城市移民幸福感流失[J]. 经济评论,2014(6):101－112.
[294] 邵宜航,张朝阳. 关系社会资本与代际职业流动[J]. 经济学动态,2016(6):37－49.
[295] 孙伟. “道”与“幸福”:亚里士多德与荀子伦理学之间的另一种对话[J]. 复旦学报(社会科学版),2015,57(6):86－95.
[296] 宋英杰,刘俊现. 条块并存的环境分权对环保技术扩散的影响[J]. 中国人口·资源与环境,2019(5):108－117.
[297] 汤凤林,雷鹏飞. 收入差距、居民幸福感与公共支出政策[J]. 经济学动态,2014(4):41－55.
[298] 陶然,苏福兵,陆曦,等. 经济增长能够带来晋升吗?——对晋升锦标竞赛理论的逻辑挑战与省级实证重估[J]. 管理世界,2010(12):13－26.
[299] 涂斌. 公共支出结构优化的衡量——基于指标体系构建的分析[J]. 学术论坛,2011(4):132－135.
[300] 王甫勤,时怡雯. 家庭背景、教育期望与大学教育获得——基于上海市调查数据的实证研究[J]. 社会,2014,34(1):175－195.
[301] 王广州,王军. 中国家庭幸福感测量[J]. 社会,2013(6):139－160.
[302] 王海成,郭敏. 非正规就业对主观幸福感的影响——劳动力市场正规化政策的合理性[J]. 经济学动态,2015(5):50－59.
[303] 王葎. 幸福与德性:启蒙传统的现代价值意涵[J]. 哲学研究,2014(2):73－78.
[304] 王敏,黄滢. 中国的环境污染与经济增长[J]. 经济学(季刊),2015(1):557－578.
[305] 王少平,欧阳志刚. 我国城乡收入差距的度量及其对经济增长的效应[J]. 经

济研究,2007(10):44－55.
[306] 王延中,龙玉其. 改革开放以来中国政府社会保障支出分析[J]. 财贸经济,2011(1):13－20.
[307] 吴灿新. 幸福文化本质上是一种道德文化[J]. 伦理学研究,2012(1):116－121.
[308] 吴忠民. 民生的基本涵义及特征[J]. 当代社科视野,2008(6):50－51.
[309] 武彦民,李明雨. 关于财政分配对教育公平基础性作用的实证分析[J]. 现代财经(天津财经大学学报),2010(2):3－9.
[310] 温忠麟,叶宝娟. 中介效应分析:方法和模型发展[J]. 心理科学进展,2014(5):731－745.
[311] 萧俊明. 布尔迪厄的实践理论与文化再生理论[J]. 国外社会科学,1996(4):49－50.
[312] 许多多. 大学如何改变寒门学子命运:家庭贫困、非认知能力和初职收入[J]. 社会,2017(4):90－118.
[313] 徐晓新,张秀兰. 将家庭视角纳入公共政策——基于流动儿童义务教育政策演进的分析[J]. 中国社会科学,2016(6):151－169.
[314] 鲜文铎,向锐. 基于混合 Logit 模型的财务困境预测研究[J]. 数量经济技术经济研究,2007,24(9):68－76.
[315] 肖洁,龚六堂,张庆华. 分权框架下地方政府财政支出与政治周期——基于地级市面板数据的研究[J]. 经济学动态,2015(10):17－30.
[316] 肖仲华,杨怀中. 大脑幸福机理与完善论幸福观[J]. 自然辩证法通讯,2013,35(4):88－93.
[317] 谢舜,魏万青,周少君. 宏观税负、公共支出结构与个人主观幸福感兼论"政府转型"[J]. 社会,2012,32(6):86－107.
[318] 徐俊武,易祥瑞. 增加公共教育支出能够缓解"二代"现象吗？——基于 CHNS 的代际收入流动性分析[J]. 财经研究,2014,40(11):17－28.
[319] 徐倩,李放. 我国财政社会保障支出的差异与结构:1998—2009 年[J]. 改革,2012(2):47－52.
[320] 薛钢,陈思霞. 中国环境公共支出、技术效率与经济增长[J]. 中国人口·资源与环境,2014,24(1):41－46.
[321] 荀丽丽,包智明. 政府动员型环境政策及其地方实践——关于内蒙古 S 旗生态移民的社会学分析[J]. 中国社会科学,2007(5):114－128.
[322] [古希腊]亚里士多德. 尼各马可伦理学[M]. 廖申白,译注. 北京:商务印书馆,2003.

[323] 闫婷. 中国财政民生支出规模与结构的优化研究[D]. 沈阳:辽宁大学,2013.
[324] 闫宇光,寇明风. 财政民生支出指标框架体系研究[J]. 财政研究,2011(10):53－57.
[325] 阳义南,连玉君. 中国社会代际流动性的动态解析——CGSS 与 CLDS 混合横截面数据的经验证据[J]. 管理世界,2015(4):79－91.
[326] 论语译注[M]. 杨伯峻,译注. 北京:中华书局,2012.
[327] 杨海生,陈少凌,周永章. 地方政府竞争与环境政策——来自中国省份数据的证据[J]. 南方经济,2008(6):15－30.
[328] 杨继东,章逸然. 空气污染的定价:基于幸福感数据的分析[J]. 世界经济,2014(12):162－188.
[329] 杨继生,徐娟,吴相俊. 经济增长与环境和社会健康成本[J]. 经济研究,2013(12):17－29.
[330] 殷金朋,刘福星,涵默. 中国社会保障支出的地区差异与收敛性分析——基于1990—2013 年省级面板数据的经验研究[J]. 上海经济研究,2016(1):81－91.
[331] 殷金朋,陈永立,倪志良. 公共教育投入、社会阶层与居民幸福感 ——来自微观混合横截面数据的经验证据[J]. 南开经济研究,2019(2):147－167.
[332] 殷金朋,赵春玲,贾占标,倪志良. 社会保障支出、地区差异与居民幸福感[J]. 经济评论,2016(3):108－121.
[333] 杨志安,郭矜,闫婷. 中国财政民生支出最优规模的实证分析[J]. 经济与管理研究,2013(12):30－34.
[334] 杨志勇,杨之刚. 中国财政制度改革 30 年[M]. 上海:上海人民出版社,2008.
[335] 杨宗元. 德性与幸福关系理论的历史考察与探讨[J]. 理论月刊,2015(8):43－46.
[336] 姚艳燕,孙辉,张仁寿. 财政教育投入如何影响城镇居民幸福感——来自广东的微观证据[J]. 财政研究,2015(9):108－112.
[337] 叶鹏飞. 农民工城市生活主观幸福感的一个实证分析[J]. 青年研究,2011(3):39－47.
[338] 叶晓阳,丁延庆. 扩张的中国高等教育:教育质量与社会分层[J]. 社会,2015(3):193－220.
[339] 于席正,江莉莉. 试论消费决策与幸福—动机—精神力场行为假说[J]. 经济学(季刊),2012,11(3):969－996.
[340] 余英. 教育如何影响幸福——教育、公共教育支出与主观幸福的研究进展[J]. 北京大学教育评论,2014,12(3):105－120.

[341] 袁诚,张磊,曾颖. 地方教育投入对城镇家庭教育支出行为的影响——对我国城镇家庭动态重复截面数据的一个估计[J]. 经济学动态,2013(3):29-35.
[342] 约翰·穆勒. 功用主义[M]. 唐钺,译. 北京:商务印书馆,1957.
[343] 曾红,郭斯萍. "乐"——中国人的主观幸福感与传统文化中的幸福观[J]. 心理学报,2012,44(7):986-994.
[344] 张成,陆旸,郭路,等. 环境规制强度和生产技术进步[J]. 经济研究,2011(2):113-124.
[345] 张方玉. 论庄子"至乐无乐"的幸福境界及其现代启示[J]. 道德与文明,2013(2):27-31.
[346] 张明,张学敏,涂先进. 高等教育能打破社会阶层固化吗?——基于有序probit半参数估计及夏普里值分解的实证分析[J]. 财经研究,2016(8):15-26.
[347] 张军,高远,傅勇,等. 中国为什么拥有了良好的基础设施?[J]. 经济研究,2007(3):4-19.
[348] 张曼,杨燕绥,王巍. 论社会保障内涵[J]. 学术论坛,2010(6):94-96.
[349] 张鹏,郝宇彪,陈卫民. 幸福感、社会融合对户籍迁入城市意愿的影响——基于2011年四省市外来人口微观调查数据的经验分析[J]. 经济评论,2014(1):58-69.
[350] 张清. 托马斯·阿奎那幸福观辨析[J]. 宗教学研究,2005(2):167-170.
[351] 张社年. 从陕南移民搬迁看财政民生投入的路径优化[J]. 财政研究,2014(4):55-58.
[352] 张淑翠. 公共民生视野下的政府最优规模——基于DEA-Tobit回归修正法估计[J]. 山西财经大学学报,2012(2):9-19.
[353] 张文彬,张理芃,张可云. 中国环境规制强度省际竞争形态及其演变——基于两区制空间Durbin固定效应模型的分析[J]. 管理世界,2010(12):34-44.
[354] 张欣怡. 财政分权与环境污染的文献综述[J]. 经济社会体制比较,2013(6):246-253.
[355] 张馨. 论民生财政[J]. 财政研究,2009(1):7-10.
[356] 张云武. 不同职业阶层的幸福感、获得路径及演变趋势——基于浙江省五个地区的实证分析[J]. 浙江社会科学,2015(8):140-150.
[357] 老子·庄子·列子[M]. 张震,点校. 长沙:岳麓书社,2006.
[358] 张征宇,朱平芳. 地方环境支出的实证研究[J]. 经济研究,2010(5):82-94.
[359] 张志超,丁宏. 优化政府财政支出结构的理论思考[J]. 经济学动态,2009(4):31-37.
[360] 赵力涛. 中国义务教育经费体制改革:变化与效果[J]. 中国社会科学,2009

(4):80-92.
[361] 赵连阁,钟搏,王学渊. 工业污染治理投资的地区就业效应研究[J]. 中国工业经济, 2014(5):70-82.
[362] 赵海涛,刘乃全. 家庭视角下流动人口社会融合差异性研究[J]. 人口与发展, 2018(4):2-13.
[363] 赵霄伟. 地方政府间环境规制竞争策略及其地区增长效应——来自地级市以上城市面板的经验数据[J]. 财贸经济,2014,35(10):105-113.
[364] 赵新宇,高庆昆. 公共支出与公众主观幸福感——基于吉林省问卷调查的实证研究[J]. 财政研究,2013(6):13-16.
[365] 郑风田,阮荣平,刘力. 风险、社会保障与农村宗教信仰[J]. 经济学(季刊), 2010(3):829-849.
[366] 周波,苏佳. 财政教育支出与代际收入流动性[J]. 世界经济,2012(12):41-61.
[367] 周绍杰,王洪川,苏杨. 中国人如何能有更高水平的幸福感——基于中国民生指数调查[J]. 管理世界,2015(6):8-21.
[368] 周玮. 从儒家"乐"思想到幸福感研究[J]. 江西社会科学,2013(7):34-37.
[369] 周潇. 从学校到工厂:中等职业教育与农二代的社会流动[J]. 青年研究,2015(5):22-30.
[370] 周振华主编. 收入分配与权利、权力[M]. 上海:上海社会科学院出版社,2005.
[371] 周亚虹,宗庆庆,陈曦明. 财政分权体制下地市级政府教育支出的标尺竞争[J]. 经济研究,2013(11):127-139.
[372] 周兴,张鹏. 代际间的职业流动与收入流动——来自中国城乡家庭的经验研究[J]. 经济学(季刊),2015(1):351-372.
[373] 宗晓华,叶萌. "省直管县"财政改革能否提高农村义务教育财政保障水平?——基于省级面板数据的实证分析[J]. 教育科学,2016(6):1-10.
[374] 朱国华. 文化再生产与社会再生产:图绘布迪厄教育社会学[J]. 华东师范大学学报(哲学社会科学版),2015(5):173-189.
[375] 朱平芳,张征宇,姜国麟. FDI与环境规制:基于地方分权视角的实证研究[J]. 经济研究,2011(6):133-145.

后　记

本书是在我的博士学位论文的基础上，进一步在山东省社会科学规划研究青年项目“演化博弈视角下地方政府的环境行为选择及其福利效应研究”（项目编号：19DJJJ10）和山东工商学院博士启动基金项目“财政教育支出、社会阶层与居民幸福”（项目编号：BS201621）等课题研究的过程中，对部分关键性内容重新思考打磨和充实完善后修订而成的。在本书即将出版之际，我并没有感到丝毫的放松和懈怠，而是有更多的压力和憧憬。幸福经济学的研究是一个较为新颖的领域，虽然近年来的研究成果比较丰硕，但是仍然缺乏坚实的理论基础和分析框架，而这需要跨学科的综合知识和素养。因此，在今后的学习和工作中，我将继续保持对知识和创新的渴望，期待在幸福经济学的研究道路上有所精进，以回馈母校、工作单位和良师益友一直以来的帮助和关怀。

南开大学的三年，是我青春和成长的三年，承载了太多的心路历程和成长印记；这三年更是感恩和幸福的三年，有太多的师长、朋友和同学陪伴我度过了这段困顿而又欣然的时光。在此向你们表示我衷心的感谢。

感谢我的博士生导师倪志良教授。倪老师以质朴敦厚、谦和温雅的人格魅力，敏锐而独到的洞察力和见解深深地感染影响着我。幸福是当前较为前沿的课题，在写作的过程中经常碰到一些或大或小的困难，每至停滞不前的攻坚时刻，倪老师或以讨论课的形式集思广益，或以启发性的思维循循善诱，他的耐心细致、旁征博引总会为我理解、解决问题带来柳暗花明的欣喜。倪老师时常教导我们，做人做事不可糊弄自己，要脚踏实地、独立思考；做学问亦是如此，得失寸心知，要有个人的判断和感悟，要有一以贯之的思维框架，要以使命感推进文章的进度，这也成为我以后做人做事的努力目标。恩师不但在学术上谆谆教诲，在生活上也给予了我莫大的帮助。犹记心情疲怠之时的海边畅饮和山间林涛，生活困难之时的暖心鼓励和慷慨援助，人生迷茫之时的发蒙解惑和悉心引导。恩师如慈父般的关怀和爱护，我将铭记于心。再次向倪老师表示我最诚挚的谢意！

感谢南开大学财政系多位老师的指导和关心。各位老师在日常的学习和生活中给予了我很多帮助，让我在这个大家庭里倍感温暖和幸福。师爷张志超教授睿智博学，豁达泰然，每每遇到张老师，倍感亲切，都有如沐春风之感。感谢陶江教授、马蔡琛教授、饶友玲副教授、郭玲副教授、丁宏老师、邹洋副教授、李冬妍副教授、边莹老师和由忠卿老师在我博士期间给予的关心和照顾。

感谢南开的师门兄弟姐妹们。感谢孟久儿师姐、孙正师兄、谢德金师兄在我入学阶段事无巨细的指引，感谢肖尧师兄、吴晓忠师兄、李京师兄、冯振师兄对我学习上无微不至的关心。感谢王玥、陈晓声、辛兵海、尚晓贺、张莉，在论文写作、资格审查、送审过程中对我的帮助。感谢贾占标、成前和陈永立师弟，对我的论文修改提出的宝贵意见。感谢陈博、朱亚茹、宗亚辉、张开志、刘朋伟、张帅、田甜、杨刚毅、胡亚文、任慧洋、董凤磊、王宇亭、李佳栋、王茂森、王鸿儒、于杨等诸位师弟师妹，与你们的交流让我的博士生活充满了朝气和活力。

感谢内蒙古的“家人们”。感谢我的硕士生导师郝春虹教授带我走进财政学的殿堂，郝老师治学严谨务实，是严师也是“慈母”。感谢张兴龙师兄、姜昊师姐、张晓丽师姐、曹占伟、夏晓婷、涵默师妹、王鹏飞师弟、刘俊秀师妹、戈欣师妹、汤云鹏师弟、王佳赫师妹、杨静雯师妹和种聪师弟，感谢你们在这几年里对我一如既往地关心，在我的婚礼中不辞辛苦地忙碌，在我论文写作过程中的关心与开导。认识你们，平生无憾！

感谢我的同窗好友们。张翔睿师兄、张胜达、刘福星、裴志伟、王俊，大家性格迥异，缘分让我们聚在了 3－104 室，博士三年一起约饭，一起看电影，一起狂侃。在我人生困顿、不知所措的时候，感谢有你们的陪伴。博士一年级的那个冬季，和胜达在白堤路的馆子里喝咖啡排忧解闷的情景犹在眼前；小伙伴们看完电影漫步于卫津河畔的场景历历在目；与舍友福星深夜畅谈，我学会了处理事情去冗就简、听从内心做出适宜的选择；听呆萌的师兄、放浪不羁的达哥、坚韧的志伟和鲜嫩的俊俊之间的辩论，总能收获很多知识。庆幸在人生路上遇见了你们，感谢！

感谢山东工商学院各位领导和同事的支持。在金融学院的领导和同事的支持帮助下，我从学生状态逐渐适应了工作以后的环境和角色的转变，谢谢你们的支持和帮助。

感谢我的父母、岳父岳母、哥哥嫂子和爱人。感谢你们在我求学路上一直以来的支持和鼓励。特别感谢我的爱人，从本科陪伴我一路走来，温婉体贴，包容我的脾气和任性，默默地支持着我，支撑起我们这个小家的半边天。

再次感谢所有帮助过我的人，愿幸福永远与你们同在！

当然，由于本人的学识和精力有限，书中还存在许多的疏漏和遗憾之处，感谢各位评审专家和学者的批评指正，谢谢你们对于我论文所付出的辛勤劳动。

殷金朋

2019 年 7 月于山东工商学院